경쟁하는
영웅들

| 청소년을 위한 고전 매트릭스 |

경쟁하는 영웅들

원수 같은, 그림자 같은 경쟁자들

서울대 인문학연구원 고전매트릭스연구단 지음

해와동

청소년을 위한 고전 매트릭스를 시작하며

'청소년을 위한 고전 매트릭스'는 서울대학교 인문학연구원 고전매트릭스연구단이 마련한 고전 교육 콘텐츠의 하나입니다. 고전매트릭스연구단은 중·고등학교 현장에서의 고전 교육용 콘텐츠인 '고전 매트릭스'를 구축하는 과업을 수행하고 있습니다. 고전 매트릭스는 학생들이 고전을 쉽게 접하고 토론, 활용할 수 있도록 동서고금의 다양한 고전을 주제별로 분류, 인용, 해설해 놓은 웹·모바일 기반의 고전 학습 시스템입니다. '청소년을 위한 고전 매트릭스'는 고전 매트릭스와 함께 중·고등학교에서의 고전 교육에 유용한 콘텐츠를 제공하자는 취지에서 기획한 '주제별 고전 다시 읽기' 시리즈입니다.

현재 우리 사회에서는 디지털 대전환이 한창 진행되고 있습니다. 미래의 삶과 사회를 크게 바꿀 에너지 대전환, 바이오 대전환도 늦지 않은 속도로 수행되고 있습니다. 이러한 문명사적 대전환기는 고전에게 위기이자 기회입니다. 정보와 지식의 생성, 유통, 소비가 문자 텍스트보다는 이미지나 영상 텍스트를 중심으로 이루어지고, 글은 읽지만 책을 읽지는 않는, 특히 소설이든 이론서든 간에 장편을 거의 읽지 않는 세태는 고전에 분명 독입니다. 반면 4차 산업혁명의 진전에 따라 평생

고등 학습의 필요성이 증대되고, 지식 기반 사회가 갈수록 심화되는 현실은 고전에는 약이 되고 있습니다. 이미 고등학교나 대학에서 받은 교육이 생애의 마지막 교육인 시대가 거의 흘러갔습니다. 디지털 대전환, 에너지 대전환, 바이오 대전환으로 대변되는 미래 사회를 살아가기 위해서는 제도권의 교육과정이 종료된 후에도 계속적으로 학습을 수행해 가야 합니다. 고등학교나 대학 졸업 후 생계를 꾸려 가는 한편으로 학습을 지속적으로 수행해야 하는 사회가 도래하고 있습니다. 스스로 공부해 갈 수 있는 역량, 곧 '기초 지력'을 함양하는 것이 무엇보다도 필요한 시대가 된 것입니다.

고전 학습에 다시 주의를 기울여야 하는 까닭이 여기에 있습니다. 고전이 다른 모든 지식의 기초이자 근간으로 활용되어 왔던 인류의 역사가 말해 주듯이, 기초 지력을 계발하고 이를 학습을 통해 구비하는 데 고전 학습은 역사를 통해 검증된 가성비 높은 길이기 때문입니다. 따라서 대학은 물론이고 중·고등학교에서 고전 교육이 한층 강화되어야 합니다. '청소년을 위한 고전 매트릭스'는 이러한 새로운 시대적 요청에 부응하는 튼실한 밑바탕이 될 것입니다.

'청소년을 위한 고전 매트릭스'의 첫 시리즈 주제는 영웅입니다. 영웅은 인류 역사 속에 늘 함께해 왔습니다. 태곳적 신화시대부터 첨단 디지털 문명이 펼쳐지는 지금에까지 영웅이 없었던 삶과 사회는 없었다고 해도 과언이 아닙니다. 신화 속 헤라클레스나 아킬레우스, 영화 속 슈퍼맨이나 배트맨 같은 존재만 영웅인 것은 아니기 때문입니다.

꼭 위대한 지도자나 장군, 사상가 등만이 영웅이 될 수 있는 것도 아닙니다. 시민 영웅, 서민 영웅이란 말이 쓰이듯 누구나 영웅이 될 수 있습니다. 어쩌면 우리는 모두 자기 삶의 영웅이라고 할 수도 있습니다. 그래서 영웅은 고전에서 널리 애용됐습니다. 잘 알려진 전형적인 영웅 이야기부터 반反영웅들의 이야기에 이르기까지 고전에는 영웅과 연관된 서사가 참으로 다채로운 모습으로 담겨 있습니다. 덕분에 우리는 고전을 통해 영웅이 탄생되는 다양한 양상을 살펴볼 수 있고, 영웅에 반反하는 흑黑영웅의 서사를, 또 영웅이 아닌 듯 영웅인 비非영웅의 서사를 풍요롭게 접할 수 있습니다. 라이벌이었던, 또 라이벌로 만들어진 영웅들의 흥미진진한 경쟁 이야기도 엿볼 수 있습니다.

이제 이들의 이야기를 '영웅의 탄생', '영웅에 반反하다', '경쟁하는 영웅들'이란 주제로 묶어서 '청소년을 위한 고전 매트릭스'로 내놓습니다. 모쪼록 세 권의 영웅 시리즈가 독자 제현의 영웅 탐사에 알차고 즐거운 놀이터가 되기를 소망해 봅니다.

김월회

서문

1.

"아이들은 싸우면서 큰다"라는 말이 있다. 하지만 아이들이 어른이 되면 성숙해져서 더는 싸우지 않을까? 물론 그렇지 않다. 어른들은 더 세련되게 싸울 뿐이다. 어린이, 청소년들은 미숙해서 노골적으로 친구들에게 자신의 분노와 적의를 드러내지만, 소위 배운 성인들은 타인에 대해 적의가 없는 척하고 산다. 성인들은 호랑이의 발톱의 숨기고 사는 것이 더 이로움을 경험을 통해서 배워서인지 노골적으로 적대감을 보이지 않을 뿐이다. 하지만 적대감을 드러내는 것이 현실적으로 더 이득이 되는 경우라면 서슴지 않고 숨겨 두었던 발톱을 세운다. 전쟁을 일으키는 것은 아이들이 아니고 성인들이다.

그렇게 보면 "싸움이 만물의 아버지이자 왕이다"라고 말한 헤라클레이토스의 말이 세상의 평화를 외치는 이들의 말보다 더 설득력이 있어 보인다. 타인과 싸워 이기고자 하는 마음이 없다면 어떻게 문명이 가능했을까? 타인과의 지적 싸움에서 이기고자 하는 마음이 없다면 어떻게 지식과 기술의 발달이 가능했을까? 심지어 고상한 사상과 예술을 추구하는 사람들 사이에서 싸움과 경쟁이 없었다면 위대한 사상과 예술이 탄생하지 못했을 수 있다.

하지만 싸움이 세상의 실제 모습을 솔직하게 표현하는 말이고, 싸움을 통해서 역사가 만들어지고 발전한다는 말에 수긍한다 해도, 이런 생각은 뭔가 씁쓸한 여운을 남긴다. 아무리 문명화된 세상이라고 해도 모두가 모두에게 적이 되는 세상은 결코 인간답지도, 살 만한 세상도 아니기 때문이다. 싸움과 갈등이 만물의 아버지이자 왕이라는 생각은 설득력이 있으나, 역사와 문명이 갈등만으로 만들어지는 것은 아니다. 오히려 인간들 사이에서 조화의 덕목은 전쟁과 폭력이 만연한 세상에서도 보존되고 존중되어 오고 있다. 공자는 인간다움[仁]의 덕목을, 예수는 이웃 사랑의 덕목을, 붓다는 자비의 덕목을 인류에게 가르쳐 주었다. 그리고 이들이 제시한 가치와 덕목들은 위대한 문명들을 낳았다. 싸움과 경쟁이라는 것이 인간들 사이에서 피할 수 없는 법칙이라고 말할 수도 있지만, 인간은 조화의 가치를 발견하고 그 피할 수 없을 것 같았던 전쟁과 폭력과 같은 갈등들을 극복해 왔다.

여기에 모은 15편의 글은 인류 역사와 고전 속에서 등장하는 서로 싸우는 영웅들의 이야기이다. 이 공동 연구의 결과물은 신들에서 시작해서, 정치적, 지적, 예술적 영웅들을 아우르고 있다. 연구의 범위도 고대 중국과 중근동 문명, 중국의 고대와 중세 문명, 고대 그리스 로마 문명, 조선 시대와 남북 분단기까지 넓게 퍼져 있다. 이 이야기들은 다양한 시대와 문명 그리고 다양한 성격의 구도에서 일어나는 경쟁들을 다루고 있다. 하지만 그것들을 관통하는 교훈 중 하나를 뽑아낸다면, 동물과 달리 인간 또는 신들은 서로 싸우면서도 싸움에 대해 생각해 볼 수 있는 능력을 가지고 있다는 사실이다. 내가 왜 싸우는지, 무슨 목적으로 싸우는지, 꼭 싸울 수밖에 없는지를 물을 수 있는 것이 인간이다. 이런 물음들을 통해서 인간은 싸우는 와중에서도 평화를 동경하고, 그것을 실현하려는 마음가짐을 갖게 된다.

경쟁을 통해서 온 우주를 얻은 신은 예술과 학문을 인류에게 선물했다는 신화적 이야기도 있다. 복수심에서 발단한 경쟁은 두 경쟁자 모두의 공멸로 끝나게 되는 경우가 많다. 이 공멸의 이야기가 이제까지 우리에게 전해지는 것은 원한과 복수 그리고 그에 따른 싸움만이 인간이 가야 할 길이 아님을 인류가 깨달아서가 아닐까? 이 외에도 두 경쟁자가 서로를 성장시키는 예도 있고, 후대인들에 의해 경쟁 관계로 설정되어 있지만 사실 그들은 화목한 친구인 경우도 있다. 또한 이념이나 체제 경쟁 속에서 어떻게든 인간적인 가치를 지키려고 몸부림치는 반反영웅도 있다. 말한 대로 이러한 내용은 경쟁이 운명이라 해도 인간은 그것을 극복하고 조화를 도모하고자 하는 본성도 가지고 있음을 보여 준다.

2.

제1부에서는 역사상, 문헌상으로 실제로 경쟁이 이루어진 경우를 다루었다. 그리고 대부분 경쟁의 결과는 누구에게도 최후의 승리가 아니었기 때문에 '최후의 승자는 없다'라는 제목을 붙였다.

김민정은 「태초에 라이벌이 있었다 – 황제와 치우」에서 고대 중국 신화 속의 이야기를 다루고 있다. 황제와 치우의 경쟁 이야기는 온 우주를 놓고 신들이 겨룬 한판 대결 이야기이다. 세상 전체를 놓고 벌인 신들의 싸움 이야기는 중국에만 국한된 것이 아니라 메소포타미아 신화나 그리스 신화에서도 등장하는 소재이다. 승자인 황제가 음악과 의학을 만들어 낸 신이라는 점은 다른 고대 신화에서처럼 승자 황제가 우주의 질서를 관장하는 신으로 등장했음을 말해 준다. 신들의 싸움이 문화를 낳았다는 이야기는 역설적으로 들리지만, 신들도 싸우면서 크나 보다.

김월회는 「공멸의 라이벌 – 『사기』의 부차 대 구천」에서 『사기』에 등장하는 부차와 구천이라는 두 라이벌의 이야기를 다루고 있다. 두 사람 사이에 긴장 구도가 지속할 때는 긴장이 부차와 구천 모두에게 약이 되었다. 두 인물 사이의 원한과 복수심이 각자가 나태나 자만에 빠지지 않게 해 주었기 때문이다. 하지만 둘 사이의 경쟁 구도가 무너지자 둘은 자만에 빠져 망하게 되었다. 이들의 경쟁은 공멸로 끝이 난다.

경쟁을 하더라도 두 경쟁자의 배경이 크게 차이가 나는 경우가 있다. 가령, 중국 삼국시대 사마의와 제갈량 두 지략가의 경쟁 구도가 그것이다. 김월회는 「'금수저'와 '흙수저'의 기울어진 레이스 – 『삼국지연의』의 사마의 대 제갈량」에서 이 두 인물을 비교하고 있다. 명문가 자제가 누릴 수 있는 혜택을 받은 사마의 그리고 '듣보잡'이나 다름없는 제갈량, 이 금수저와 흙수저 사이의 기울어진 레이스에서 정치적으로는 사마의가 속한 위나라가 결국 승리했다. 가진 것이 없었던 제갈량은 성급한 마음에 속전속결로 작은 국면에서는 승리했지만, 결국 가진 것이 많은 여유로운 사마의가 승리를 거둔다. 그럼에도 두 지략의 대가들 사이의 경쟁은 각자의 실력을 향상하는 촉매제가 되었음이 틀림없다.

북송 시대 왕안석과 소식의 경쟁 구도는 전쟁과 같은 물리적 경쟁은 아니었다는 점에서 위의 여러 경쟁 구도와는 사뭇 다른 성격을 갖는다. 김민정은 「정적이었지만 서로를 인정한 닮은 꼴 라이벌 – 왕안석과 소식」에서 이런 경쟁 모델을 소재로 삼고 있다. 왕안석과 소식의 경쟁은 더 좋은 세상을 만들기 위한 정치적, 정책적 싸움이었다. 둘 사이의 경쟁에서 불미스러운 사건도 있었지만, 소식은 정책 면에서 왕안석의 장점을 인정하기도 한다. 말년에 그들은 담백한 우정을 나누게 된다. 이들의 경쟁은 비교적 신사적이었고, 상대방에 대한 존중으로 마감을 하게 된다.

사마의와 제갈량의 경쟁 구도처럼 기울어진 레이스는 뛰어난 인간들 사이에서만 일어나는 것이 아니다. 이런 경쟁은 신적 존재와 인간 사이의 거의 수직적인 구도에서도 일어난다. 안상욱은 「트로이전쟁의 라이벌 – 아킬레우스와 헥토르」에서 트로이전쟁의 두 영웅 아킬레우스와 헥토르의 사이의 기울어진 대결에 대해 쓰고 있다. 아킬레우스는 인간과 신 사이에서 태어난 반은 신, 반은 인간인 영웅이다. 그리스 진영을 대표하는 아킬레우스와 트로이 진영을 대표하는 헥토르 사이의 싸움의 결론은 불을 보듯 뻔하다. 왜냐하면 인간은 신을 이길 수 없기 때문이다. 이 가파르게 기울어진 구도에서 헥토르는 아킬레우스의 증오심 앞에서 속절없이 패배하고 만다. 하지만 아킬레우스도 죽음을 피할 수 없었다. 왜냐하면 어머니 여신 테티스가 예견한 대로 헥토르를 죽이면 그도 또한 죽을 운명이 된다는 사실 때문이었다. 이 경우 경쟁의 구도는 심하게 기울어져 있었지만 그것은 상대적인 구도였을 뿐이었다. 결국 강자 또한 다른 경쟁 구도에서는 맥없이 패자가 될 수밖에 없었다.

심정훈은 「오만왕과 얼간이 - 리비우스의 『로마사』의 타르퀴니우스 수페르부스와 루키우스 브루투스」에서 로마 공화정의 시조인 브루투스와 그의 상대인 타르퀴니우스 사이의 경쟁 이야기를 들려준다. 오만한 왕 타르퀴니우스 일가의 폭정에 맞서서 브루투스는 폭정을 종식하고 공화정의 시대를 열었다. 하지만 그 과정에서 브루투스는 타르퀴니우스의 재기를 위해 협력한 두 아들을 공화정의 이상을 위해서 잔인하게 처벌할 수밖에 없었다. 브루투스는 비록 타르퀴니우스와의 전쟁에서 전사하였지만, 그가 수립한 자유 로마 공화정은 후대에 찬란한 유산으로 남겨졌다.

공멸의 라이벌 이야기는 구약성서에서도 등장한다. 임형권은 「미워할 수 없는 라이벌 - 다윗과 압살롬의 비극적 가족사」에서 다윗과 그의 아들 압살롬의 경쟁 이야기를 풀어 간다. 아버지와 아들 관계였지만 아버지 다윗에 대한 미움은 압살롬의 모반으로 이어졌고, 그 모반은 아들 압살롬의 죽음이라는 비극으로 끝이 난다. 정치적으로 다윗이 최후의 승자이기는 하지만, 사랑하는 아들을 이긴 아버지를 누가 승자라고 하겠는가?

3.

제2부는 '그림자 같은 라이벌'이라는 제목 아래 구성되었다. 여기서

다루어지는 라이벌들은 양자 사이에 실제적 경쟁이 벌어지지 않았거나, 또는 한쪽이 부재한다고 해도 서로 분리할 수 없는 짝처럼 여겨지는 관계들이다.

제1부에서 왕안석과 소식처럼 초나라 출신 이사와 한나라 출신 한비도 학자와 정책가로서 대결했다. 박선영은 「누가 선택될 것인가, 둘 다 살아남을 수는 없었던 그들의 이야기 – 이사와 한비」에서 이 둘의 이야기를 소개하고 있다. 두 사람은 순자 아래서 동문수학한 사이였지만 비극적인 라이벌 관계가 되었다. 이사가 한비를 죽음으로 몰고 간 것은 자신보다 뛰어난 한비를 시기했기 때문일 수도 있고, 한나라를 보존해야 한다는 한비의 주장이 나라의 운명을 위태롭게 할 수 있다는 이사의 위기의식 때문이었을 수 있다. 하지만 결국 이사도 버림을 받는 신세가 되었다. 평생 이사는 등 뒤에서 자신이 죽음으로 몰고 간 한비의 그림자를 달고 다녔을 것이다. 진나라를 위해 일하던 두 외국인 이사와 한비는 자신들이 처한 혼란한 시대가 만들어 낸 경쟁자가 아닐까?

손애리는 「친애하는 나의 그림자 라이벌에게 – 절망을 끝까지 밀고 나간 이릉, 소무, 사마천의 싸움」에서 실제로 싸우지 않지만 라이벌로 짝지어 생각할 수밖에 없는 세 인물을 다룬다. 이릉은 한나라 무제의 흉노 정벌 전쟁 중에 포로로 잡혔고, 소무는 한나라의 사신으로 갔다가 포로가 된다. 한 사람은 한나라가 자신을 배반자로 여긴 것 때문에 흉노족의 편이 되었고, 다른 사람은 끝까지 한나라 사람으로 남는다. 이릉은 소무가 전향하도록 설득했지만 허사였다. 두 한나라 사람이 실제로 싸운 것은 아니었지만, 그들은 서로에게 그림자 라이벌과 같은 존재로 남게 된다. 이릉에 대해 사실적으로 기록하고자 한 역사가로서의 사명 때문에 궁형을 받은 사마천도 그들 사이에 끼어 있는 또 다른 라이벌일 것이다.

이릉과 소무와 달리 대립하지 않고서도 서로에게 그림자 같이 따라다니는 라이벌 관계도 있다. 한시의 양대 산맥인 이백과 두보가 그들이다. 김월회는 「좋은 벗에서 착한 라이벌로 – 한시의 양대 산맥, 이백 대 두보」에서 이백과 두보의 시적 경향을 잘 비교해 주고 있다. 사실 이 둘은 라이벌이기보다 절친이다. 다시 말해, 그들의 관계를 그림자 같이 서로 따라다니는 관계로 만든 것은 그들이 아니라 후대 말 많은 이론가들이다. 하지만 이백의 탈속적, 낭만적 시풍과 두보의 현실을 사실적으로 비장하게 서술하는 시풍의 차이를 무시할 수 없다. 따라서 후대인들이 그들을 라이벌로 만든 것은 자연스러운 결과이다. 시작을 통해서 두보는 고독을 위대한 고독으로 '승화昇華'시켰고, 이백은 고독을 '초극超克'하여 절대 고독의 경지에 이르렀다. 이들을 굳이 라이벌로 규정하는 이유를 들자면 고독을 극복하려 몸부림치는 두 방식의 차이 때문이라고 할 수 있다. 하지만이 이백과 두보는 좋은 벗이자 착한 라이벌임은 분명하다.

안상욱의 「존재와 변화를 둘러싼 두 가지 시선 – 헤라클레이토스와 파르메니데스」는 두 그리스 철학자들의 지적인 경쟁을 다루고 있다. 두 철학자는 서로 토론이나 논쟁을 하지는 않았지만 세계를 바라보는 두 시선을 제시해 주고 있다. 헤라클레이토스는 변화한다는 사실이 이 세상의 진상眞相이라고 생각하지만, 파르메니데스는 세계가 변화하는 것 같지만 그것은 허상이며 실제로는 변화하지 않고 있다고 주장한다. 이 두 태도는 변화하는 것 속에서 불변하는 것을 찾으려 하거나, 변하지 않는 것보다는 변화하는 것이 세계의 생성, 발전 그리고 유지를 위해 필수적인 것으로 생각하는 두 가지 사고방식을 반영한다. 두 지적인 경쟁자의 생각은 오늘날에 이르기까지 인간과 세계를 이해하는 두 가지 방식으로서 여전히 서로가 서로를 따라다니고 있다.

라이벌 관계는 후대에 만들어지기도 하지만, 시간이 흐르며 경쟁 관계에 있던 인물들이 주역과 악역으로 재구성되기도 한다. 오늘날 우리가 상식처럼 여기는 조선 시대의 장수들, 이순신과 원균의 관계는 그 대표적인 예시 중 하나이다. 윤광언은 「경쟁 사이에서 선악 구도로, '이순신 vs. 원균'상의 형성」에서 이순신과 원균 사이의 구도는, 원균과 관계된 사람들이 패전으로 나라를 위기에 빠지게 했던 원균과 선을 긋고 책임을 묻는 과정에서 형성되었던 점을 강조한다. 원균의 무능함이 칠천량해전에서 수군 대다수를 잃었던 사실로 요약되고, 같은 시기에 기록적인 연승을 거둔 이순신의 능력과 비교되어 온 것은 사실이다. 인물의 능력 부족을 그 사람의 품성 결여와 연관 지어서 비판했던 조선 시대의 관행에 영향을 받아, 원균은 부도덕하고 비겁하며 전선에서도 주색잡기에 빠져 있던 인물로 그려졌다. 그런데 이러한 서술들은 애초에 패장 원균과 거리를 두고 싶어 했던 위인들이 남긴 사료에서 비롯된 것이었다. 이순신과 대립하지만, 뗄 수 없는 악역 원균상의 형성은 원균 그 자신보다는 이순신을 영웅으로 만드는 과정에서 원균이 이순신의 그림자처럼 된 것과 무관하지 않았던 것이다.

염동규의 「한국, 1950년대, 역사의 진흙탕: 한반도의 '미친 시대'와 대결한 『한씨연대기』의 한영덕」은 북한 출신 의사인 한영덕의 삶을 통하여 이념적 경쟁 구도에서 희생된 한 휴머니스트 의사의 삶의 애환을 그린다. 한영덕은 북한의 전체주의적 사고방식에 동조할 수 없어서 남한으로 오지만 북한 출신인 그는 감시와 경계의 대상이었다. 그의 삶은 이념과 체제 사이의 경쟁의 틈바구니에서 개인들이 어떻게 희생될 수 있는지를 잘 보여 준다. 남북의 이념과 체제는 그의 삶을 집요하게 쫓아다니는 그림자 같은 라이벌이었다고 말해도 될 것이다.

임형권은 「친구가 된 맞수 – 길가메쉬와 엔키두」에서 인류 최초의 서사시라고 알려진 「길가메쉬 서사시」의 두 영웅 길가메쉬와 엔키두 사이의 관계를 다루고 있다. 신들에 의해서 운명적 경쟁자로 만나게 되지만, 두 맞수의 팽팽한 싸움은 오히려 그들에게 우정이 싹트는 계기가 되었다. 아이들은 싸우면서 큰다는 말은 이 경우 잘 들어맞는다. 오만방자한 폭군 길가메쉬는 엔키두를 통하여 타인의 얼굴을 볼 수 있는 존재가 되었고, 엔키두는 신들에 의해 거의 야수 같은 존재로 창조되었지만 길가메쉬와 만남을 통하여 야수에서 문명인이 된다. 엔키두는 신들이 내린 형벌로 죽었지만, 그는 길가메쉬의 등 뒤에서 그를 따라다니는 영원한 경쟁자로 남게 된다.

김헌의 「'철학'을 놓고 싸운 라이벌, 이소크라테스와 플라톤」은 이소크라테스와 플라톤이라는 고대 그리스의 두 지적 경쟁자들을 비교한 글이다. 플라톤의 스승인 소크라테스는 말 잘하는 이들에 의해서 부당하게 고발되었고, 사실 그들의 말솜씨 때문에 스승은 죽은 것이나 다름없었다. 당연히, 플라톤은 그럴싸하게 말 잘하는 기술인 수사학과의 지적인 전투를 수행했고, 결국 지적으로 승리한 플라톤은 서구 철학이 그의 각주에 불과하다는 명예를 얻었다. 저자는 수사학에 대한 플라톤의 태도를 이해하면서도, 수사학에 대한 플라톤의 과도한 비판의식 때문에 철학의 역사에서 폄하되고 소외되어 온 이소크라테스의 수사학적 철학의 정당성도 공정하게 소개하고 있다. 이 글은 지성사의 주류와 비주류 사이의 구도가 단순히 지적인 우열 관계에서 비롯된 것이 아닐 수 있음을 플라톤과 이소크라테스의 사례를 통하여 잘 보여 주고 있다.

4.

여러 문명이 낳은 여러 유형의 라이벌들의 이야기들을 볼 때, 경쟁은 신과 인간들에게 피할 수 없는 운명임이 분명한 것 같다. 어떤 라이벌들은 전쟁에서, 어떤 라이벌들은 정치적 영역에서, 어떤 이들은 지성적 영역에서 치열하게 싸웠다. "전쟁은 경험하지 못한 자들에게 달콤하다"라는 그리스 격언처럼 우리 자신들의 이야기가 아니므로 이런 싸움의 이야기들이 우리를 매료시키는 것인지 모른다. 하지만 단지 흥미를 준다는 점 때문에 라이벌들의 이야기들을 좋아하는 것은 아닐 것이다. 과도한 경쟁이 낳는 비극적 최후, 그 경쟁 속에서 실오라기처럼 남아 있는 평화와 조화에 대한 기대 그리고 갈등과 반목이 일으키는 비극을 우리가 반복해서는 안 된다는 교훈, 이러한 것들도 라이벌들의 이야기를 우리가 읽고 싶고, 또한 읽어야 하는 이유가 될 것이다.

필진을 대표하여 김월회, 김헌, 임형권 씀

차례

2부 그림자 같은 라이벌

1부

최후의 승자는 없다

1장

태초에 라이벌이 있었다
— 황제와 치우

김민정

옛날 옛적 아주 먼 옛날에 황제黃帝와 치우蚩尤라는 라이벌이 있었다. 이 둘은 중국 고대 신화와 전설 속 인물들로, 흔히 황제는 중원을 통일하고 덕으로 다스린 중화민족의 시조이며, 치우는 황제에 반기를 들고 전쟁을 일으켰다가 패배하여 비참한 최후를 맞은 것으로 알려져 있다. 황제와 치우는 탁록涿鹿이란 곳에서 크게 싸웠는데, 이 전투는 중국 신화에서 가장 치열했던 신들의 대결로 유명하다.

하늘과 땅을 건 탁록의 한판 대결

원래 신들의 세계는 염제炎帝 신농씨神農氏가 다스리고 있었다. 소의 머리에 사람의 몸을 한 염제는 불을 관장하는 태양신이며, 인간에게 농사짓는 법을 가르쳐 주고, 병에 걸리면 몸소 약초를 찾아 고쳐 주는 자비로운 신이었다(『회남자淮南子』「수무脩務」). 그런 그에게 황제 헌원씨軒轅氏가 도전장을 내밀었다. 염제는 자신의 보좌신인 축융祝融을 시켜 화공을 펴게 했으나 우레의 신이었던 황제는 비바람을 일으켜 제압했다. 황제는 곰과 승냥이, 표범, 백여우, 호랑이와 같이 날랜 맹수들로 선봉대를 만들고, 수리, 솔개, 매와 같은 맹금들도 불러들였다. 염제군과 황제군은 판천阪泉에서 세 번 격돌했는데, 세 번 모두 패한 염제는 황제에게 패권을 넘겨주고 조용히 남방으로 물러났다(『공자가어孔子家語』「오제덕五帝德」).

염제의 후예였던 치우는 염제를 위해 복수의 칼날을 갈았다. 치우는 72명(혹은 81명)의 용맹한 형제들과 함께 군대를 일으켰다. 칼, 갑옷, 창과 같은 무기도 충분히 만들어 두었다. 바람의 신 풍백風伯과 비의 신 우사雨師, 거인 종족 과보夸父, 산도깨비들인 이매魑魅와 물속 귀신들인 망량魍魎이 치우의 편에 가담했다. 치우는 자신을 염제라 일컬으며 탁록의 들판으로 진군했다. 탁록은 염제와 황제가 싸웠던 판천 근처의 땅이다.

온갖 뛰어난 무기로 무장한 치우군은 위세가 대단했다. 먼저 도깨비 군단이 신음하는 듯한 이상한 소리를 내며 황제군을 홀렸다. 하지만 황제가 뿔 나팔을 불어 용의 울음소리를 내게 하니, 도깨비 군단은 혼비백산하여 달아났다(『통전通典』「악전樂典」). 그러자 이번에는 치우가 짙은 안개를 피웠다. 자욱한 안개 속에 갇힌 황제의 군대는 동서남북 갈피를 잡지 못하고 속수무책으로 당했다. 이때 황제의 신하인 풍후風后가 나서서 남쪽을 가리키는 수레인 지남거指南車를 만들었다. 그는 북두칠성의 손잡이가 언제나 북쪽을 가리키는 것에 착안하여, 이 수레가 북두칠성의 방향과 정반대인 남쪽을 가리키도록 고안했다. 황제군은 지남거에 의지해 안개 속을 빠져나와 반격을 시작했다(『태평어람太平御覽』「천부15 天部十五·무霧」).

황제는 기세를 몰아 군사들의 사기를 더욱 드높여 주려고 커다란 북을 만들기로 했다. 그는 동해의 유파산流波山에 사는 기夔라는 짐승을 잡아 오라고 명령했다. 기는 소처럼 생겼는데 푸른 몸빛에 뿔이 없고 다리가 하나뿐이며 우레와 같은 소리를 냈다. 황제는 기의 가죽을 벗겨 북을 만들고, 또 뇌택雷澤이라는 호숫가에 사는 뇌수雷獸의 몸에서 가장 큰 뼈를 꺼내 북채를 만들었다. 천둥소리를 내는 짐승의 뼈로 만든 북채로 천둥소리를 내는 짐승의 가죽으로 만든 북을 두드리니 그 쩌렁쩌렁한 소리가 500리 밖까지 울려 퍼졌다(『산해경山海經』「대황동경大荒東經」). 치우군은 북소리에 놀라 갈팡질팡하다가 전력의 상당수를 잃고 만다.

황제는 흉리토구凶犁土丘라는 산 남쪽 끝에 사는 날개 달린 용 응룡應龍에게 기주冀州의 들에서 치우의 군대를 공격하라고 명했다(『산해경』「대황동경」). 응룡은 물을 모아 비를 내리게 하는 능력이 있었다. 하지만 황제의 계획을 간파한 치우는 풍백과 우사에게 청하여 응룡이 천상에 모아 두었던 엄청난 양의 물을 황제군의 진영 위로 쏟아지게 했다. 갑자기 자기 진영 위로 광풍이 몰아치고 폭우가 쏟아지며 주변이 삽시간에 물바다로 변하자, 황제는 급히 자신의 딸이자 가뭄의 여신인 발魃을 불렀다('가뭄'을 뜻하는 한자어 '한발旱魃'은 바로 그녀의 이름에서 유래한 것이다). 그녀는 계곤산係昆山에 있는 공공共工의 누대에 살면서 푸른 옷을 입고 다녔다(『산해경』「대황북경大荒北經」). 가슴 속에 뜨거운 불덩이를 품고 있는 발이 나타나자 세차게 몰아치던 폭풍우가 일순간에 그쳤다. 다시 전열을 가다듬은 황제군은 치우군에게 반격을 가하였다. 황제와 아홉 번을 싸워 아홉 번 모두 이겼던 치우는 이 마지막 전투에서 패배하여 응룡에게 사로잡힌다. 일설에는 사람의 머리에 새의 형상을 한 현녀玄女가 나타나 황제에게 병법을 전해 준 덕분에 치우를 간신히 이길 수 있었다고 한다(『태평어람』「천부15·무」). 전투가 얼마나 치열했던지 탁록의 들판은 사방 백 리가 흐르는 피로 물들었다(『장자莊子』「도척盜跖」).

황제는 포로로 잡힌 치우의 손과 발에 수갑과 족쇄를 채워서 꼼짝하지 못하게 한 뒤 즉각 처형했다. 황제는 치우가 차고 있던 수갑과 족쇄를 먼 들판에 갖다 버리게 했는데, 수갑과 족쇄가 버려진 자리에 붉은 단풍나무가 자라나 숲이 되었다(『산해경』「대황남경大荒南經」). 피처럼 붉은 단풍나무 잎은 치우의 피와 원한이 서렸기 때문이라고 한다. 또 다른 기록에 따르면, 치우는 황제에게 잡혀 목이 잘렸는데, 치우의 머리와 몸이 분리된 그곳을 '해解'라고 부르게 되었다. 그곳은 지금의 산서성山西省 해현解縣으로, 그 근처에 있는 해지解池라는 소금 연못은 물이 붉은데, 이 또한 치우가 죽을 때 흘린 피가 스며든 것이라고 한다(『공자삼조기孔子三朝記』, 『몽계필담夢溪筆談』, 『노사路史』「후기4後紀四·치우전蚩尤傳」). 치우가 되살아날까 걱정이 되었는지 황제는 치우의 머리와 몸을 각기 다른 곳에 매장했다. 치우의 머리가 묻힌 무덤은 산동성山東省 동평군東平郡 수장현壽張縣 감향성闞鄉城에 있는데, 진秦·한漢 때 사람들은 해마다 10월이면 이곳에 제사를 지냈다. 그때가 되면 붉은 기운이 하늘로 솟구치는데 마치 띠 모양의 붉은 비단 깃발 같아서 이를 '치우의 깃발蚩尤旗'이라 불렀다(『황람皇覽』「총묘기冢墓記」).

이상이 신화에서 그리는 탁록대전의 현장이다. 그런데 황제는 어떻게 중화민족의 시조로 추앙받게 되었을까? 황제를 고전苦戰에 빠뜨린 치우는 포악하고 못된 반역자에 불과한가? 태곳적 라이벌 황제와 치우에 대한 기록을 좀 더 살펴보자.

황제黃帝 헌원軒轅 -우주 최고신에서 중화민족의 시조가 되다

중국 고대 신화 속 황제는 천상과 그의 지상 행궁인 곤륜산崑崙山을 오가며 천하를 다스리는 신들의 왕이다. 그는 밀산峚山에서 발원하는 단수丹水에 들어 있는 하얀 옥고玉膏를 즐겨 먹고(『산해경』「서산경西山經」), 세상만사를 꿰뚫어 볼 수 있는 검은 구슬인 현주玄珠라는 보배를 가지고 있다(『장자』「천지天地」). 황제가 언젠가 동쪽의 태산泰山 위에서 귀신들을 불러 모은 적이 있었는데, 그가 행차하는 모습은 천상천하를 호령하는 최고신에 걸맞은 위용을 자랑한다.

지난날 황제가 태산 위에서 귀신들을 모이게 한 일이 있었습니다. 거대한 코끼리가 끄는 수레를 탔는데, 여섯 마리의 교룡蛟龍이 그 뒤를 따랐습니다. 나무의 신인 필방畢方이 비녀장을 잡고 수레를 몰았으며, 치우는 앞길을 열고, 풍백은 땅을 쓸고, 우사는 길을 씻었습니다. 호랑이와 이리가 앞에 서고, 귀신들이 뒤따랐으며, 날개 달린 뱀인 등사騰蛇는 땅에 엎드리고, 봉황은 하늘을 날았습니다.

―『한비자韓非子』「십과十過」

이는 진晉나라 평왕平王이 악사樂師 사광師曠에게 황제의 음악인 청각淸角에 대해 묻는 대목이다. 바람의 신 풍백과 비의 신 우사가 닦아 놓은 길을 거대한 코끼리가 끄는 수레를 타고 어마어마한 행렬을 이끌며 위풍당당하게 지나간 황제는 귀신들을 크게 불러 모은 후 청각이란 곡을 지었다. 원래 풍백과 우사를 부리는 것은 치우인데, 여기서는 치우가 그들과 더불어 행차의 앞길을 여는 황제의 신하로 등장하는 점이 흥미롭다.

황제의 생김새에 대해서는 여러 가지 묘사가 전해져 오는데, 한 번에 사방을 볼 수 있는 네 개의 얼굴을 가졌다고 한다. 이를 두고 자공子貢이 "믿을 만합니까?"라고 스승님께 여쭙자, 평소 기이하고 허황한 이야기를 좋아하지 않았던 공자는 "황제가 자신의 심복 네 명을 뽑아 동서남북 사방四方에 파견하여 다스리게 한 것을 네 개의 얼굴이라 말한 것이다"라고 나름 합리적인 답안을 제시한다(『태평어람』「황왕부4皇王部四·황제헌원씨黃帝軒轅氏」). 얼굴이 네 개라는 것은 중앙에 위치하여 사방을 살피는 중앙 상제上帝의 모습과도 통한다. 중국 전한前漢의 회남왕 유안劉安이 저술한 책인 『회남자淮南子』에는 황제가 동·서·남·북·중앙의 다섯 개 방위 중 중앙을 지배하며 사방을 다스리는 신으로 등장한다.

중앙은 흙(土)의 기운이 왕성한 곳으로, 그곳을 지배하는 하늘신(帝)은 황제黃帝이다. 그의 보좌신은 후토后土인데, 먹줄(繩)을 쥐고 사방을 다스린다. 그곳의 신령(神)은 진성鎭星(토성)이며, 동물은 황룡黃龍이고, 음音은 궁宮, 해당 날짜는 무일(戊)과 기일(己)이다.

–『회남자』「천문天文」

『회남자』「천문」편은 중국 고대의 천문학 자료 중 가장 오래되었으며, 중국 최초로 체계적인 우주 생성론을 정립했다는 평가를 받는다. 여기서는 다섯 행성五星을 다섯 방위五方·다섯 원소五行·다섯 하늘신五帝·다섯 신령五神·다섯 짐승五獸·다섯 음五音·다섯 날짜五日와 하나씩 연결하여 설명하고 있다. 인용문에서도 중앙을 상징하는 동물이 황룡이듯이, 일설에 황제는 누런 용의 몸체를 하고 있다고도 한다. 흙의 기운을 주재하니 누렇고, 기상 현상을 주관하니 용의 형상을 하는 것은 당연한 연결인지도 모른다. 이와 같은 황제의 형상은 전국시대 후반기에 유행하기 시작한 오행 사상과 밀접한 관련이 있다.

신화 속 황제黃帝는 때로는 황천상제皇天上帝의 준말인 황제皇帝와 혼용되며 우주 만물을 주관하는 신이었다가, 때로는 역할이 다소 축소된 오방상제五方上帝의 중앙신이 되었다가, 때로는 우레의 신으로도 묘사된다. 그는 한편 여러 문물이나 제도, 문화를 창조한 문화 영웅이기도 하다. 예컨대 그는 궁宮·상商·각角·치徵·우羽의 오음을 만들었다고 전해진다(『관자管子』「오행五行」). 황제가 영윤伶倫에게 음률을 만들도록 명하자, 영윤은 해계嶰谿의 골짜기에서 얻은 대나무로 열두 개의 피리를 만들고,

봉황새의 울음소리를 본떠서 십이율려十二律呂를 제정했다. 황제는 또다시 영윤과 영장榮將에게 명하여 열두 개의 종을 주조하여 오음에 맞추고는 함지咸池라는 음악을 만들었다(『여씨춘추呂氏春秋』「중하기仲夏紀·고악古樂」, 『한서漢書』「율력지律曆志」).

지상계로 내려와 인격화한 황제는 중의학의 창시자이자 도가 사상의 시조로서 추앙받기도 한다. 그는 『황제내경黃帝內經』의 저자로도 유명한데, 유네스코 세계기록유산에도 오른 가장 오래된 중국 전통 의학서 『황제내경』은 황제와 그의 신하이자 천하의 명의名醫인 기백岐伯이 의술을 주제로 토론한 내용을 기록한 것이라고 한다. 하지만 이를 진짜 황제의 저작이라 믿는 사람은 없고, 진·한 시대에 그의 이름에 가탁해 지어졌다는 게 통설이다. 약藥이란 한자가 악樂에서 유래한 것을 생각하면, 음악을 발명한 황제가 의약에 정통한 것도 자연스러운 일이다. 황제는 노자와 더불어 '황로黃老'라고 불리며 도가 사상의 시조로 여겨지는데, 『열자列子』「황제」편에 그의 양생술과 무위지치無爲之治의 사상이 잘 나타나 있다.

그런데 황제는 어쩌다 중화민족의 시조가 되었을까? 이는 사마천司馬遷의 『사기史記』「오제본기五帝本紀」에서 그 연원을 찾을 수 있다. 사마천은 그때까지 전해 내려오던 신화 전설에서 신화적 요소를 최대한 배제한 뒤 황제를 중심으로 한 계보 만들기에 착수했다. 신화에서 역사의 층위로 내려온 황제는 소전少典 부족의 자손으로, 성은 공손公孫이고 이름은 헌원軒轅이다. 사마천이 이전의 문헌 자료에서 취사 선택하여 기록으로 남긴 황제와 치우의 대결은 다음과 같다.

헌원 때에는 이미 신농씨의 세상이 쇠하였다. 제후들이 서로 침략하거나 정벌하며 백성을 포악하게 다루었으나 신농씨에게는 이들을 징벌할 힘이 없었다. 이에 곧 헌원이 창과 방패를 쓰는 방법을 익혀 조공하지 않은 제후들을 정벌하니 모두 신하로 복종하였다. 그러나 포악한 치우는 토벌할 수 없었다. 염제가 제후들을 치려고 하자 제후들이 모두 헌원에게 귀의하였다. 헌원은 덕을 닦고 군대를 정비하였다. 오기五氣를 다스리고, 오곡五穀을 심고, 만민을 보살피고, 사방의 경계를 조사하고 측량하였다. 곰과 승냥이, 표범, 백여우, 호랑이들을 훈련해 판천阪泉에서 염제와 세 번 싸운 끝에 뜻을 이루었다. 치우가 황제의 명을 듣지 않고 다시 난을 일으켰다. 황제는 제후의 군대를 징집하여 탁록涿鹿에서 치우와 싸워 마침내 치우를 죽였다. 그러자 제후들은 모두 신농씨를 대신하여 헌원을 천자로 받드니 그가 바로 황제이다.

–『사기』「오제본기」

신농씨의 치세 말기에 천하가 어지러워지자 황제가 일어나 사방의 제후를 토벌했으며, 가장 포악했던 치우의 난을 평정한 다음에 제후들의 신망을 얻어 신농씨를 대신하여 천자가 되었다. "천하에 순종하지 않는 자가 있으면 황제가 그를 정벌했으며, 평정한 후에는 그곳을 떠났다." 황제는 천하가 통일되어 화평해진 후에는 토덕土德으로 세상을 다스렸다.

사마천은 황제를 모든 왕조의 시조로 보는 상상의 계보를 만들었다. 황제로부터 시작된 오제의 혈통은 전욱顓頊 → 제곡帝嚳 → 요堯 → 순舜

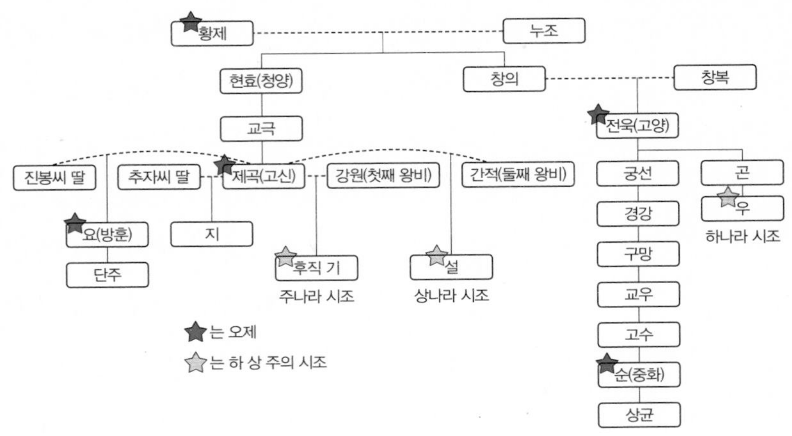

「오제본기」의 계보

으로 이어지며, 하夏·상商·주周 삼 대의 시조까지 모두 그에게 귀속되었다. 실체가 없던 화하족華夏族에 황제라는 공통의 시조를 부여함으로써, 통일된 제국을 지향했던 한나라의 정통성이 세워지고 대일통大一統('하나로 통일됨을 드높인다'는 뜻)의 역사의식이 선양되었다. 물론 이 과정에서 치우는 천자의 통치 질서를 교란하는 악당 역할을 맡았고, 악당은 당연히 처절하게 응징되어 본보기를 보여야 했다.

치우천왕蚩尤天王 – 고약한 반역자인가, 동이족의 영웅인가?

사마천에 의해 역사의 시작점에 박제된 뒤로, 중국의 역사서에서 황제는 중화민족의 시조이자 정통으로 기술되어 왔으며, 그의 권위에 도전했다가 패배한 치우는 주변부로 밀려나 부정적으로 묘사되었다. 기록에 따르면 치우는 구려九黎 부족 또는 묘민苗民의 수장이었다. 치우는 형제가 많았는데, 72명이라고도 하고 81명이라고도 한다. 그들은 모두 구리로 된 머리에 철로 된 이마〔銅頭鐵額〕를 가졌으며, 모래와 돌을 먹었다. 또한 짐승의 몸에 사람의 말을 했다(『태평어람』「황왕부4 · 황제헌원씨」). 치우의 생김새에 대해서는 그 밖에도 여러 가지 설이 있는데, 여덟 개의 팔과 다리에 둘로 나누어진 머리를 했다거나(『귀장歸藏 · 계서啓筮』), 사람의 몸에 소의 발굽을 하고, 네 개의 눈에 여섯 개의 손을 가졌다고도 한다(『술이기述異記』). 또한 귀밑머리가 칼날과 같고, 머리에 뿔이 났다든가(『술이기』), 거북의 발에 뱀의 머리를 하였다고도 한다(『술이기』). 치우가 반인반수半人半獸의 험악한 괴물 형상을 한 것은 승자의 관점에서 기록되었기 때문일 가능성이 크다. 중국 속담에 "승자는 왕이 되고, 패자는 역적이 된다〔勝者爲王, 敗者爲寇〕"라는 말이 있듯이, 우리는 역사가 승리자의 서사임을 잘 알고 있다. 전쟁에서 승리한 황제가 중심에 자리한 '선신善神'/성군이 되고 그에 대항했던 치우가 탐욕스럽고 포악한 주변부의 '악신惡神'/역적으로 묘사되는 것은 당연한 일이다.

한편 『관자』에서 치우는 황제의 여섯 재상 가운데 한 명으로 등장한다.

> 옛날에 황제가 치우를 얻어 천도天道를 밝히고, 태상大常을 얻어 지리地利를 살피고, 사룡奢龍을 얻어 동방東方을 밝게 살피고, 축융祝融을 얻어 남방南方을 밝게 살피고, 대봉大封을 얻어 서방西方을 밝게 살피고, 후토后土를

얻어 북방北方을 밝게 살폈다. 황제가 여섯 재상을 얻어 천하를 다스리니, 신명이 지극했다.

–『관자』「오행」

황제는 천도에 밝은 치우를 천시天時를 관장하는 관직인 당시當時에 임명했다. 또한 갈로산葛盧山과 옹호산雍狐山이란 곳에서 발원한 물에 광물이 섞여 나오자, 치우를 관리로 보내 다스리게 했다. 그러자 치우는 그것으로 칼, 갑옷, 창 등의 무기를 만들어서 제후국을 겸병했다(『관자』「지수地數」). 이 밖에도 여러 문헌에서 치우가 "금속을 제련했다"라거나 "다섯 가지 병기兵器를 만들었다"라는 기록이 있는 것으로 미루어, 치우는 금속을 잘 다루고 무기를 만드는 데 뛰어났던 것으로 보인다. 이에 주목하여 학자들은 치우 일족이 고대 중국 변방에 살던 대장장이 집단이고 치우는 우두머리 무당(샤먼)이라고 추측하기도 한다. 불을 다루어 금속을 정련하는 기술은 무당이 지닌 특별한 능력으로 여겨졌기에 고대에는 무당이 대장장이를 겸했다. 황제와 치우가 싸운 시대를 청동기에서 철기로 넘어가는 시기로 보고 '구리로 된 머리에 철로 된 이마'를 가졌고 '짐승의 몸에 사람의 말을 했다'라는 것을 청동과 철로 만든 투구를 쓰고 짐승의 가죽으로 만든 갑옷을 입은 전사들의 모습을 묘사한 것으로 해석하기도 한다.

한편, 패악의 난신亂臣이자 반역의 수괴라는 낙인과는 별개로, 치우는 진시황과 한고조를 비롯한 중국 역대 제왕들에게 융숭한 제사를 받는 전쟁의 신(전신戰神 또는 병주兵主)으로 받들어졌다. 그뿐만 아니라 귀주성貴州省을 중심으로 한 중국 남부 지역에 사는 소수민족인 묘족苗族에게 조상신으로 숭배되고 있으며, 심지어 한국의 재야 학계에서도 동이족東夷族, 나아가 한민족의 위대한 조상으로 간주된다. 그리스 신화의 제우스, 헤라는 알아도 중국 신화의 반고, 여와는 여전히 생소한 한국에서, 치우는 2002년 한일월드컵 이후로 아는 사람이 많아졌다. 한국 축구팀 응원단 '붉은 악마'의 응원기 속 도깨비가 한국팀의 선전善戰과 더불어 그해 초여름 한국인의 가슴을 뜨겁게 달구었는데, 신라 시대의 귀면와鬼面瓦(도깨비기와)를 닮은 이 '붉은 악마'가 "동이족의 위대한 조상인 치우천왕"이라고 알려졌기 때문이다.

치우가 동이족이라는 견해는 중국에서도 널리 받아들여지고 있는 설이다. 순舜임금, 강태공, 공자도 대표적인 동이족이다. 주의할 점은 선진先秦 시대의 동이족과 한나라 이후의 동이족이 전혀 다른 집단을 가리킨다는 사실이다. 이 차이를 무시하고 '동이족'이라면 무조건 한민족의 뿌리로 치부하는 것은 문제가 있다. 동이가 중국 동북 지방과 한반도·일본 열도에 분포한 종족을 가리키는 것은 『삼국지三國志』「위서魏書·동이전東夷傳」과 『후한서後漢書』「동이열전東夷列傳」 이후의 일이다. 상과 주 왕조 시기에 동이는 화하족에 상대되는, 중원(주로 지금의 하남성河南省)의 동쪽 지역에 사는(산동성을 중심으로 거주) 서로 다른 부족의 총칭이었다. '동이'의 개념을 엄밀히 구분하지 않으면 공자도 한국인이라는 주장을 서슴없이 하게 된다.

치우를 한국의 신화 전설에 편입시키는 또 다른 근거는 조선 숙종 원년(1675)에 북애자北厓子가 편집한 『규원사화揆園史話』와 1911년 계연수桂

延壽가 편집한 『환단고기桓檀古記』이다. 『규원사화』「태시기太始記」에서 환인桓因의 명을 받은 신시씨神市氏, 즉 환웅桓雄은 치우씨, 고시씨高矢氏, 신지씨新誌氏 등을 이끌고 인간 세상을 다스렸다. 그중 "치우씨는 실로 만고의 강하고 용맹한 조상으로, 하늘을 돌리고 땅을 굴리는 힘이 있었으며, 바람, 우레, 구름, 안개를 몰고 부리는 능력이 있었다. 또한 칼과 미늘창, 큰 활, 큰 도끼, 긴 창을 만들어서 풀, 나무, 새, 짐승, 벌레, 물고기의 무리를 다스렸다." "대개 치우씨가 칼과 미늘창, 큰 활을 만든 이후에 그것에 의지해 사냥과 정벌 전쟁에 나서니, 중원[中土]의 여러 종족이 큰 활 쓰는 것을 몹시 두려워했고, 소문만 들어도 오랫동안 간담이 서늘해졌다. 그러므로 우리 민족을 '이夷'라고 말하는 것이다. 『설문說文』에 이르기를 이夷는 '크다大'와 '활弓'에서 유래했으며, 동방 사람이라는 것이 이것이다." 이 역시 치우가 속한 선진 시대의 동이족과 한민족을 동일시한 오류이다. 주나라 이전의 동이족이 한민족의 조상이라는 증거는 없다.

『환단고기』에서는 치우가 신시神市 시대로 불리는 배달국倍達國(BC 3898~BC 2333)의 14번째 환웅인 자오지慈烏支 환웅의 다른 이름이라고 한다. 환웅이 풍백, 우사, 운사를 거느리는 것과, 『산해경』에서 치우가 그의 수하로 풍백과 우사를 부린다는 점, 그리고 『사기』「오제본기」에서 황제가 관직 이름에 모두 '운雲' 자를 사용했으며 그의 군대를 운사雲師라 불렀다는 점을 연결하여, 치우가 곧 환웅천왕이고, 황제는 그의 신하인 운사 공손 헌원이라고 주장하기도 한다. 『환단고기』「태백일사太白逸史·신시본기神市本紀」에 따르면 "공손 헌원은 토착민의 수괴"로 치우천

왕에 대해 반란을 일으켰고, 이에 치우는 10년 동안 헌원과 73회나 싸우다가 다시는 감히 덤벼들지 못하도록 크게 무찔렀다. 탁록대전의 승자는 사실 치우이며, 『사기』에서 황제에게 죽었다는 치우는 공을 급히 세우려다 전사한 치우비蚩尤飛라는 장수라고 한다. 하지만 학계에서 이미 위서僞書로 판명된 문헌의 내용에 쓸데없이 가슴이 웅장해지는 일은 없길 바란다.

오천 년을 두고 벌이는 자존심 대결

황제와 치우의 전쟁에 관한 최초의 기록은 『상서商書』「여형呂刑」 편에 나온다. 주나라 목왕穆王이 속형贖刑[1]의 일종인 '여형'을 반포하면서 잔혹한 형벌의 기원을 설명하는 과정에서 치우를 언급한다. 여기서 치우는 묘민苗民의 수장으로 "치우가 세상을 어지럽히기 시작하여 그 해가 백성들에게까지 미치었는데", "묘민이 정부의 법령을 준수하지 않자 형벌로써 그들을 복종시키기 위해 다섯 가지 잔혹한 형벌을 만들어 법이라 일컬으며 죄 없는 자들을 죽였다." 원통한 일을 당한 백성들이 잇따라 상제上帝에게 자신들의 무고함을 고하자 이에 상제의 천명을 받은 황제皇帝가 묘민을 소멸시켰다. 목왕은 이와 같은 일을 방지하기 위해 올바른 형법 제정이 필요하다고 강조한다. 여기서 치우는 잔혹한 형벌

1 돈이나 물품으로 벌을 대신하는 형벌.

을 만든 장본인이자 죄 없는 자들을 잔인하게 죽인 악인으로 묘사되고 있다. 이 기록을 통해 처음으로 황제=정의, 치우=패악의 구도가 만들어졌다. 한 가지 더 주목할 것은 묘민을 멸절시킨 자가 황제黃帝가 아닌 황제皇帝라는 점이다. 연구에 따르면 전국시대에 황제黃帝 숭배가 강화되면서 '황제皇帝와 치우의 전쟁'이 '황제黃帝와 치우의 전쟁'으로 변형되었다고 한다.

황제와 치우에 관한 이야기는 오랜 시간 동안 여러 사람의 상상력이 덧칠되며, 전승자의 욕망과 의도에 따라 신화적 허구와 역사적 사실이 뒤섞인 채 다양하게 변주되었다. 그리스 신화가 약 3천 년 전에 이미 문자로 정형화되어 체계적인 이야기로 전해져 온 것과는 달리, 중국 신화는 최근까지도 여러 문헌 속에 단편적인 기록으로 흩어져 존재했다. 수많은 전승 속의 황제와 치우는 신화 속 전능한 신이었다가 어느샌가 역사에 편입되어 인간 세상 지배자의 모습을 하고 있다. 심지어 때에 따라서는 명칭만 같을 뿐 별개의 인물이나 다른 차원의 존재를 가리키는 것처럼 보이기도 한다.

신화적 색채를 걷어 낸 황제와 치우는 상고시대의 부족장이었을 것으로 추정된다. 황제가 당시 황하黃河 유역에 흩어져 살던 여러 부족 마을의 추대를 받아 수장首長이 된 후, 가장 큰 적수였던 염제炎帝와 치우를 물리치고 나머지 부족 마을을 통합하여 중원 지역을 통일하였다는 것이다. 라이벌rival의 어원이 강(개울, 시내)을 뜻하는 라틴어 리부스rivus와 그 강물을 함께 사용하는 이웃 리발리스rivalis에서 나왔다는 점을 고려했을 때, 황제와 치우의 전쟁을 상고시대에 생존 자원과 공간의 주도권을 놓고 경쟁했던 두 부족 간에 벌어진 전쟁으로 보는 관점은 상당히 설득력 있다. 황제 집단과 치우 집단의 구체적인 활동 지역이나 부족 구성에 대해서는 이견이 분분하나, 탁록전쟁이 사오천 년 전 중원 지역을 무대로 한 두 세력 간의 주도권 다툼이라고 했을 때, 황제와 치우를 선과 악의 이분법으로 재단하는 것은 더는 의미가 없다.

황제와 치우의 라이벌 관계는 지금 여기 중국과 한국 사이에서 여전히 재현되고 있는 듯하다. 현재 중국 학계에서는 치우를 염제, 황제와 함께 중화민족의 3대 시조로 추존하며 치우의 역사적 지위를 재평가하려는 움직임을 보인다. 사마천의 시대는 한 왕조의 정통성을 공고히 하기 위해 황제라는 구심점이 필요했다. 이후 중국에서 구성원의 단결이 필요할 때마다 황제는 끊임없이 소환되었다. 그때는 배제되었던 치우를 지금에 와서 포섭하려는 까닭은 다민족 국가로서 소수민족까지 끌어안아야 하기 때문이다. 한국의 재야 학계에서는 치우를 치우천왕이라 높여 부르며 요서를 넘어 산동성과 그 주변은 물론 서쪽의 탁록(지금의 하북성河北省으로 추정)까지 진출하여 광활한 영토를 개척한 '배달민족의 성웅聖雄'이라 추앙한다. 한국에는 화하족과 대립한 동이족을 조상으로 주장하며 고대사의 영역을 중국으로 확장하고 싶은 욕망이 있음을 부인하기 어렵다. 이렇게 중국과 한국은 서로를 향해 조상까지 훔치려 한다며 불편한 심기를 드러낸다. 하지만 문화민족으로서의 자긍심과 공동체에 대한 애착은 고대의 영광을 날조하여 얻을 수 있는 게 아니라, K-팝, K-드라마, K-뷰티 등의 전 세계적 성공에서 볼 수 있듯이 소프트 파워를 길렀을 때 생겨난다.

2장

공멸의 라이벌

—『사기』의 부차 대 구천

김월회

천국에 라이벌이 있다면 어딜까? 언뜻 지옥이 떠오를 수 있다. 그러나 이는 말이 안 된다. 천국은 복락을 누리는 곳이고 지옥은 형벌을 받는 곳이다. 그 둘이 대등한 관계로 묶일 수는 없다. 그런데 천국의 라이벌로 사람 사는 동네를 꼽는 이들이 있다. 한두 명도 아니고 잠깐 그랬다가 만 것도 아니다. 우리의 옆 동네 중국인들 얘기다.

오월동주: 천국의 라이벌 소주와 항주

예로부터 중국에는 "상유천국, 하유소항上有天國, 下有蘇杭", 즉 "위에 천국이 있다면 아래에는 소주와 항주가 있다"라는 말이 전해져 온다. 소주와 항주는 중국 장강 이남에 있는, 경치가 뛰어난 데다가 물산이 풍요로워 예로부터 시인 묵객이 즐겨 상찬했던 고장이다.

지금도 가 보면 "역시!" 하는 감탄사가 나올 정도로 아름답고 화사한 정경을 품고 있다. 근대 도시의 모습으로 외양은 많이 바뀌었지만, 자연과 조화를 이루었던 과거에는 가히 천국에 비길 만한 절경이었겠구나 하는 느낌이 흠뻑 드는 곳이다. 더구나 하늘에는 천국이 하나인데 이에 비견되는 곳이 땅에는 두 군데나 되니 이승이 훨씬 나은 게 아닌가 싶기도 하다.

그러나 이는 낭만적 소회에 불과하다. 아쉽게도 현실은 별로 그러하지 않았다. 사람들 사는 곳에 천국으로 꼽히는 곳이 둘이 있다 보니 "역시!" 인간답게도 그들 사이의 경쟁 구도가 형성됐다. 소주는 인근의 남경과 함께, 항주는 부근의 소흥과 함께 그러한 경쟁의 중심지였다. 이들 지역은 각각 오嗚와 월越이라 불리는 지역의 핵심이었다. 오와 월은 역대로 강남江南이라 불렸던, 중국 문인 문화의 본향으로 꼽히는 지역이었다. 춘추시대 초기, 그러니까 공자(552~471년 BCE)보다 100여 년 전쯤 중국의 중심지는 황하 중하류 일대였다. 제나라의 환공, 진나라의 문공 같은 걸출한 인물이 등장하여 중원을 호령했다. 공자의 시대에 와서는 상황이 바뀌어 중원의 무게중심이 차츰 강남으로 옮겨 갔다. 이에 오나라의 합려와 부차, 월나라의 구천, 초나라의 장왕 같은 군주가 중원의 새로운 강자로 떠올랐다. "오월동주吳越同舟", 그러니까 오나라 사람과 월나라 사람이 앙숙일지라도 같은 배를 타게 되면 자신의 안전을 위해서는 서로 단합한다는 사자성어가 시사해 주듯이, 이때부터 오와 월은 천하에 둘도 없는 호적수로서 흥미로운 경쟁을 벌여 간다. 라이벌 관계가 꼭 사람과 사람 사이에서만 형성되는 건 아니었던 셈이다.

공자의 시대, 오와 월은 오왕 합려가 월왕 구천의 비열한 술수에 목숨을 잃게 되면서부터 철천지원수 관계로 돌입한다. 합려의 아들 부차는 수년간의 절치부심 끝에 구천에게 통쾌하게 복수했고, 이에 와신상담하며 기회를 엿보던 구천은 부차와의 리턴 매치에서 오나라를 멸함으로써 지난날 부차에게 당했던 치욕을 깨끗이 갚는다. 그러나 복수에 과도하게 국력을 쏟은 탓인지 결국에는 월나라 또한 초나라에 의해 멸망한다. 이후 오나라와 월나라는 통일 왕조인 진 제국, 한 제국에 통합되어 제국의 일원이 된다. 그러다 한 제국 말엽, 세상이 다시 혼란해지자 손권이 나와 오 땅을 근거로 오나라를 재건하여 황제의 나라로 일으켜 세운다. 『삼국지연의』의 그 손권 이야기다. 이후 오 땅에는 '육조六朝'라고도 불리는 여섯 개의 왕조가 거듭 들어서며 극심한 정치적 혼란에 빠져든다. 그러나 문화적으로는 크게 흥성하여 중국 문인 문화의 본향으로 우뚝 선다. 월은 육조의 시대에는 오에, 그 후에는 오와 함께 통일 제국인 수와 당에 통합되었다가 송대에 이르러 한족이 북방의 유목민족에게 황하 일대를 빼앗기고 장강 이남으로 내려왔을 때 제국의 도읍을 품게 된다. 당시에는 임안이라 불리던 항주가 이때 제국의 수도가 되어 오를 포함한 강남 일대를 제어한다. 오와 월은 이렇듯 시간 차이를 두고 번갈아 제국의 핵심이 되면서 서로를 품었다. 이후 원대, 명대, 청대를 거치면서 정치적, 군사적 수도는 북경으로 옮겨 갔지만, 오와 월 지역은 중국의 문화적, 경제적 중심지로서 여전히 큰 역할을 수행했다. '정치-북경' 대 '문화-소주·항주'라는 라이벌 구도가 성립된 셈이다. 오랜 세월 동안 경쟁을 벌여 왔던 오와 월이 이번에는 한 묶음이 되어 중국 역사의 중요한 한 축으로 기능했음이다.

특히 명대와 청대 내내 소주 일대의 오는 주로 문인의, 항주 일대의 월은 학인의 요람이 되어 이 두 지역에서 배출된 인물이 두 왕조의 역사와 문화를 풍요롭게 했다. 흥미롭게도 이러한 흐름은 근대에도 지속하여 근대 중국을 대표하는 문인 중 상당수는 오 출신이고, 학인의 상당수는 월 출신이다. 게다가 오와 월은 현대 중국에 이르러서도 각각 강소성과 절강성으로 재편되어 중국 경제와 문화의 한 중심으로서 경쟁적으로 성장하고 있다. 줄잡아 2,500여 년 넘게 오와 월은 때로는 부딪히고 때로는 협력하는 전통의 라이벌로서 중국 역사를 견인해 온 기축 역할을 수행했던 것이다.

불구대천: 부차와 구천의 1차전

불구대천이라는 말이 있다. 유교의 주요 경전인 『예기』에서 비롯된 표현으로 "하늘을 같이 이고 있을 수 없다"라는 뜻이다. 부모의 원수와는 같은 하늘 아래 있을 수 없으니 반드시 원수를 갚아야 한다는 얘기다. 오와 월은 안 그래도 오랫동안 티격태격해 왔는데 오왕 합려가 월 정벌 중에 전사하자 급기야 불구대천의 원수 관계로 비화하였다. 저간의 사정은 이러했다.

합려는 야심가였다. 그는 오나라 왕위의 제1 계승자였음에도 왕위를 물려받지 못했다. 합려의 아버지는 장자임에도 왕이 된 후에 왕위를 셋째 동생에게 물려주었다. 부친, 그러니까 합려의 할아버지가 평소 장자가 아닌 넷째 아들에게 왕위를 물려주었으면 했기에, 그러한 부친의 뜻을 따르자는 선한 의도에서 비롯된 행위였다. 셋째도 부친의 뜻을 좇아 왕위를 넷째에게 물려주려 했다. 그러나 넷째는 이를 강력하게 거절하고는 집을 떠나 버렸다. 셋째는 하는 수 없이 왕위에 있었는데, 시일이 흐른 후 뜻밖에도 왕위를 합려가 아니라 자기 아들 요에게 물려주었다. 원칙대로 하자면 당연히 맏형의 장자인 합려에게 물려주었어야 했다. 적장자인 합려의 불만이 클 수밖에 없는 형국이었다. 그러나 합려는 힘을 키우며 때를 기다렸다. 때마침 합려의 크나큰 야심을 읽어 낸 오자서라는 인물이 그를 도왔다. 오자서는 초나라 출신의 더없이 탁월한 인재였다. 그가 초나라에 있을 때 아버지와 형이 간신의 무고로 억울하게 죽임을 당했다. 부형의 원수를 갚고 명예를 회복하는 일이 그에게 절체절명의 사명이 되었다. 오자서는 이러한 운명을 받아들였다. 다만 그는 자신의 삶과 생명을 복수에 무작정 갈아 넣는 그러한 '작은' 인물이 아니었다. 자객이 되어 부형을 처형한 초나라의 군주를 암살하는 식의 복수 따위는 그의 안중에 없었다. 대신 공적 차원에서, 그러니까 국가 대사를 치르는 방식으로 자신의 사적 복수도 곁들여 실현하고자 했다. 공적으로 큰 업적을 쌓으면서 개인적 복수를 부차적으로 실현하는, 몹시 힘들지만 멋진 길을 선택했다. 하여 간신의 간계를 뚫고 초나라를 탈출한 후 천신만고 끝에 오나라로 망명하였고, 오나라의 힘을 이용하여 초나라를 침으로써 오나라를 부강케 하고 개인적 원한도 씻고자 준비하던 참이었다. 그가 군주인 오왕 요가 아니라 야망도 크고 역량도 출중한 합려를 선택한 것은 당연한 귀결이었다.

오자서는 합려의 야망을 실현해 줄 방도로 전제라는 믿을 만한 인물을 그에게 소개해 주었다. 전제의 사람됨과 역량을 미리 파악한 오자서는 그의 어머니에게 은혜를 베풂으로써 전제를 자기 사람으로 만들었고 기회를 봐 합려에게 연결해 주었던 것이다. 합려 또한 백정 출신인 전제를 상객으로 예우하는 등 극진하게 대우했다. 때가 되자 전제는 은덕에 보답하고자 조리된 생선 배에 비수를 숨겨 들어가 오왕 요를 암살하였고 이때를 틈타 합려는 순식간에 오나라 정국을 장악했다. 그렇게 왕위에 오른 합려는 강국을 향한 행보를 본격화했다. 그는 오자서를 비롯하여 병법으로 전 중원에 명성이 자자하던 『손자병법』의 저자 손무를 영입했고 덕분에 오나라는 내정과 군사 모두에서 빠른 속도로 부강한 국가로 탈바꿈되었다. 성과는 금방 나타났다. 합려는 남방의 강국 초나라를 쳐서 수도를 점령하는 전과를 올렸다. 이 과정에서 오자서는 자신의 복수도 성공적으로 수행했다. 자신의 부형을 무고로 죽인 초나라 평왕의 무덤을 파내어 시신을 채찍으로 300차례 침으로써 사적 원한을 씻었다. 이후 합려는 기세를 몰아 '뱃속의 화근' 월나라 정벌에 나섰다. 월나라는 이미 수차례 전투에서 발군의 전공을 세웠던 합려의 군대를 대적하기에는 역부족이었다. 월왕 구천은 비장한 각오로 결사대를 두 번이나 출동시켰지만, 도리어 모두 포로로 잡히는 등 오나라 군대에 별 타격을 가하지 못했다.

결국, 궁지에 몰린 구천은 극단적 방법을 동원했다. 당시 전쟁은 '인간'이 하는 행위였다. 그래서 대량 학살 같은, 이유도 없고 명분도 없는 살육을 자행했다가는 공공의 적으로 비난받곤 했다. 전쟁에서의 대량 살육이 공자의 시대보다 백여 년 뒤에나 출현했던 까닭이다. 그럼에도 구천은 잔인한 살육을 들고 나왔다. 그는 오나라 진영 앞으로 죄수들을 석 줄로 세우고는 자기 목에 칼을 겨누게 한 후 나아가며 외치게 했다.

> 두 나라의 군주가 싸우는 와중에 우리는 군령을 어겼다. 다시 군사가 되어 우리 군주의 앞에서 민첩하게 싸울 수도 없게 되었고 그렇다고 감히 형벌을 피해 달아날 수도 없게 되었으니 죽음으로써 속죄하고자 한다.
>
> —『춘추좌전』

그러고는 모두 차례대로 자기 목을 찔러 죽었다. 오나라 군사들은 이 끔찍한 광경에 눈길을 빼앗겼고 그사이에 구천이 우회하여 오나라 군대를 급습했다. 오나라 진영은 크게 무너졌고 이 과정에서 합려는 엄지발가락에 상처를 입었다. 합려는 어쩔 수 없이 퇴각하여 귀국 길에 올랐지만, 도중에 숨을 거두고 말았다.

합려는 운명하기 전에 아들 부차에게 설욕을 명했다. 부차는 아버지의 유언을 실행에 옮기지 못할까 하여 사람들을 궁궐 곳곳에 세워 두고는 자신이 출입할 때마다 반드시 자기에게 "부차야! 월왕 구천이 네 아버지를 죽였음을 잊었느냐?"라고 말하게 했다. 그러면 부차는 바로 "아닙니다. 어찌 감히 잊겠습니까?"라며 대답했다. 그렇게 3년을 보냈다. 언뜻 이 정도의 행위가 뭐 그리 대단한가 싶을 수도 있다. 원한에 사무친 자의 강렬한 집념이 잘 느껴지지 않을 수 있기에 그러하다. 그러나 이는 어디까지나 군주라는 존재의 삶의 조건을 헤아리지 않은 결과다. 궁궐은 군주에게 일상생활이 이루어지는 삶터 그 자체이다. 부차는 일상에서 마주하는 사람이 누구든 신분 고하를 막론하고 부친의 원수를 잊었느냐며 자신을 질책하게 했다. 그리고 그럴 때마다 잊을 리 있겠냐며 머리를 조아렸다. 군왕은 일락을 누리고자 하면 누가 뭐라고 해도 무시하며 누릴 수 있는 존재였다. 편안한 현실과 타협해도 쉬이 뭐라 하기 힘든 존재였다. 그래서 부차는 이러한 식으로 나태해질 수 있는 자신을 경계했던 것이다. 군왕으로서 이를 3년 동안이나 행했으니 구천에 대한 원한이 어느 정도였는지를 충분히 짐작할 수 있다.

그런데 부차는 왜 이렇게도 모질게 복수를 다짐하고 또 다짐했을까? 사실 국가 간 전쟁에서의 승패는 국가 차원에서는 일상사이고 그 과정에서 군주가 전사하는 것도 마찬가지였다. "승패는 병가兵家의 일상사"라는 말처럼 이는 전쟁에서 늘 있을 수 있는 일이었다. 하여 전쟁에서 졌고 군주가 전사했다고 하여 반드시 부차처럼 해야만 하는 건 아니었다. 그랬다가는 국가 간 설욕이 무한 반복되어 결국 둘 다 멸망에 이를 수밖에 없게 된다. 국가의 이득을 위해 전쟁도 마다하지 않은 것인데 결국은 전쟁 때문에 망하게 됨이니 이를 감행할 이는 별로 없었던 게 역사이자 현실이었다. 따라서 부차가 그리도 복수의 화신인 양 설욕을 다짐했음은 무언가 합려의 전사와 오나라의 패배를 일상사로 여길 수 없게 하는 요인이 존재했음을 시사해 준다. 바로 합려가 구천의 비열하고도 잔인하기 그지없는 술수로 인해 죽임을 당했다는 점이 그것이다.

곧 전쟁의 당사자로서 용인할 수 있는 범위 내의 전략으로 이긴 것이 아니었기에 부차는 반드시 복수해야만 했고, 오나라의 신하와 백성들도 부차의 복수에 전폭적으로 힘을 실어 주었던 것이다.

와신상담: 구천과 부차의 리턴 매치

부차가 3년에 걸쳐 매서운 복수를 다짐하고 또 다짐할 때 구천은 자만에 빠져 있었다. 신흥 강자 합려의 군대를 쳐부수었으니 그러할 만도 했다. 범려와 같은 현명한 신하가 있었지만 별 소용이 없었다. 범려는 닥쳐올 부차의 보복을 예견하고는 구천에게 대비할 것을 간했지만 결국 우려하던 일이 발생했다. 부차는 불구대천의 원수를 향해 벼르고 별러 왔던 복수를 감행하였고 파죽지세로 월나라 도읍을 점령했다.

구천은 패잔병 5,000여 명을 거느리고 가까스로 회계산으로 도피했다. 정신을 차린 구천은 범려의 조언대로 살길을 모색했다. 이때 오자서는 부차에게 끝까지 구천을 공격해서 죽여야 한다고 거듭 간했다. 그런데 다른 신하들의 태도가 뜨뜻미지근했다. 일찍부터 구천의 패배를 예견했던 범려가 오나라의 대신들에게 꾸준히 뇌물을 바쳐 온 데다가 구천이 바닥을 기며 들어와 자신과 월나라 대신의 처와 딸들을 부차와 오나라 대신들에게 노복으로 받치겠다고 하자 그렇게 사무쳤던 마음이 그만 흔들렸다. 부차는 지난 3년간의 쓰라렸던 인고의 세월을 온전히 보상받은 듯이 결국 구천의 강화 조건을 받아들였다. 오자서가 구천은 고통을 잘 인내하는 사람인 만큼 기회가 닿았을 때 죽이지 않으면 훗날 반드시 후회할 것이라고 거듭 경고했지만 소용없었다. 오히려 월나라 측의 뇌물에 젖어 들기 시작한 오나라의 대신들은 그러한 오자서를 무고하기 시작했고, 승리의 쾌감에 젖어 든 부차도 이미 자만에 발을 들여놓고 있었다.

이후로도 오자서는 구천을 경계해야 한다는 충언을 거듭 올렸다. 실제로 구천은 호시탐탐 기회를 엿보고 있었다. 그는 오나라 대신들에게 줄기차게 뇌물을 먹였고 자신을 늘 경계하는 오자서를 고립시키기 위해 뇌물을 먹은 오나라 대신들더러 부차에게 오자서 험담을 늘어놓게 했다. 범려는 서시라는 미녀를 부차의 맞춤형으로 훈육하여 부차를 향락에 빠지도록 했다. 내정도 살뜰하게 살폈다. 구천은 한 가지 반찬만으로 식사했고 귀족들의 사치를 금했다. 평민일지라도 죽은 자를 조문하고 병든 자를 문안하며 성심껏 백성을 섬겼다. 민심을 얻어야만 전쟁에 승리할 수 있음은 동서고금의 진리, 백성들의 절대적 충성을 얻기 위한 활동이었다. 또한 쓰디쓴 쓸개를 핥아먹고 거친 땔나무 위에 자면서 자신을 끊임없이 채찍질하고 또 채찍질했다. 그렇게 하기를 십여 년, 드디어 때가 왔다. 월나라 정벌을 계기로 자만에 젖어 있던 부차는 월나라가 아닌 북방의 강국 제나라 정벌에 나섰다. 오자서가 오나라에게 제나라는 피부에 난 병이라면 월나라는 뱃속의 중병이라고 끝까지 간언했지만, 주변의 오랜 무고로 오자서를 믿지 않게 된 부차는 중원 제패라는 실현 난망한 야욕에 된통 사로잡혀 있었다.

그렇게 오나라의 주력군이 제나라 정벌로 대거 빠져나가자 이 틈을 이용하여 구천은 오나라를 급습했다. 뒤늦게 이 소식을 접한 부차가 허겁지겁 회군하였지만, 결과는 참담했다. 오나라는 결딴났고 부차는 포로로 붙잡혔다. 구천은 지난날 자신을 살려 준 적이 있는 부차에게 바닷가 외딴 섬에 들어가 여생을 보내라고 권했다. 부차는 그렇게 구차하게 살 수는 없다며 거절했고 자결을 선택했다. 전하는 이야기에 따르면 자결하기 전 부차는 자기 시신을 관에 넣을 때 얼굴을 흰 천으로 덮어 달라고 했다. 죽어서 오자서를 볼 낯이 없다는 이유에서였다. 오자서는 뛰어난 통찰력으로 구천의 재기를 예견했고, 기회가 있을 때마다 이를 자만과 무고에 절은 부차에게 경고했다. 그렇게 부차와 오자서 사이는 갈수록 멀어졌고 자기 죽음을 예견한 오자서는 제나라에 사신으로 가는 길에 자기 아들을 데리고 가 제나라 유력 가문의 양자로 입양시켰다. 정적들이 알면 자신을 제나라와 결탁한 첩자로 몰고 가도 할 말 없을 행동이었다. 그럼에도 아들을 제나라의 유력 가문에 입양시킨 까닭은 아들도 자신과 같은 복수의 삶을 살지 않게 하기 위해서였다.

오자서가 부차로부터 억울하게 죽임을 당하게 되면 아들은 아버지의 무고한 죽음을 설욕하기 위해서 부차를 비롯한 간신들에게 복수하는 인생을 살아야 했다. 마치 오자서 자신이 아버지와 형의 억울한 죽음을 갚아 주기 위해 복수의 화신 같은 삶을 살았던 것처럼 말이다. 오자서는 자신의 인생이 아니라 부형의 원수를 갚는 인생이 얼마나 고통스러운지를 익히 경험했다. 자식마저도 그러한 삶을 반복하게 둘 수는 없었다. 당시에는 부모가 국가의 정당한 법 집행으로 처형되어도 억울함을 표하고 처형당하면 자식이 부모를 죽인 자들에게 복수하는 것을 윤리적으로 당연시했다. 자식으로서 부모의 억울함을 풀어 드리는 효를 다하지 않으면 사회인으로서 살아가기가 녹록지 않았던 시절이었다. 하여 오자서가 간신의 모략과 군주의 어리석음으로 억울하게 죽는다면 그의 아들은 오자서를 죽음으로 내몬 이들에게 복수해야 하는 도덕적 의무를 질 수밖에 없었다. 그런데 다른 가문에 양자가 되면 생부, 생모에 대한 도덕적 의무보다는 양부, 양모에 대한 도덕적 의무를 앞세워야 했다. 생부의 억울한 죽음을 설욕해야 하는 도덕적 의무에서 벗어날 수 있었다. 이 일로 인해 제나라와 내통했다는 무고를 받아 결국 죽음에 이를 것임을 빤히 알고 있었음에도 오자서가 자기 아들을 제나라 유력 가문의 양자로 들인 이유다.

아니나 다를까, 사신의 임무를 다하고 오나라 국경에 접어들자 부차는 잘 드는 비수 한 자루를 오자서에게 보냈다. 자결하라는 뜻이었다. 오자서는 담담히 말했다.

> 내 무덤에 가래나무를 반드시 심어 그것이 자라면 부차의 관 재료로 쓰도록 하라. 내 두 눈을 도려내어 도성의 동문 위에 걸어 두어라. 월나라 군대가 쳐들어와 오를 멸망시키는 것을 보리라.
>
> —『사기』「오자서열전」

그러고는 스스로 목을 찔러 죽었다. 오자서의 유언을 들은 부차는 크게 노하여 오자서의 시신을 포대 자루에 넣어 강물에 던져 버리라 명했다. 그러나 역사는 결국 오자서의 예견대로 되었다. 오자서는 지혜로웠고 부차는 어리석었음이 역사가 지속하는 한 끊임없이 언급되게 되었다. 역사라는 무대에서 오자서가 자신을 무고한 죽음에 이르게 한 부차에게 통쾌하게 설욕한 셈이다. 부차도 자신의 과오를, 어리석음을 또 오자서의 복수가 통렬했음을 인정했다. 하여 자기 얼굴을 흰 천으로 덮어 달라고 부탁했다. 자만에 눈이 멀어 충신과 간신을 구분하지 못했던 자신이 너무나도 부끄러웠음이다.

토사구팽: 원한과 자만의 이중주

부차와 구천 간 두 차례에 걸쳐 벌어졌던 피의 복수는 이렇게 끝났다. 최후의 승자는 누구였을까? 언뜻 구천이 최후의 승자요, 부차가 최후의 패자인 양 보인다. 과연 그러할까?

부차가 최후의 패자인 건 분명하다. 한 번의 승리에 도취하여 후환을 키웠고, 자만에 빠져 실현 불가능한 야욕에 젖었다. 그 결과 자신은 물론 조국의 명줄도 끊어 버렸으니 변명의 여지가 없어 보인다. 게다가 역사라는, 인간이 존재하는 한 지속할 시공간에서도 오자서에게 복수를 당해 대대로 암군暗君, 곧 어리석고 무능한 임금의 대명사처럼 운위되었다. 살아서도 죽어서도 부차는 헤어날 수 없는 루저looser가 된 셈이었다. 구천은 일견 이와 정반대인 듯하다. 합려와의 전투에서 승리한 후 자만에 빠져 부차와의 1차전에서 궤멸에 가까운 타격을 입었지만, 그 후로는 정신 차리고 십여 년 동안 칼을 갈아 부차와의 리턴 매치에서 최종 승리를 거두었으니 말이다.

그러나 이는 부차와의 관계에서만 따져 본 결과이다. 구천이 부차를 철저하게 쳐부순 후 이 모든 일을 이루는 데 결정적 역할을 했던 범려는 훌훌 떠났다. 떠나기 전 그는 같이 대사를 도모했던 대부 문종에게 구천은 근본적으로 유능한 인재를 품을 수 있는 바탕이 부족한 데다가 "나는 새를 다 잡으면 좋은 활일지라도 곳간에 처박히고, 잰 토끼를 잡아 죽이면 좋은 사냥개라도 삶아 먹힌다"(『사기』「월왕구천세가」)라고 충고했다. 토사구팽이라는 사자성어의 원저작권자가 범려였던 것이다. 전하는 바로는 범려는 자기가 훈련했던 서시와 함께 제나라로 가서 이름을 바꾼 채 농사와 장사를 하여 큰 부자가 되었다. 이름이 널리 알려질 수밖에 없었고 이에 제나라의 군주가 정치를 하자고 제안하자 자신의 재산을 백성들에게 고루 나누어 주고는 다시 떠나 정도라는 곳에 정착했다. 여기서 이름을 도주공으로 바꾼 그는 상업에 집중하여 막대한 부를 쌓았다. 그리고 이를 빈민 구제에 사용하는 등 부자로서의 모범을 보였고 말년에는 미련 없이 속세를 떠나 강호에 은거했다. 훗날 그가 '상성商聖', 그러니까 상업계의 성인으로 불리며 추앙되었던 이유요, 범려의 이름이 오랫동안 길이 전해질 수밖에 없었던 까닭이다.

반면 구천의 복수 이후의 삶은 역사에 별로 전해지는 바가 없다. 토사구팽을 예견한 범려의 우려처럼 대부 문종은 구천에게 팽 당했다. 범려의 평가대로 구천 또한 여타의 암군들처럼 인재를 진정으로 품을 줄 모르는 그릇이었음이다. 하여 역사라는 길이 지속하는 무대에서 구천은 범려에 대하여 분명한 패자였다. 범려가 옳았고 구천은 틀렸음이 이후 역사에서 입증되었기 때문이다. 여기서 범려는 오자서와 만난다. 물론 자신이 모시던 주군이 크게 승리한 후 두 사람이 취한 길은 사뭇 달랐다. 부차가 구천을 제압하고 바로 자만의 징조를 내보였을 때, 거듭된 충언을 무시하고 간신들의 이간질에 넘어가 자신을 의심했을 때, 오자서는 부차를 떠나지 않고 죽음을 무릅쓰고 끝까지 충언을 다 하였다. 반면 범려는 구천이 최종 승리를 거두자 미련 없이 훌훌 떠나 새 이름과 정체성으로 새로운 삶을 멋지게 펼쳐냈다. 그러나 이 둘은 역사라는 무대에서 자신을 끝까지 품지 못했던, 자신들을 사냥개 정도로 취급한 주군에 대한 복수에 성공했다. 그렇게 최후의 승리자는 구천이 아니라 범려이고 또 오자서였다.

결국, 부차에게 구천은, 또 구천에게 부차는 약이자 독이었던 셈이다. 아버지의 원수를 갚기 위해 절치부심을 거듭하던 시절 구천은 부차의 성장을 견인한 약이었고, 부차에게 처절하게 무너져 절대 충성을 맹세했던 구천은 부차의 타락을 야기하는 독이었다. 이는 구천에게도 마찬가지였다. 와신상담을 거듭하던 시절 부차는 구천의 재기를 도와준 보약이었고, 자만에 빠져 헛된 야욕을 부리다 죽음을 맞이한 부차는 구천을 토사구팽이나 일삼는 옹졸한 군주로 타락시키는 맹독이었다. 라이벌 구도로 인해 원한이 증폭되고 그것의 붕괴로 인해 자만이 증폭됐던 것이다. 얄궂게도 부차와 구천은 라이벌 구도로 인해 역사의 전면에 우뚝 섰다가, 라이벌 구도가 붕괴함으로써 역사 무대에서 영원한 패자로 각인된, 공멸의 라이벌이었던 셈이다.

3장

'금수저'와 '흙수저'의 기울어진 레이스
—『삼국지연의』의 사마의 대 제갈량

김월회

오나라의 장수들이 보니 저만치서 제갈량이 들어오고 있었다. 모두 이를 갈았다. 제갈량에게 잔뜩 농락당했다는 생각에 치미는 분노를 주체치 못했다. 적벽대전에서 피 흘려 싸운 건 오나라 장병들이었는데 알짜 소득은 몽땅 제갈량이 가로챘던 참이었다. 그러나 제갈량 곁에 조자룡이 있어서 어쩌지를 못했다. 제갈량은 주유의 빈소에 준비해 온 제물을 벌여놓고는 제문을 읽었다. 구구절절이 주유에 대한 애절함이 묻어났다. 급기야 말미에 이르러서는 "혼령이 있다면 내 마음을 살피라. 천하에 다시 나를 알아줄 이 없도다! 오호라, 애통하도다!" 하며 울부짖었다. 이를 보던 오나라의 장수들이 수군댔다. 주유와 제갈량이 본래 저렇게 서로를 아껴 주는 사이였는지 몰랐다고.

금수저와 흙수저

『삼국지연의』의 대표적 라이벌 제갈량과 주유의 애증은 이렇게 갈무리된다. 서로 다른 주인을 섬겼고, 상대를 제압하지 않으면 내가 망할 수밖에 없던 시대에 하필 함께 태어난 바람에 서로 적대했지만, 시대만 잘 타고 태어났더라면 서로 좋은 벗이 되었을 거라는 여운이 물씬 풍긴다.

그런데 『삼국지연의』에서 제갈량의 라이벌은 주유 한 명이 아니었다. 유비의 삼고초려로 세상에 나온 이래 제갈량의 라이벌은 줄곧 조조였다. 지도자나 군주라는 측면에서는 유비가 조조의 라이벌이었지만, 지모와 책략 대결이라는 측면에서 조조의 짝은 유비가 아니라 제갈량이었다. 하여 『삼국지연의』 전반부는 '간사한' 영웅 조조와 '충직한' 영웅 제갈량 간 지략 대결이 주요 서사를 이룬다. 그러다 조조와 유비·관우·장비 등, 비유컨대 '시즌 1'의 주요 인물 상당수가 세상을 떠나고 '시즌 2'가 시작되자 제갈량을 둘러싼 라이벌 구도가 재편된다. 제갈량과 사마의의 라이벌 구도가 그것이다. 이 둘은 제갈량이 위나라 정벌을 위해 여섯 번째 출정하여 오장원에서 숨을 거둘 때까지 맞부딪친다. 마치 '라이벌의 전형은 바로 우리다' 하고 선언이나 한 듯이 치열하게 지략을 겨루며 『삼국지연의』 후반부 서사를 풍요롭고도 밀도 높게 펼쳐낸다.

흥미로운 대목은 소설에서는 제갈량과 사마의가 대등한 위상에서 지략 대결을 펼쳤지만, 실제 삶에서 그 둘은 '가파르게 기울어진 운동장'

의 양 끝에 서 있었다는 사실이다. 둘 사이의 환경 차이는 후천적 노력으로는 그 격차를 메울 수 없을 정도로 사뭇 컸다. 사마의는 한대의 내로라하는 가문의 후예였다. 먼 선조인 사마앙은 유방이 한을 건국할 당시 크게 공을 세워 하내 지역을 다스리는 지역 군주로 책봉되었고 그 팔대 손인 사마균은 서역 정벌을 책임진 대장군이었다. 사마균의 아들 사마조와 손자 사마준은 각각 예장군과 영천군의 태수를 지냈다. 당시 태수는 지금 우리로 치면 도지사에 해당하는 고위직이었다. 사마준의 아들 사마방은 오늘날의 서울시장에 해당하는 경조윤이었고 사마의는 그의 아들이었다. 사마의의 가문은 한대 초엽부터 유력 가문으로 성장할 수 있는 기틀을 마련했고, 한대 후엽에 이르러 사마의의 고조부터는 대대로 고위직을 배출한 명문 세가로서 확고한 지위를 갖추고 있었다. 당시는 조정의 관리가 유력 가문의 추천으로 임명되었기 때문에 사마 씨 가문의 위세와 명망은 클 수밖에 없었다. 훗날 사마의의 손자 사마염이 위·촉·오 삼국을 통일하여 진 제국을 세우는 데는 집안의 이러한 배경이 큰 몫을 했다. 또한 집안 배경이 좋았던 만큼 사마의는 그렇지 못한 인사에 비해 많은 것을 갖출 수 있었다. 정사 『진서』의 기록에 의하면 사마의는 집안의 좋은 교육을 엄격하게 받았고 평소 많은 양의 책을 접할 수 있어 여러 방면의 학문과 지식을 실하게 갖추었다고 한다. 사마의가 젊어서부터 두각을 나타낼 수 있었음은 타고난 바탕이 남달랐던 데다가 가문의 이러한 장점이 결합한, 어찌 보면 너무나도 당연한 귀결이었다.

반면에 제갈량은 '듣보잡'이라 해도 과언이 아닐 배경을 지녔을 따름이었다. 가령 정사 『삼국지』 「제갈량전」과 같이, 그에 대한 역사 서술에는 그의 가문에 대한 내용이 매우 소략하다. 이는 그의 가문이 역사로 기록될 만한 대상이 못되었음을 일러 준다. 실제로 제갈량의 부친은 미관말직에 있다가 요절하였고, 제갈량은 잠깐 태수로 있었던 숙부에게 얹혀살았다. 하지만 숙부는 얼마 못 되어 태수직에서 쫓겨났고 백성들에 의해 죽임을 당했다. 이후 제갈량은 논밭을 경작하며 초야에 묻혀 살았다. 『삼국지연의』 곳곳에서 궁벽한 시골의 촌사람에 불과했다고 언급된 제갈량의 출신 배경은 허구가 아니라 이렇듯 사실이었다. 선주先主 유비의 유지인 위나라 정벌을 앞두고 후주後主 유선에게 올린 「출사표」에서 제갈량은, 자신은 본시 가난한 학인으로서 남양 땅에서 직접 밭을 갈며 어지러운 세상에서 목숨 하나 잘 보존하고자 했던 위인일 뿐이라고 고백했다. 자신이 촌사람이었음을 솔직하게 밝힌 것이다. 그러나 적들에게 이는 쏠쏠한 공격 거리였다. 예컨대 제갈량의 꾀에 빠져 죽을 위기에 놓인 위나라의 명장 장합은 항복을 권유하는 제갈량을 향해 "너는 산야의 촌사람으로서 우리 대국의 경계를 범해 놓고는 어찌하여 그따위 말을 뱉어 대느냐!"(『삼국지연의』 99회)며 고래고래 소리쳤다. 사마의도 "너는 본시 남양 땅에서 한낱 밭이나 갈던 필부에 불과한데 하늘의 운수도 모르고 기어코 우리 대국을 침범하다니!"(『삼국지연의』 100회) 하며 출신 배경을 근거로 제갈량을 깎아내렸다. 『삼국지연의』 어디에도 촉나라 측 인물들이 사마의를 이러한 식으로 흉보고 비아냥댄 적 없다는 점에서 흙수저 출신이라는 배경은 제갈량 개인 차원에서는 유일하다시피 한 약점이었다.

하여 제갈량을 신적 존재로 미화했던 『삼국지연의』였지만, 그의 출신 배경만큼은 미화하지 못했다. 그럴 만큼 사마의와 제갈량은 타고난 배경과 삶의 조건에 현격한 차이가 존재했다. 더군다나 이 둘이 살았던 시대에는 이를테면 '교육 사다리' 같은, 흙수저로 태어나도 교육을 통해 금수저로 거듭날 수 있는 사회적 장치 같은 건 거의 없었다. 소설에서는 사마의에 대해 늘 우월한 위치를 점했던 제갈량이었지만, 실제 현실에서 제갈량이 서 있던 지반은 사마의에게 가파르게 기울어져 있는 '넘사벽'의 삶터였다.

지략 세계의 두 전설

다만 제갈량이 처했던 시대 상황이 제갈량이 넘사벽을 넘어설 수 있는 여지를 마련해 주었다. 한대 후엽에 들어 조정은 환관과 외척의 전횡으로 속 빈 강정이 되었고 호족들이 사방에서 발호하였다. 사회질서가 무너졌고 세상은 사뭇 어지러웠다. 그러나 난세에 영웅이 난다는 말처럼, 이러한 시대 상황은 뛰어난 역량을 지닌 이가 집안 배경과 상관없이 입신양명하는 데 우호적이기도 했다. 제갈량이 바로 그러한 대표적 인물이었다.

제갈량이 유비 때문에 발탁된 것은 난세가 빚어낸 행운이었다. 유비는 황족의 후예라고 일컬어지지만 그건 어디까지나 치장에 불과했고, 실질은 돗자리를 짜서 팔아 생계를 해결했던 장삼이사의 하나였다. 그 또한 제갈량처럼 듣보잡 계열에 속했음이다. 그렇게 민간에 묻혀 사는 중 지배층의 부정부패와 무능이 황건적의 난으로 곪아 터졌다. 유비가 영웅으로 발돋움할 수 있는 좋은 발판이 마련된 셈이었다. 다만 주변에 그를 도와줄 인재가 없었다. 평민과 다름없었던 그가 사회 엘리트를 자기 사람으로 확보할 가능성은 희박했다. 조조는 권세 높은 환관의 양자로 들어가 양부가 지닌 인맥을 바탕으로 명문 세가의 자제인 사마의 같은 엘리트를 휘하에 둘 수 있었지만, 유비에게는 그러한 사회적 자산이 없었다. 유비의 눈길이 기존 엘리트 계층의 바깥으로 향한 것은 당연한 귀결이었다. 시골에 묻혀 살던 제갈량이 발탁될 수 있었던 까닭이다.

발탁된 후 유비를 황제로 성장시키면서 재상의 반열에 오른 제갈량은 유비 사후 위나라를 칠 준비를 착착 진척시켜 갔다. 눈엣가시 같은 사마의도 위나라 황제에게 이간계를 써서 현직에서 쫓아내는 데 성공했다. 한 황실의 부흥이라는 유비의 유지를 실천으로 옮길 때가 무르익어 갔다. 드디어 때가 되었다고 판단한 제갈량은 후주 유선에게 출사표를 올린 다음 벼르고 별렀던 위나라 정벌에 나섰다. 위나라 정벌의 요충지인 기산으로 진출한 제갈량은 신출귀몰한 전략으로 승세를 탔다. 그러나 뜻밖에도 자신의 출병이 숙적 사마의가 일선으로 복귀하는 계기가 되었다. 제갈량의 출병에 화들짝 놀란 위나라 황제가 그를 조정으로 불러들였던 것이다. 제갈량과 사마의 사이의 치열하고도 찬란했던 지략 대결은 이렇게 본격적으로 시작되었다. 첫 번째 출정에서 연이은 전투의 승자는 『삼국지연의』의 '원톱'답게 제갈량이었다. 그럼에도 제갈량은 위나라 정벌을 중단하고 회군한다. 믿었던 마속이 자만에 빠져

가정이라는 요충지를 사마의에게 빼앗겼기 때문이었다. 그곳을 잃으면 군량 보급 등에 큰 차질이 생겨 전쟁을 제대로 치를 수 없었다. 제갈량은 하는 수 없이 퇴각을 결정했다.

회군 후 제갈량은 아들같이 믿고 아끼던 마속을 울음을 머금고 처형했다. 그런 후 바로 출정 준비에 착수했다. 마침내 전쟁 준비가 끝나자 그는 다시 출사표를 후주 유선에게 올린 후 기산으로 나아갔다. 이때 사마의는 오나라의 침략을 방비하고 있었던지라 제갈량과 자웅을 겨룬 이는 위나라의 대도독 조진이었다. 다만 사마의는 학소라는 녹록지 않은 인물을 천거하여 진창성을 방비케 하였다. 이곳은 군량미 등 군수품의 원활한 보급을 막기 위해서는 반드시 지켜야 하는 요충지였다. 학소는 제갈량의 수차례 공격을 잘 막아 냈고 제갈량은 하는 수 없이 진창성을 포기하고 우회하여 조진을 쳤다. 첫 번째 출정과 마찬가지로 제갈량은 연이은 전투에서 거듭 승리했다. 하지만 군량미 부족으로 결국에는 퇴각할 수밖에 없었다. 전장에 없던 사마의가 인재를 적재적소에 배치하는 역량을 발휘하여 제갈량의 승리를 훼방한 셈이었다. 그런데 학소는 명이 길지 못했다. 물러나 다시 출병할 때를 기다리던 제갈량은 학소가 병사했다는 소식을 듣자 대군을 이끌고 재차 기산으로 향했다. 세 번째 출정이었다. 이번에는 사마의가 그와 맞섰다. 여느 때처럼 제갈량은 사마의를 충분히 경계했고 사마의 또한 제갈량의 계책을 꿰뚫고 있었다. 그러나 승패는 디테일에서 결정되는 법, 붙는 족족 사마의는 한 걸음 앞선 제갈량의 지략에 당했고 위군은 수세에 몰렸다. 제갈량으로서는 뜻을 이룰 좋은 기회였다. 다만 하늘이 이를 허락하지 않는다는 듯, 촉군의 주축을 이루었던 맹장 장포의 죽음 소식이 전해졌다. 그는 장비의 아들이기도 했다. 순간 제갈량은 혼절하였고 건강이 쉬이 회복되지 않자 조용히 회군하였다.

제갈량과 사마의 간 지략 대결의 정화는 네 번째 출정 때였다. 건강을 회복한 제갈량은 전쟁을 착실하게 준비하고 있었다. 그러는 동안에 위나라가 먼저 촉나라를 치고자 나왔다. 그 선봉에는 사마의가 자진하여 섰고 대도독 조진이 본진을 이끌고 후원하기로 했다. 제갈량으로서는 마다할 이유가 없는 전쟁이었다. 다시 대군을 이끌고 기산으로 나아갔다. 일진일퇴의 불꽃 튀는 지략 대결이 벌어졌다. 제갈량이나 사마의 모두 당대 최고의 두뇌였다. 천문을 보는 혜안도 막상막하여서 두 사람 모두 꽤 오랫동안 큰비가 올 것을 예측하여 이에 대비했다. 그러나 연이은 전투의 승자는 늘 그랬듯이 제갈량이었다. 제갈량은 패퇴한 조진에게 부아를 돋우는 편지를 보냈고 조진은 분을 참지 못하다 결국 유명을 달리했다. 대도독 자리는 사마의에게 이어졌고, 사마의는 그렇게 위군의 명실상부한 최고 지휘자가 되었다.

사마의는 지체치 않고 제갈량에게 격문을 보냈다. 지략을 당당히 겨루어 보자는 내용이었다. 제갈량도 흔쾌히 응했다. 이튿날 촉군과 위군은 양옆으로 산과 강을 끼고 있는 넓은 벌판에 포진했다. 북소리가 세 번 울리며 위군의 진문이 열리더니 사마의가 휘하 장수를 거느리고 위풍당당하게 나섰다. 제갈량도 갈건 도복을 단정하게 갖춘 채 사륜거에 올라 깃털 부채를 여유롭게 부치며 진문 앞으로 나섰다. 양자 간에 서로를 꾸짖는 자못 신랄한 언사가 오가더니 진법으로 한판 대결을 겨루기로 했다. 선공은 사마의였다. 그가 군기를 휘두르자 위군이 일사불란하게 움직여 진법 하나를 펼쳐 냈다. 사마의는 의기양양해서 제갈량에게 물었다. "네가 나의 진법을 알겠느냐?" 제갈량은 단숨에 혼원일기진이 아니냐면서 코웃음 쳤다. 그러고는 깃털 부채를 한 번 흔드니 이번에는 촉군이 한바탕 진법을 펼쳐 냈다. 제갈량은 사마의에게 이 진법이 무엇인지 아느냐고 되물었다. 사마의가 팔괘진이라고 답하자 제갈량은 이 진법을 깰 수 있느냐며 도발했다. 사마의도 코웃음을 친 후 휘하 장수에게 팔괘진의 파훼법을 일러 준 다음 돌진시켰다.

하지만 제갈량이 펼쳐 낸 진법은 팔괘진의 변형인 팔진법이었다. 이를 알아차리지 못한 사마의의 파훼법은 무용지물이었다. 결국 사마의 말을 따라 촉군 진용에 짓쳐들어온 위군 장수는 모두 포로가 되었다. 제갈량은 이들을 살려 보내면서 사마의에게 병법을 다시 공부한 다음 도전하라는 말을 전했다. 사마의의 완벽한 참패였다. 진법 대결에서도 지고 심한 모욕까지 당했다. 군사의 사기도 크게 저하되었다. 큰 위기가 닥쳐온 셈이다. 고심하던 사마의는 이간계를 들고 나왔다. 때마침 죄를 짓고 도망쳐 온 촉군 관리가 있었다. 사마의는 그자를 이용하여 후주 유선에게 제갈량이 역심을 품었다고 무고케 했다. 당시 촉의 황제였던 유선은 군주로서 자질이 사뭇 떨어지는 인사였다. 덜컥 겁이 난 유선은 앞뒤 재지 않고 제갈량더러 급히 회군하라는 조서를 내렸다. 주군에 대한 충성을 무엇보다도 우선시했던 제갈량은 퇴군할 수밖에 없었다. 유비의 유지를 실현할 절호의 기회가 이렇게 날아갔다.

그 후로도 제갈량은 두 차례 더 대군을 이끌고 기산으로 나아갔다.

나아갈 때마다 사마의와 자웅을 겨루었고 치열한 수 싸움 끝에 한 걸음 차로 사마의를 거듭하여 물리쳤다. 그러나 인간의 한 걸음으로는 하늘이 정해 놓은 바를 뒤집을 수는 없다는 듯 결정적 순간마다 제갈량의 진군을 방해하는 변수가 돌출했다. 다섯 번째 출병에서는 오나라가 침략하려 한다는 거짓 소문으로, 여섯 번째 출병에서는 제갈량의 생명이 소진됨으로써 결국 위나라 정벌에 실패한다. 제갈량과 사마의 간 치열하고도 찬란했던 지략 대결도 이로써 대서사의 막이 내려진다.

느긋한 사마의, 조급한 제갈량

『삼국지연의』의 후반부, 그러니까 유비와 조조 대결이 종료된 후의 주요 서사를 이룬 제갈량과 사마의의 대결은 결국 승패를 가늠하기 곤란한 모양새로 매듭지어졌다. 여섯 번에 걸친 기산으로의 출정에서 제갈량은 국면마다 거의 승리함에도 매번 퇴각했다. 제갈량의 죽음도 사마의와 무관했다. 그의 계략에 빠졌다거나 전장에서 입은 상처 때문에 죽음에 이른 것이 아니라 오랜 세월 동안 쌓인 과로가 주된 원인이었다. 물론 사마의 집안이 위나라를 독점하였고 그 손자가 삼국을 통일하였으니 사마의가 최종적 승자라고 볼 수도 있다. 그러나 이는 제갈량 사후의 일로, 이를 두고 제갈량과의 대결에서 최종적으로 승리했다고 주장할 수는 없다.

여기서 이러한 물음을 만들어 볼 수 있다. "제갈량은 매 국면의 승자였는데 왜 위나라 정벌은 늘 실패였을까?" 사실 『삼국지연의』에는 이에 대한 답이 명확하게 제시되어 있다. 제갈량이 극복하려 그리도 애쓴 '하늘의 정해진 뜻'이 그것이다. 이는 역사소설이 지니는 특성에서 기인한 결과이기도 하다. 실제 역사에서 제갈량의 위나라 정벌은 실패하였고 사마의 집안은 승승장구하였으니, 소설이 아무리 허구의 장르라고 해도 이러한 엄연한 사실을 외면할 수는 없었다. 하여 실제 역사가 그러하게 전개된 것이 소설에서는 하늘의 정해진 뜻이라는 표현으로 반영되었다. 그러나 소설에 답이 분명하게 피력되어 있을지라도 다른 답을 적극적으로 찾아보는 것도 필요하다. 독자가 반드시 저자가 펼쳐놓은 서사와 상상을 곧이곧대로 따라가며 읽어야 하는 건 아니다. 그러한 순한 독자가 되는 것도 괜찮지만, 가능한 도발적인 독자가 되는 것이 한층 더 낫다. 적어도 소설 읽는 재미를 확 높여 주기 때문이다.

그럼 어떤 다른 가능성이 있을까? 힌트는 기산으로의 여섯 차례 출병에 공통되는 패턴에 있다. 여섯 번의 출정 중 위나라가 먼저 싸움을 걸어 온 것은 한 차례에 불과했다. 나머지는 다 제갈량이 먼저 싸움을 걸었다. 마지막 출정 직전에는 천문에 정통한 태사 초주가 위나라 쪽에 왕성한 기운이 몰려 있다며 출정에 반대하였지만, 제갈량은 그러한 초주를 크게 꾸짖은 다음 유비의 유지임을 앞세워 출정을 강행하였다. 제갈량에게는 위나라 정벌이 서둘러 이룩해야 하는 절체절명의 과업이었음이다. 반면에 사마의는 촉을 정벌하고자 애쓰지 않았고 이를 국정의 우선순위에 두지도 않았다. 촉나라가 위나라 정벌에 조급해했다면 위나라는 촉나라 정벌에 느긋했다. 싸움에 임하는 태도도 상이했다. 제갈량은 어떻게 해서든 속전속결로 정벌해 가고자 한 반면에 사마의는 웬만하면 꿈쩍 않고 지키는 전법을 구사했다. 제갈량의 여섯 번째 출정에 맞서 사마의가 출정할 때에는 황제가 그에게 철저하게 수비 전략으로 임하라는 조서를 내렸을 정도였다. 사마의가 하도 응전을 안 하니까 제갈량은 그에게 여성 옷을 보내 조롱하기까지 했으나 사마의는 눈도 끔쩍 않고 촉군이 스스로 물러날 때를 기다렸다. 이렇듯 제갈량이 적극적이고 공세적이었다면 사마의는 소극적이고 수비적인 패턴으로 일관했다.

게다가 제갈량은 항상 바삐 움직였다. 삼고초려로 세상에 나온 이래 그는 유비를 군주로 거듭나게 하는 교육, 그들 간의 의리를 무엇보다도 앞세우곤 하는, 그러한 닫혀 있는 형제애로 뭉쳐 있던 관우와 장비에 대한 교정, 대업을 이루는 데 필요한 인재의 확보와 양성, 국가 건국을 위한 영토 획득과 기틀 마련 등등, 그 모든 것 하나하나를 다 자신이 직접 해야만 했다. 천신만고 끝에 형주를 손에 넣고 익주를 차지하여 초보적으로나마 국가를 건설한 이후에도 모든 국정을 친람해야만 했다. 위나라 정벌을 앞두고는 배후를 안정화하기 위해 남만이라는 오지로 직접 정벌을 떠나 남만의 군주 맹획을 일곱 번 사로잡고 일곱 번 풀어 줌으로써 완전하게 자기 사람으로 만들었다. 오지라는 험지에서 짧지 않은 동안 전투를 치르는 무리한 일을 마다하지 않았다. 촉나라에서 기산으로 군량을 수송하는 길이 험하여 늘 문제가 되자 나무 소와 말을 직접 고안하여 제작하였고 이를 이용하여 군량을 수송하였다. 목우유마라고 불린, 그 시절치고는 가성비가 꽤 높은 로봇 소와 말을 직접 발명하기까지 했다. 이러한 정보를 접한 사마의가 제갈량의 수명 단축을 걱정할 정도였다. 급기야 제갈량은 과로로 인해 병이 났지만, 그럼에도 이러한 삶의 태도를 멈출 수 없었다.

제갈량에게는 여유를 부릴 틈이 전혀 없었다. 반면 사마의는 제갈량처럼 자신을 국사에 갈아 넣을 필요가 없었다. 그는 제갈량의 이간계로 촉발된 권력투쟁에서 밀려나자 자신의 장원으로 내려갔다. 그에게는 제갈량과 달리 때를 기다릴 여유가 있었다. 빼어난 장수를 잃을 때마다 제갈량은 혼절을 거듭할 정도로 뼈 아파했지만, 사마의는 큰 타격 없이 지나갔다. 빈약한 인재풀 탓에 제갈량에게는 장수 하나를 잃음이 국가의 기둥 하나가 무너지는 듯한 타격이었지만, 사마의는 넉넉한 인재풀 덕분에 그렇게 느낄 이유가 없었다. 제갈량은 다음 세대의 동량으로 강유 하나를 얻었지만, 사마의에게는 등예나 종회 같은 빼어난 인재가 줄을 이었다. 제갈량의 아들들은 겉만 번지르르하여 제갈량의 걱정을 샀지만, 사마의의 아들들은 역량 있는 인재로 성장해 결국 그들의 아들대에 삼국을 통일하고 사마 씨의 왕조를 새로 세운다. 후속 세대를 양육하는 시스템에도 촉나라와 위나라 사이에 큰 격차가 있었음이다. 제갈량은 촉나라와 위나라 사이에 엄존하는 이러한 큰 격차를 오로지 자신의 역량으로 극복해야만 했다. 문제는 자신이 세상을 떠나면 이러한 노력도 허사가 된다는 점이었다. 자신을 대신할 만한 인재가 없었던 까닭이니, 하여 제갈량은 적극적으로 나아가 공세적으로 취해야 성공할 수 있었다.

반면에 사마의는 지킴만으로도 성공할 수 있었다. 흙수저 출신 제갈량은 지닌 게 별로 없었지만, 금수저 출신 사마의는 가진 게 참으로 많았다. 개인 역량이 비등하다는 점을 빼고 제갈량은 사마의에게 비길 수가 없었다. 가문, 국가 차원에서 사마의는 제갈량이 지니지 못한 바를 풍요롭게 갖추고 있었다. 가문이랄 것이 있을까 싶을 정도였던 제갈량에 비해 사마 씨 집단은 상술한 바와 같이 한대의 내로라하는 명문 세가로 대대로 많은 사회적 자본을 축적하고 있었다. 국가 차원에서도 마찬가지다. 조조는 한의 마지막 황제 헌제를 끝까지 보위했고, 아들 조비는 헌제로부터 양위를 받는 형식을 취함으로써 어찌 됐든 정치적 정당성이 조조 부자가 일구어낸 위나라에 있었다. 그 결과 사마의 쪽에는 한 황실을 떠받치고 있던 유능한 인재가 차고 넘쳤다. 반면 유비가 지닌 정치적 자산이라고는 황실의 성 하나뿐이었다. 평민과 별 차이 없었던 그에게는 가축 잡던 장비, 서당 훈장 출신 관우가 인적 자산의 거의 전부였다. 게다가 촉나라가 자리한 서천 일대는 위나라가 둥지 튼 황하 중하류 일대보다 물산이 그다지 풍부하지 못했다. 개인 차원에서 타고난 탁월함을 뺀 나머지, 그러니까 인재, 물산, 정치적 자산, 지리적 이점 등 모든 면에서 제갈량은 사마의에게 너무나도 부족했다. 기댈 수 있는 바는 개인적 역량 하나밖에 없다고 해도 과언이 아닐 정도였다.

그러니 제갈량은 서두를 수밖에 없었고 사마의는 느긋하게 기다리며 때를 기다릴 수 있었다. 한 국면 국면에서는 제갈량이 승리를 거두었지만, 나라의 뿌리가 얕은 데다 풍부하지 못했던 물산, 도탑지 못했던 인재층 탓에 결국은 물러날 수밖에 없었다. 제갈량과 사마의가 가문, 국가, 지리 차원에서 딛고 서 있던 지반의 현격한 차이가 결국 국면 차원에서의 승리를 전체 차원에서의 승리로 이어가지 못했던 결정적 원인이 되었던 것이다.

라이벌의 두 얼굴, 적과 지기

그럼에도 독자들의 뇌리에는 제갈량이 승자로, 사마의는 못난이 패배자쯤으로 각인되곤 한다. 이는 제갈량의 지략이 사마의보다 적어도 한 수 위였다는 인상에서 기인한다. 여기에는 공성계의 성공과 죽은 제갈량이 산 사마의를 도망케 하는 사건이 결정적 영향을 미쳤다.

사실 여섯 번에 걸친 제갈량의 출정은 공성계로 시작해서 사마의 도망 사건으로 마무리된다고 해도 과언이 아니다. 첫 번째 출정에서 제갈량은 계책에 따라 군사를 여기저기에 바삐 배치하느라 막상 자신이 있던 곳에는 수천의 군사만 남게 되었다. 그러다 뜻하지 않게 사마의의 대군과 마주쳤다. 절체절명의 위기에 맞닥뜨린 제갈량은 꾀를 내어 사방 성문을 활짝 열어 놓고는 노인들에게 성문 앞에서 평온하게 빗자루질을 하게 했다. 그러고 자신은 성루에 올라 한가롭게 거문고를 탔다. 이를 본 사마의는 제갈량이 파 놓은 함정이라고 오판하여 멀찌감치 퇴각했다. 공성계, 그러니까 대놓고 성을 비워 놓은 듯 꾸민 계책이 멋들어지게 들어맞은 것이다.

여섯 번째 출정에서 자기 죽음을 감지한 제갈량은 생명 연장을 위한 기도에 들어가지만, 장군 위연의 실수로 허무하게 실패하고는 결국 죽음을 맞이한다. 제 죽음을 사마의도 틀림없이 알아차릴 터이기에 제갈량은 운명하기 전 사마의의 공격으로부터 무사히 퇴군할 수 있는 방책을 강유 등에게 남겼다. 나무 인형을 자신의 형상으로 만들어 살아생전처럼 치장한 후 평소에 타던 사륜거에 앉혀 놓고 극진하게 모시라고 했다. 자신이 살아 있는 것처럼 잘 꾸밈으로써 사마의를 놀라게 하자는 계책이었다. 설마 사마의가 그러한 계책에 당할까 했지만, 결국 제갈량의 계책처럼 되었다. 제갈량의 죽음을 확신하고 퇴군하는 촉군을 거세게 추격하던 사마의는 갑자기 나타난 나무 인형 제갈량의 모습에 그만 혼비백산하여 수십 리를 퇴각하고 만다. 그 사이 촉군은 무사히 퇴군한다. 이를 두고 사람들은 "죽은 제갈량이 산 사마의를 도망케 했다"라며 사마의를 비아냥댔다.

이는 공성계와 마찬가지로 제갈량이 매사에 신중하고 지나치게 조심하는 사마의의 성정을 잘 알고 있었기에 성공할 수 있었던 계략이다. 사실 제갈량도 사마의 못지않게 신중하고 조심스러워했다. 이에 답답함을 느낀 수하 장수들은 곧잘 불평을 터트리곤 했다. 하지만 제갈량과 사마의 사이에는 차이가 있었다. 제갈량은 그럼에도 승부를 걸어야 할 때면 과감하게 걸었다는 점이 그것이다. 공성계나 사후 퇴각 계책이 맞아떨어진 것도 그러한 과감함에서 비롯되었다. 반면에 이러한 계책은 많은 것을 지닌 사마의로서는 생각해 내지도 또 선택할 수도 없는 바였다. 그 결과 흙수저 출신이 금수저 출신을 시원하게 골려 주는 모습이 사람들에게 강렬하게 각인되었고 자연스럽게 사마의는 제갈량보다 많이 부족한 인물처럼 각인되었다. 제갈량이 라이벌 주유를 일방적으로

눌렀던 것처럼 사마의와의 라이벌 구도에서도 통쾌하게 승리했다고 여겼던 것이다.

그런데 『삼국지연의』를 보면 제갈량을 가장 잘 아는 이는 사마의였고, 사마의를 가장 잘 아는 이 또한 제갈량이었다. 그 둘은 각각 제갈량, 사마의라는 이름으로 촉나라와 위나라를 섬기고 있었지만, 한 인물이라고 해도 과언이 아닐 정도로 역량이면 역량, 지략이면 지략, 성정이면 성정이 신기하게도 무척 흡사했다. 또한 서로가 있어 서로가 우뚝 설 수 있었다. 제갈량이 첫 출정을 감행하자 권력 다툼으로 쫓겨나 고향에 물러나 있던 사마의가 화려하게 복귀했다. 제갈량이 있음으로써 사마의가 권력의 중심에 설 수 있었음이다. 역으로 제갈량의 탁월한 역량을 빛내기 위해서는 사마의가 꼭 필요했다. 역량이 그저 그러한 이들과 붙어 늘 이긴다는 설정으로는 제갈량의 지략이 신의 경지에 이르렀음을 효과적으로 형용할 수도, 독자의 공감을 얻어 낼 수도 없었다. 제갈량과 맞먹는 사마의가 있음으로써 제갈량의 귀신 같은 책략이 더욱 돋보일 수 있었고, 지략의 신으로 추앙될 수도 있었다.

이렇듯 제갈량과 사마의는 서로 있게 해 주고 또 빛나게 해 주는 상보적 관계였다.

> 우리가 좌우가 되어 서로 돕고 앞뒤가 되어 서로 짝이 되었다면 죽든 살든 무엇을 두려워하고 또 무엇을 근심했겠는가! 아아, 주유여! 주유여!"
>
> –『삼국지연의』 57회

주유가 세상을 떴을 때 제갈량이 빈소로 찾아가 직접 조문하며 읽은 제문이 끝부분이다. 사마의와 제갈량도 좌우가 되어 서로 돕고 앞뒤가 되어 한 짝이 되었다면 적대적 라이벌이 아니라 천하에 둘도 없는 절친이 되었을 것이다. 라이벌이, 서로 닮았기에 호적수가 되고, 이기기 위해 서로를 치열하게 연구하기에 서로에 대하여 그 누구보다도 잘 아는 지기가 될 수밖에 없는 저간의 사정이다.

4장

정적政敵이었지만 서로를 인정한 닮은 꼴 라이벌
— 왕안석과 소식

김민정

스물둘의 젊은 나이에 과거에 수석[1]으로 급제한 천재이자, 당송팔대가唐宋八大家로 나란히 거명되는 뛰어난 문장가. 방법론이 달라서 한때 서로 대립각을 세웠지만, 국가의 미래와 운명을 진심으로 걱정했고 자신과 같은 상대방의 진정성을 인정했던 북송의 정치가. 이 글은 다른 듯 묘하게 닮은 라이벌 왕안석王安石(1021~1086)과 소식蘇軾(1037~1101)에 관한 이야기이다.

1 왕안석은 경력慶曆 2년(1042)에 435명 가운데 4등으로 급제했는데, 실제로는 수석 감이었지만 답안 가운데 시세를 비판하는 내용이 황제의 심기를 건드려 순위가 내려갔다는 설이 있다. 소식은 가우嘉祐 2년(1057)에 동생 소철蘇轍과 함께 과거에 합격했는데, 당시 시험 감독관이었던 구양수歐陽修가 그의 답안지를 1등으로 삼으려다 자기 문하생의 답안지라 짐작하고 2등으로 내렸다고 전해진다.

북송 중엽의 시대적 과제: 부국과 강병의 꿈

두 사람이 역사의 무대에 등장하기 약 백 년 전, 후주後周의 절도사節度使였던 조광윤趙匡胤, 927-976, 재위 960-976이 일곱 살 난 어린 황제 공제恭帝, 953-973에게 양위를 받아 북송의 초대 황제로 등극했다. 대제국을 건설했던 당나라의 멸망과 뒤이은 5대 10국의 혼란은 지방행정권과 군권을 장악한 절도사가 세력을 키운 후 '창을 거꾸로 잡고' 제위를 찬탈했기 때문이었다. 그 사실을 누구보다 잘 알고 있었던 태조 조광윤은 정권의 불안 요소가 될 수 있는 개국 공신들의 군권을 '평화적'으로 회수한 후 절도사들을 점차 문관 출신으로 교체했다. 본인은 무관 출신이었지만, 장수 시절에 수레에 책을 가득 싣고 다니다가 뇌물로 오해를 받은 적이 있으며, "사대부와 상소를 올린 사람을 죽이지 마라. 아무리 불쾌한 말을 하더라도 죽여서는 안 된다"라는 유훈을 남겼을 정도로 문치주의를 확고히 했다.

송나라가 건국된 지 한 세기쯤 지났을 때, 5대 10국의 혼란을 수습하고 중원을 통일하여 전성기를 구가하던 제국은 안으로부터 조금씩 곪아 가고 있었다. 문치주의를 표방하다 군사력이 약해진 탓에 주변의 신흥 강대국 요遼나라와 서하西夏에 매년 '평화 유지비' 명목으로 은과 비단을 보내야 했으며, 그 액수가 해가 갈수록 불어났다. 그런데도 전쟁이 언제 일어날지 모른다는 불확실성 때문에 병력은 병력대로 계속 늘려 가다 보니 전투 경험 없는 쓸모없는 군인이 많아졌다. 또한 황제 권력을 강화하기 위해 행정조직을 복잡하게 만들어 서로 견제하게 하는 등 관료 조직이 비대해지면서 '월급 루팡'으로 꿀 빠는 잉여 공무원의 숫자도 너무 많아졌다. 또한 송나라는 문인 우대 정책으로 인해 다른 시대에 비해 관료에게 주는 봉록俸祿이 후한 편이었다. 이 모든 것은 자연스레 과도한 재정지출로 이어졌다. 한편 송나라는 상품 및 화폐경제가 발달했지만, 그 이면에는 사치 풍조와 빈부 격차가 있었고, 대지주와 고관대작의 토지 겸병으로 인해 수많은 농민이 소작농으로 전락하거나 삶의 터전을 잃고 떠돌았다. 망국의 전철을 밟지 않으려면 과감한 체제 개혁과 체계적인 재정 관리가 절실했다.

1067년 제위에 오른 북송의 여섯 번째 황제 신종神宗(1048~1085, 재위 1067~1085)은 도전 정신과 의욕으로 충만한 갓 스물의 청년이었다. 변화를 경계하며 복지부동하는 대신들 사이에서 국정 개혁을 추진할 인물을 물색하던 그의 눈에 왕안석이 들어왔다. 신종 즉위 당시 왕안석은 모친의 상을 마친 지 얼마 지나지 않은 상태였다. 그는 병을 이유로 중앙 관직을 고사하여 강녕江寧(지금의 남경) 지부知府로 부임했다가, 6개월 후 한림학사翰林學士에 임명되었다. 한림학사에 임명된 지 7개월만인 희녕熙寧 원년(1068) 4월, 왕안석은 신종의 동궁東宮 시절 스승이었던 한유韓維(1017~1098)(당나라의 문장가 한유韓愈(768~824)와는 다른 인물이다)의 추천으로 조정에 불려와 신종과 직접 대면할 기회를 얻게 되었다. 이 첫 번째 대면에서 왕안석은 신종에게 요堯·순舜을 본받아 간단하면서 요긴한 정책을 펼 것을 주된 내용으로 하는 개혁을 제안했고, 젊은 황제에게 깊은 인상을 남겼다. 신종은 왕안석에게 송 왕조가 창업한 이래 백 년 동안 큰 변고 없이 태평성세를 구가할 수 있었던 요인을 물었다.

왕안석은 그에 대한 답으로 「본조백년무사차자本朝百年無事箚子」라는 글을 지어 올렸다. '차자箚子'란 신하가 국왕에게 올리는 간단한 서식의 상소문을 뜻한다. 왕안석은 이적夷狄이 왕성하게 번창하는 때가 아니었고 커다란 자연재해가 없었기 때문에 천우신조로 천하가 백 년 동안 무사할 수 있었지만, 사실상 내부적으로는 문제가 산적해 있다며 국정 전 분야에 대한 폐단을 지적했다. 그리고 언제까지고 하늘의 도움만 믿고 있을 수는 없으며 사람의 노력이 뒷받침되어야 한다고 덧붙였다. 왕안석의 주장과 인물됨에 크게 감명을 받은 신종은 그를 중용해 본격적인 개혁 드라이브를 걸기 시작했다.

왕안석의 솔루션 – 신법

희녕 2년(1069) 2월 신종은 국정 전반을 관장하는 부副재상 격인 참지정사參知政事에 왕안석을 임명했다. 이때 왕안석의 나이는 지천명을 앞두고 있었다. 곧이어 왕안석의 건의에 따라 제치삼사조례사制置三司條例司[2]가 설치되었다. 이는 개혁을 총괄하는 임시기구로, 재정수입의 근본인 소금과 철, 조세와 토지를 관장했다. 임시 기구였지만, 국가 재정 부문의 최고 기관으로서 사실상 신법新法을 기획하고 추진하는 사령탑이라고 할 수 있었다. 신법 혹은 변법變法이라 불리는 왕안석의 과감한 개

2 재정財政을 담당하는 중앙 정부 기관이었던 삼사三司의 정책이나 운영 방식〔條例〕을 검토하기 위해 황제의 명령〔制〕으로 설치된 관서.

혁 정책은 이로부터 출발했다.

왕안석은 그해 7월 균수법均輸法을 시작으로, 청묘법青苗法, 농전수리법農田水利法, 보갑법保甲法, 면역법免役法(모역법募役法), 시역법市易法, 보마법保馬法, 방전균세법方田均稅法, 면행법免行法, 치장법置將法(장병법將兵法) 등 일련의 개혁 입법을 내놓았다. 그리고 교육과 과거제도에도 손을 댔다. 희녕 7년(1074) 왕안석이 재상직에서 물러날 때까지 국정의 거의 모든 분야에 걸쳐 개혁이 시행되었다고 해도 과언이 아니었다. 그의 신법은 크게 재정 확보를 위한 부국책과 국방 강화를 위한 강병책, 그리고 이 정책을 시행할 인재를 뽑는 교육정책으로 나눌 수 있다. 그는 대지주와 대상인의 횡포로부터 농민과 중소상인을 보호하고, 그들이 부당하게 취하는 이익을 국가로 귀속시켰다. 또한 조세 부담의 불균형을 시정하고 농촌 진흥을 도모하는 동시에 치안을 유지하고 군사력을 증강하고자 했다.

왕안석은 "천상의 변화를 두려워할 필요 없고〔天變不足畏〕, 옛 제도와 규칙을 본받을 필요 없으며〔祖宗不足法〕, 사람들의 구설口舌을 걱정할 필요 없다〔言論不足恤〕"는 '삼부족론三不足論'을 내세우며 반대 의견을 무시한 채 신법을 강하게 밀어붙였다. 왕안석의 급진적이고 독단적인 신법 추진은 거센 반발을 불러일으켰고, 개혁을 찬성하는 신법파와 반대하는 구법파로 나뉘어 격한 당쟁으로 비화했다. 신법 가운데 가장 논란이 되었던 정책을 몇 가지만 살펴보자. 가장 먼저 시행된 균수법은 지방으로부터의 물자 운송〔輸〕을 균등하게〔均〕 한다는 의미로, 국가의 유통 구조를 효율적으로 조절하여 재정 낭비를 줄이려는 정책이다. 당시 조정에서는 필요한 물자를 지방에서 조달했는데, 그 품목과 수량이 오랫동안 관례로 고정되어 있었다. 이는 매해의 작황이나 지역별 가격 차, 운송비 등을 고려하지 않은 것이었기 때문에 비합리적인 면이 많았다. 흉년이라도 들면 백성들은 안 그래도 힘든 시기에 공납 기한을 맞추기 위해 상인에게 비싼 값을 치르고 물건을 사들여야 했다. 이에 왕안석은 돈 500만 관貫(꿰미. 돈을 한 줄에 꿴 묶음 단위)과 쌀 300만 석을 기본 지출로 정하고, '발운사發運使'[3]가 관련 업무를 총괄하여 조정의 필요 품목에 따라 가장 편리한 곳에서 가장 저렴한 가격으로 물자를 조달하게 했다.

가장 논란이 많았던 신법은 청묘법이었다. '청묘青苗'란 아직 여물지 않아 파릇파릇한 곡식의 어린 모종을 의미한다. 당시 농민들은 곡식이 부족한 춘궁기에 이 청묘를 담보로 대지주에게 돈이나 곡식을 빌리고 가을걷이가 끝난 후 상환했는데, 그 이자가 5할에서 6할이나 되었다. 반년에 그 정도이니 일 년으로 치면 연 100% 이상의 고리대를 내야 하는 셈이었다. 자연재해라도 당하게 되면 농민들은 어쩔 수 없이 땅을 팔고 소작농이 되어야 했다. 청묘법은 정부가 대신 저당 대출을 해 주는 것이다. 왕안석은 풍년일 때 정부가 평년 가격으로 곡식을 사들여 저장하고, 흉년이 되어 곡식이 귀해지면 다시 평년 가격으로 되팔아 물가를 조절하는 상평법常平法을 개조했다. 상평창에 비축해 두었던 묵은 곡식을 춘궁기에 팔아 물가를 조절하고 곡식을 팔아 얻은 자금을 다시 2할 이하의 낮은 이자로 국가가 직접 농민에게 대출해서, 대지주들의

3 당·송 시대에 지방의 물자를 중앙으로 운송하는 조운漕運을 책임지던 관리.

투기 활동과 폭리를 제한하고 농민의 부담을 덜어 주고자 했다.

송대에는 각종 명목으로 백성들의 노동력을 동원했는데, 권세가들은 손을 써서 가벼운 노역을 할당받거나 면제를 받기 일쑤였기에 힘든 노역은 고스란히 힘없는 농민들 차지가 되었다. 이는 동원 대상의 사정을 전혀 고려하지 않았으며, 온종일 농사일로 지친 백성들에게 큰 부담이었다. 이에 왕안석은 면역법을 고안하여 백성들에게 노역勞役을 면제해 주는 돈인 '면역전免役錢'을 납부하게 하고 정부가 이를 재원 삼아 필요한 부문의 실업 노동 인력을 고용했다. 농민들은 바쁜 농번기에 노동력을 차출당하지 않아도 되어 생산 활동에 지장이 없었고, 기존에 면역 특권을 누렸던 사람들에게도 일률적으로 징수하니 비교적 공평했다. 반대로 실업자들을 구제하는 취로사업의 효과도 있었다.

왕안석은 일찍부터 유능한 인재 양성을 위해서는 교육제도의 개혁이 필요함을 역설했다. 그는 삼사법三舍法을 제정하여 당시의 국립 중앙 대학이었던 태학太學을 외사外舍(교양 과정)–내사內舍(전문 과정)–상사上舍(대학원 과정)의 세 단계로 나누어 평소의 수행평가 성적으로 진급시키고, 성적이 우수한 학생은 과거를 통하지 않고 학생 신분에서 곧장 관리로 나아갈 수 있게 했다. 또한 발탁된 관리의 행정 실무 능력이 떨어진다고 하여, 경전에 대한 암기력을 주로 보는 명경과明經科를 폐지하고 진사과進士科에서는 시문〔詩賦〕을 짓는 능력 대신 경전에 대한 해석〔經義〕과 현실 정치에 대한 논술〔策論〕만을 출제했다.

겉으로 보이는 태평성세 이면에 사회가 속으로 곪고 있다는 문제의식은 왕안석 혼자만의 생각이 아니었다. 소식을 비롯한 구법파에 속하는 사람들도 어느 정도 개혁의 필요성에 공감하고 있었다. '구舊'가 붙었다고 해서 부패하고 우매한 수구 집단이 아니었으며, 점진적 개혁 방식을 주장한 개혁파였다. 왕안석은 신법을 통해 북송 중엽의 산적한 사회문제를 해결하려고 했다. 그 취지는 대지주와 대상인의 횡포로부터 약자인 중소농민과 상인을 보호하는 것이었으며, 획기적이고 혁신적인 내용을 담고 있었다. 하지만 실행 단계에서는 미처 생각하지 못한 맹점이 많았고 각종 부작용이 발생했다. 선한 의도가 항상 선한 결과를 가져오는 것은 아니다. 신법을 시행한 이후 확실히 만성적자였던 송 조정의 재정 수지는 역전되어 국고가 꽉 찼다. 하지만 막대한 재정 비축은 그만큼 백성들로부터 많이 거두어들였음을 의미한다.

소식, 신법의 폐해를 간언하다

왕안석이 신종의 전폭적인 지지를 받으며 균수법, 청묘법과 같은 신법을 추진하기 시작한 1069년, 소식이 부친 소순蘇洵(1009~1066)의 삼년상을 마치고 조정에 돌아왔다. 소식은 왕안석의 신법이 여론을 무시하고 졸속으로 추진되어 많은 폐단을 낳고 있다며 공개적으로 반대했다. 실제로 농민의 이익을 보호하기 위해 제정했던 법은 본래의 취지에서 벗어나 많은 부작용을 낳고 있었다. 예컨대, 균수법을 주관하는 관청인 발운사아문은 시장을 독점하는 최대 국영기업으로 바뀌었으며, 청묘법은 정부 독점 형태의 고리대금업으로 변질하여 갔다. 각종 명목이 붙어 실제로 거두는 이자는 2할보다 훨씬 불어났고, 심지어 할당된 실적을 채우기 위해 대출이 필요 없는 사람들에게까지 강제로 돈을 빌려주기도 했다.

희녕 4년(1071) 1월, 서른다섯의 소식은 먼저 「학교와 공거[4]에 관하여 논의하는 상소문議學校貢擧狀」을 지어 인재 선발 기준을 시부에서 경의와 책론 중심으로 바꾼 왕안석의 과거제도 개혁을 비판했다. 제대로 미운털이 박힌 소식은 한 달 뒤 「황제 폐하께 올리는 글上神宗皇帝書」을 올려 제치삼사조례사의 폐지를 청원했다.

무릇 제치삼사조례사는 사리私利를 구하는 명분입니다. 예닐곱의 젊은 이들과 사자使者 사십 여 무리가 사리를 구하는 도구입니다. 매와 개를 몰고서 숲으로 가면서 사람들에게 "나는 사냥하러 가는 것이 아니다"라고 말하는 것은 매와 개를 풀어놓고 짐승들 스스로 길들도록 하는 것보다 못합니다. 그물을 가지고 강과 바다로 가면서 사람들에게 "나는 고기 잡으러 가는 것이 아니다"라고 하는 것은 그물을 버리고 사람들이 스스로 믿도록 하는 것보다 못합니다. 그러므로 신은 사악한 것을 없애고 화기애애한 분위기를 조성하여 인심을 회복하고 나라의 근본을 안정시키려면 곧 제치삼사조례사를 없애는 것보다 더 나은 것이 없다고 생각합니다.

또다시 3월에는 「다시 황제 폐하께 올리는 글再上皇帝書」을 올리며 신

4 고대 중국에서, 각 지방의 우수한 인재를 추천하여 등용하던 제도로 수양제 이후 실시하였다.

법의 문제점을 적나라하게 파헤치며, "이 법은 의사가 독약을 쓰는 것에 비유할 수 있으니, 사람의 생사를 걸고 아직 효험이 입증되지 않은 처방을 시험하는 것과 같은 것입니다. … 오늘날의 이 정책은 작게 쓰면 작게 실패하고 크게 쓰면 크게 실패할 것입니다"라고 강하게 반대했다.

소식이 세 차례에 걸친 상소문을 통해 자신을 비판하자 이에 격노한 왕안석은 자신의 동서이자 시어사侍御史를 맡고 있던 사경온謝景溫, 1021-1098에게 소식의 비리를 찾으라고 지시했다. 소식에게는 "일찍이 부친의 영구靈柩를 고향 사천 땅으로 모셔 가는 긴 여정에 부당하게 나라의 호위병을 사용했으며, 가구와 도자기를 사고, 국가의 전매품인 소금을 사사로이 판매했다"라는 혐의가 씌어지고, 각지에 관리가 파견되어 증거를 수집했다. 이 사건은 무혐의로 끝났지만, 정세가 심상치 않게 돌아가고 있음을 직감한 소식은 서둘러 외직을 자청했다. 소식은 말단직인 항주통판杭州通判에 임명되어 가족을 이끌고 항주로 내려갔다. 그의 경력은 지주知州가 되기에 손색이 없었지만, 신법파의 강한 반대에 부딪혔다. 도망치다시피 수도 개봉을 떠나긴 했으나, 소식은 그 후로도 표문表文과 서장書狀, 서신, 시문 등을 통하여 때로는 직설적으로, 때로는 풍자적으로 신법의 문제점을 지적했는데, 이는 결국 '오대시안烏臺詩案'의 화근이 되었다.

서주徐州 지주로 있던 원풍元豊 원년(1078)에는 「해에의 비유日喩」를 써서 왕안석의 과거제도 개혁의 모순을 지적했다. 다른 사람에게 도를 이해시키는 것은 태어나면서부터 눈이 보이지 않는 장님에게 해를 설명하는 것보다 어려운데, "예전에는 (시부의) 성률聲律로써 관리를 선발하였기 때문에, 선비들은 잡다하게 배우고 도에는 뜻을 두지 않았다. 지금은 경술經術로써 관리를 선발하니, 선비들이 도를 구해야 함을 알면서도 배우기를 힘쓰지 않는다." 즉 관리를 선발하던 방식을 바꿨지만, 선비들이 도를 추구하는 방식은 전혀 개선되지 않았다는 것이다.

신종은 왕안석을 중용한 만큼이나 소식도 아꼈다. 이는 인재를 중시했던 북송의 기풍과도 관련 있었다. 신종은 소식의 의견을 매우 중시하여 그에게 다른 견해를 말하게 하고, 심지어 "짐에 대해서도 직간直諫하라" 하고 독려했다. 대다수의 구법파 고관들이 이미 왕안석의 독주에 등을 지고 조정을 떠난 후에도, 성품이 올곧고 아첨할 줄 모르는 소식은 상황의 유불리를 개의치 않고 직언하다 인생 최대의 위기를 맞게 된다.

대립했지만 선은 지켰던 정치적 라이벌

북송대에는 삼 년간의 근무에 대한 인사고과를 매겨 그다음 관직을 결정하는 '마감磨勘'이라는 관리 점수 제도가 있었다. 항주통판 이후 밀주密州와 서주에서 지주를 지낸 소식은 메뚜기 퇴치, 가뭄과 홍수 처리 등의 업적이 인정되어 원풍 2년(1079)에 비교적 살기 좋은 고장인 호주湖州의 지주로 부임하게 되었다. 소식은 부임 직후 「호주에 부임하게 된 것을 황상께 감사 드리는 표湖州謝上表」를 신종에게 바쳤다. 그러나 이 글이 엄청난 재앙을 가져올 줄은 꿈에도 몰랐다.

"어리석어 시의에 적합하지 않아 신진을 따라가기 어려움을 알아차리시고, 늙어서 사업을 벌일 줄은 모르지만 어쩌면 군소 백성을 다스릴 줄은 알 것임을 통찰하시는 황제 폐하를 만났기 때문일 것입니다."

신법파 관료들은 '사업을 벌이는 신진'이 신법파를 가리킨다며, 소식이 잘난 체하며 조정을 우롱하고 백성을 선동한다느니, 시로써 망령되이 조정을 비방한다느니 하면서 탄핵하는 상소문을 올렸다. 신종이 이 사건을 어사대(지금의 감사원에 해당)에서 심리하라는 어명을 내렸는데, 어사대의 별칭인 '오대烏臺'(한나라 때 어사대에 측백나무가 심겨 있었는데 여기에 까마귀 수천 마리가 서식하고 있었기 때문에 붙여진 별명)와 시가 문제된 필화 사건이라는 뜻의 '시안詩案'을 써서 '오대시안'이라고 부른다. 이는 자칫 피바람을 부를 수도 있는 심각한 사건이었다. 소식은 자백을 강요하는 고문에 시달리고 주변의 친한 지인들도 겁이 나 감히 입을 열지 못하고 있을 때, 재상직에서 물러나 강녕에서 은거하던 왕안석이 황제에게 상소를 올려 "태평성세에 재능 있는 선비를 죽이는 것은 바람직하지 않다"라며 정치적 라이벌인 소식의 구명 운동을 펼쳤다. 이 사건으로 인해 소식은 황주단련부사黃州團練副使로 폄적되었다. 우리에게 더 익숙한 이름 '소동파蘇東坡'는 이 시기 황주성 동쪽에 있는 황무지[東坡]를 개간하여 만든 농지의 이름에서 따온 말이다.

소식은 신법의 폐해를 보고 반대하긴 했으나, 백성의 이익에 연결된 부분도 있음을 깨달으며 인식의 변화가 일어났다. 범중엄范仲淹, 989~1052의 외손자인 등원발滕元發, 1020~1090에게 보내는 편지에서 "신법을 시행하는 초창기에 편견 때문에 이의가 있었습니다. 비록 그 말이 충직하게 우국의 마음을 표현한 것이긴 했지만, 오류가 있어 이치에 맞는 경우가 적었습니다. 이제 성덕聖德이 날로 새로워지고 교화가 이루어져 지난번 고집하던 것을 돌아보면 더욱더 부족했던 것을 느낍니다"라고 고백했다(「등원발에게與滕元發」). 신종이 죽은 뒤 구법파가 득세하여 신법을 전부 폐지하고자 했을 때 소식은 면역법과 같이 타당한 정책까지 없애는 것을 반대했다.

물처럼 담백한 군자의 사귐

왕안석과 소식의 정치적 불화는 많은 민간 고사를 남겼다. 명나라 말기에 풍몽룡馮夢龍(1574~1646)이 수집 간행한 단편 소설집 『경세통언警世通言』 제3권 「왕안석이 소학사를 세 번 난처하게 하다王安石三難蘇學士」라는 글에도 몇 가지 일화가 전해진다. 왕안석은 한자의 연원과 제자製字 원리를 풀어쓴 문자 해설서 『자설字說』을 지었는데, 그럴듯한 해석도 있었지만 어떤 것은 전혀 근거가 없거나 억지 해석도 있었다. 왕안석이 '파坡(고개, 언덕)'자를 "흙〔土〕의 거죽〔皮〕"이라고 풀이하자[5] 소식은 "말씀하신 대로라면 '활滑(미끄럽다)'자는 물〔水〕의 뼈〔骨〕가 되겠군요"라고 해서 말문을 막히게 했다고 한다. 『경세통언』은 이 에피소드를 소식이 자

5 일설에는 '파波(물결)'자를 "물〔水〕의 거죽〔皮〕"이라고 풀이했다고 한다.

신의 재주를 믿고 교만함을 드러내는 예로 들고 있지만, 다른 곳에서는 같은 이야기를 왕안석의 독선과 고지식함을 나타내는 예시로 들고 있는 것이 흥미롭다.

왕안석은 중국 역사상 유일하게 수레를 이용하지 않고, 첩을 들이지 않았으며, 사후에 유산을 남기지 않은 재상으로 유명하다. 소식은 왕안석의 도덕적인 인품에 대해 기본적인 믿음과 존경하는 마음이 있었고, 훗날 두 사람은 정치적 대립 관계를 떠나 지우知友로서 화해의 정을 회복했다. 희녕 9년(1076) 재상직에서 물러나 제2의 고향 강녕 지사로 부임한 왕안석은 번화한 강녕 시내와 경승지인 종산의 중간쯤 위치한 곳에 집을 짓고 '반산원半山園'이라 불렀으며, 스스로 반산노인半山老人이라 칭했다. 원풍 7년(1084) 황주에서 여주로 전출 가던 도중 소식은 정치 일선에서 물러나 강녕에 은거하고 있던 64세의 왕안석을 방문했다. 소식이 강녕부에 머무는 한 달 동안 둘은 함께 종산鍾山을 거닐면서 시를 주고받기도 하고, 서로 살아온 삶의 발자취를 돌아보면서 해후의 정을 나누었다.

북산에 짙은 녹음이 드리우고 둑에 물이 차올라	北山輸綠漲橫陂
곧은 도랑과 굽이진 못에 잔잔한 물결이 일 때	直塹回塘灩灩時
흩날리는 꽃잎 일일이 세느라 오래 앉아 있다가	細數落花因坐久
향기로운 풀 천천히 찾다가 느지막이 돌아왔네	緩尋芳草得歸遲

이 시는 왕안석의 「북산北山」으로 북산은 종산을 의미한다. 그는 종산

의 생기 있는 정경과 속세에 초연하고 한적한 심정을 대비했다. 소식은 왕안석의 시에 차운次韻하여, 즉 '陂', '時', '遲'에 라임rhyme을 맞춰 「형공의 시에 차운한 절구 네 수次荊公韻四絶」를 지어 화답했다.

나귀 타고 멀리 와서 황량한 비탈에 들어서니 騎驢渺渺入荒陂
선생께서 병나지 않으셨을 때 찾아와 볼 것을 想見先生未病時
삼묘 정도 되는 집 구해 보라고 권하셨는데 勸我試求三畝宅
공의 말씀 따르는 게 십 년이나 늦었음을 깨달았네 從公已覺十年遲

왕안석은 소식에게 『삼국지』를 편수해 보라고 권유하기도 하고 강녕에서 이웃하여 살자고 제안하기도 했다. 끝내 그 바람은 이루어지지 못하고 일 년 남짓 지난 뒤 왕안석은 세상을 뜨고 만다. 서로 다른 당파에 속해 정치적으로는 대립했지만, 서로의 재능을 아끼고 인정했던, 다른 듯 서로 닮은 라이벌, 왕안석과 소식. 열다섯의 나이 차와 당파를 뛰어넘은 그 둘의 사귐은 『장자』에 나오는 '물처럼 담백한 군자의 사귐'을 떠올리게 한다.

"군자의 사귐은 물처럼 담백하고, 소인의 사귐은 단술처럼 달콤하다. 군자는 담백함으로 친해지고, 소인은 달콤함으로(단맛이 빠지면) 끊어진다. 까닭 없이 맺어진 것은 까닭 없이 떨어져 나가기 마련이다."

– 『장자』「산목山木」

5장

트로이전쟁의 라이벌
— 아킬레우스와 헥토르

안상욱

Ⅰ. 호메로스가 남긴 불멸의 서사시 『일리아스』

고대 그리스의 청동기를 대표하는 문명은 뮈케네와 미노아 문명이다. 이들은 각기 그리스 본토와 크레테섬을 중심으로 번영을 누렸다. 본토에 뿌리를 둔 뮈케네문명은 크레테섬의 미노아문명을 종속시켜 자신의 세력을 확장했던 것으로 보이는데[1], 그들의 번영도 영원할 수는 없었다. 기원전 12세기를 전후하여 지중해 세계에는 대규모 문명 파괴가 벌어졌고, 그로부터 약 삼사백 년 동안 거의 모든 역사적 기록이 소

1 뮈케네인들과 미노아인들은 각기 선형 문자 B와 A를 사용하고 있었는데, 일정한 시기 이후부터는 크레테섬에서도 선형 문자 B를 사용한 기록들이 출토되었다. 이것을 토대로 하여 그리스 본토의 뮈케네문명이 크레테섬의 미노아문명을 어느 시점 이후 지배하게 되었으리라고 추정할 수 있다.

실되다시피 했기 때문이다. 이 시기에도 인류가 생존했을 테지만, 각종 유물 및 거주지 등이 처참하게 파괴되었고, 특히 당시의 모습을 직접 전해 줄 문자 기록은 증발하다시피 했기 때문이다. 이처럼 고대 그리스 역사의 흐름 속에서 사라지다시피 한 이 시기를 일컬어, 알 수 있는 것이 많지 않다는 의미에서 '암흑시대Dark age'라고 부른다. 이 암흑시대는 그리스어로 쓰인 최초의 문자 기록 발견과 함께 막을 내리는데, 그것이 바로 호메로스의 『일리아스』다. 『일리아스』는 트로이전쟁과 아킬레우스의 분노를 주제로 삼는 전쟁 서사시다. 이 작품은 아킬레우스가 총사령관 아가멤논과 다투어 전쟁에 불참하게 된 사건부터, 친우인 파트로클로스의 복수를 위해 자신이 죽게 될 것임을 알면서도 목을 벤 헥토르의 시신을 트로이 측에 반환하여 그의 장례가 열리기까지의 내용을 담고 있다. 『일리아스』는 『오뒷세이아』와 함께 호메로스의 작품으로 알려졌고, 이들을 통해 호메로스는 시인의 모범으로 널리 인정받게 된다.

Ⅱ. 그리스 고전 문학의 가장 오래된 라이벌: 아킬레우스와 헥토르

아킬레우스와 헥토르는 그리스 문학에서 가장 오래된 라이벌이라고 말할 수 있다. 그들은 희랍어로 쓰인 최초의 문자 기록인 『일리아스』에서 각기 그리스 연합군과 트로이군을 대표하는 최고의 전사들이기 때문이다. 물론 혈통의 측면에서는 아킬레우스와 헥토르를 동격으로 바라보기에는 무리가 있다. 반인반신인 아킬레우스가 인간인 헥토르보다 우위에 있어야 한다. 아킬레우스가 인간 펠레우스와 여신 테티스 사이에서 태어난 반인반신인 반면, 헥토르는 어디까지나 트로이의 왕 프리아모스와 왕비 헤쿠베 사이에서 태어난 인간의 자식이다. 그러나 비중과 능력 그리고 가치의 측면에서는 아킬레우스와 헥토르를 감히 견주어 볼 만하다. 헥토르는 당대 최고의 영웅 아킬레우스를 포함한 그리스 연합군의 맹렬한 공격으로부터 무려 10년이나 트로이를 방어해 왔고 트로이 왕위 계승자이자 최고의 사령관으로서 아킬레우스와는 다른 측면에서 매력적인 주인공의 면모를 보여 주기 때문이다. 『일리아스』의 주인공으로 아킬레우스가 꼽혀 왔지만, 헥토르를 이 작품의 진정한 영웅으로 꼽는 이들도 적지 않은데, 그것은 그만큼 『일리아스』에서 헥토르가 차지하는 비중과 그가 남기는 여운이 큰 까닭이다. 이제 두 전사의 대결을 둘러싼 상황을 아킬레우스와 헥토르의 관점에서 번갈아 따라가 보자.

1. 그리스 최고의 전사 아킬레우스

아킬레우스는 바다의 여신 테티스와 인간 펠레우스의 아들로 트로이전쟁에 참여한 전사들 가운데 최고의 전사다. 그는 어머니로부터 자신의 운명을 들은 바 있다. 트로이전쟁에 참여하지 않으면 장수하겠지만 평범한 삶을 살게 되는 반면, 전쟁에 참여하면 트로이에서 전사하는 대신 불멸의 명예와 영광을 얻게 되는 것이 아킬레우스의 운명이었다. 그는 이 점을 알면서도 명예와 영광을 위해 머나먼 트로이 땅에 건너와 10년째 전쟁을 치르고 있다. 작품 초반, 아킬레우스는 그리스 연합군 총사령관 아가멤논과 불화를 겪는다. 아가멤논이 명예의 선물로 삼은 자신의 딸 크뤼세이스를 돌려 달라는 아폴론의 사제 크뤼세스의 부탁을 거절해 역병이 돌았고, 이를 달래기 위해서 아킬레우스가 아가멤논에게 크뤼세이스를 그만 돌려주라고 하자, 아가멤논은 크뤼세이스를 돌려주는 대신 아킬레우스에게 똑같이 명예의 선물로 주어진 브뤼세이스를 빼앗은 것이다. 결국 아킬레우스는 격분하여 전투에 불참하겠노라고 선언한다.

아킬레우스가 전장을 벗어난 뒤, 전세는 그리스 연합군에게 점차 불리해졌다. 상황이 악화하자 아가멤논은 아킬레우스에게 했던 일들을 후회하며 그가 다시금 전장에 나서도록 설득했지만, 아킬레우스는 끝내 화해의 손길을 거부한다. 하지만 아킬레우스의 이러한 고집은 곧이어 닥칠 친구 파트로클로스의 죽음에 결정적인 계기가 되고 만다.

트로이군이 성문을 나와 그리스 연합군을 밀어붙여 수많은 전사가 다치고 물러나자 그들은 그리스 연합군의 함선들이 있는 진지 안까지 집어삼킬 듯이 들이닥친다. 이 광경을 바라보던 아킬레우스의 죽마고우 파트로클로스는 친구들의 어려움을 보고도 돕지 않는 아킬레우스를 찾아가 뜨거운 눈물을 흘리며 원망한다.

> "무정한 사람아! 그러니 당신 아버지는 말을 모는 펠레우스가 아니고
> 어머니도 테티스가 아니오. 검푸른 바다 그리고
> 바위와 절벽들이 그대를 낳았구려. 그 정도로 그대의 마음은 모질다오."

– 같은 책, XVI, 33–35

이어 파트로클로스는 친구들의 부상 소식을 소개하며 자기만이라도 나가 싸우게 해 달라고 울부짖는다. 사랑하는 파트로클로스의 눈물에 마음이 흔들렸던 것인지, 아킬레우스는 그의 요청을 허락하고서 특별히 자신이 나가서 싸우는 것처럼 보이도록 친구에게 자신의 무구를 입도록 하되, 승리에 취해 트로이 성벽 근처까지 나아가지는 말라는 조건을 붙인다. 그러나 아킬레우스의 무구도 파트로클로스를 지켜 주지 못했다. 파트로클로스는 아킬레우스의 당부를 잊고, 승승장구하여 트로이 성벽 근처까지 진격했다가, 트로이 최고의 전사인 헥토르를 만나 전사하였고, 아킬레우스의 무구마저 그에게 빼앗긴 채, 단지 그의 시신만이 천신만고 끝에 돌아올 수 있었던 것이다.

죽마고우의 전사 소식을 접한 후 아킬레우스는 인간의 것을 까마득히 뛰어넘는 분노와 복수심에 불타오른다. 이제 그는 마음을 바꾸어 전장에 복귀해 헥토르를 죽여 복수하려 한다. 어머니인 테티스가 찾아와 아킬레우스가 헥토르를 죽이면 그 역시 곧 죽게 될 운명이라는 점을 다시 한번 일깨워 주지만, 명예와 영광을 위해 기꺼이 죽을 준비가 되어 있다며 출전을 서두른다. 아들의 진심을 확인한 테티스는 헤파이스토스가 새로 제작한 무구를 아들에게 가져다주고, 아킬레우스는 출전을 위해 서둘러 아가멤논을 찾아가 화해한다. 아가멤논은 브리세이스를 돌려주면서 각종 선물과 음식 대접을 하고자 하지만, 아킬레우스는 선물은 물론 음식에도 관심이 없다. 아가멤논은 식사를 해야 제대로 싸울 수 있고 병사들도 먹어야 한다고 재차 권하지만, 아킬레우스는 오로지 헥토르와 트로이인들의 피를 뒤집어쓸 생각뿐이다. 아킬레우스의 분노는 인간의 차원을 벗어났고 그 자신도 인간들의 세계와 단절되어 간다. 그에게는 더는 인간적 교류와 소통이 중요하지 않다. 이제 그는 인간이 아니라 짐승, 그중에서도 한 마리의 사자가 되어 헥토르의 심장을 씹고 싶을 뿐이다.

전장에 나간 아킬레우스는 트로이의 전사들을 도륙하면서 트로이 성문 앞까지 돌진한다. 그곳에서 아킬레우스는 마침내 헥토르와 마주친다. 헥토르는 서로를 존중하여 장례를 치를 수 있도록 승자가 패자의 시신을 상대편에게 반환하자는 약속을 제안하지만, 아킬레우스는 단호하게 거부한다. "사자와 사람 사이에 맹약이 있을 수 없고 늑대와 새끼양이 한마음 한뜻이 될 수 없듯이" 그들 사이에 "협약은 있을 수 없다"라고 말한다.[2] 아킬레우스는 오히려 헥토르를 저주하며 달려들어 결국 그를 죽이고, 헥토르의 가족들이 지켜보는 가운데 그의 시신을 마차에 묶어 거친 대지 위로 이리저리 끌고 다니며 보란 듯이 훼손하고 모욕한다.

> 그래서 발이 빠른 아킬레우스는 노려보면서 말했다.
> "이 개자식아! 무릎이나 부모의 이름으로 내게 애원하지 마라.
> 만약 그랬다가는 너무나 분하고 괘씸해서

2 『일리아스』, XXII, 261-266.

내가 제물을 올리듯 네 살점을 저며 씹어 먹을 것이다.
아니, 만약 다르다노스의 후손 프리아모스가 네 무게만큼의
황금을 달아 주도록 명해도 왕비인 네 어머니는
자기가 낳았던 자식인 너를 침대에 눕히고 눈물 흘리지 못할 것이며
개들과 새들이 너를 전부 뜯어먹을 것이다."
이미 숨을 거둔 그에게 고귀한 아킬레우스가 말했다.
"죽어라! 나는 제우스와 다른 불사신들께서 실행하길 원하실 때가 되면 언제든 죽음을 받아들이겠다."
이렇게 말하고 그는 시신으로부터 청동 창을 뽑아
옆에 놓고 어깨에서 피 묻은 것들을 벗기기 시작했다.

– 같은 책, XXII, 344–368. passim[3]

한편, 트로이 성내에는 큰 슬픔이 내리덮었다. 특히 누구보다 그를 아끼던 아버지 프리아모스왕의 마음은 무너질 듯했다. 그는 자신이 가장 사랑하는 큰아들의 죽음을 눈앞에서 그저 지켜볼 수밖에 없었기 때문이다. 아버지 프리아모스왕은 마지막 용기를 내기로 한다. 그날 밤, 그는 많은 선물을 싣고서 아킬레우스의 막사를 찾아가고 신들도 그를 돕는다. 프리아모스가 아킬레우스의 막사에 등장하자, 한밤중에 느닷없이 나타난 노인을 보고 아킬레우스가 어안이 벙벙해 한다. 프리아모스는 놀란 아킬레우스 앞에 무릎을 꿇고 그의 양손에 입을 맞춘다. 노

3 〔라틴어에서〕 여러 곳에 (책이나 글의 주註에서 특정 이름·주제가 여러 곳에 나옴을 표시함).

인이 아킬레우스에게 바라는 원수에 대한 용서와 화해를 자신이 먼저 실천한 셈이다. 이제는 아킬레우스가 프리아모스에게 돌려줄 차례다. 헥토르의 시신을 참혹하게 훼손함으로써 복수심을 가라앉히려던 아킬레우스는 프리아모스에게 자리를 내어 주고 음식을 대접한다. 아킬레우스는 프리아모스를 원수의 아버지이자 적국의 왕이 아니라 자기와 마찬가지로 세상에서 가장 사랑하는 이를 잃은 사람으로서 진심을 담아 대화를 나누고 헥토르의 시신을 가족들의 품으로 돌려보내면서 그의 장례 동안 휴전하기로 한다. 『일리아스』는 그렇게 반환된 헥토르의 장례식과 함께 마무리된다.

2. 트로이의 왕위 계승자이자 사령관 헥토르

이제 초점을 헥토르로 옮겨 보자. 트로이의 왕자 헥토르는 차기 왕위 계승자이자 가족과 백성을 매우 사랑하는 사람이었다. 그는 트로이의 왕과 왕비인 프리아모스와 헤카베 사이에서 태어난 장남이며, 스파르타의 왕비였으나 사랑에 빠져 야반도주해 전쟁의 원인을 제공한 헬레네의 새 남편인 파리스의 형이다. 『일리아스』는 전쟁 서사시이기 때문에 가정을 가진 연령대의 젊은 전사들이 무수히 등장하지만, 이상할 만큼 가족이나 자식에 대한 묘사는 흔치 않다. 헥토르는 그런 이 작품에서 부모와 아내 그리고 자식과의 유대 관계가 가장 빈번하고 상세하게 묘사되는 인물이다. 동시에 헥토르는 트로이를 대표하는 용맹한 전사이면서 아시아 최고의 사령관이기도 했다. 그는 사회적 약자들인 여성들을 존중하는 태도를 자주 보여 준다. 이는 동생인 파리스도 마찬가지였지만, 그와는 달리 헥토르는 결코 유약하거나 무르지도 않았다. 트로이가 아킬레우스 같은 걸출한 영웅이 버티고 있는 그리스 연합군을 맞이하여 10년이나 버틸 수 있었던 것은 높은 성벽과 함께 헥토르 같은 뛰어난 사령관이 있었기에 가능한 일이었다.

아킬레우스가 전장을 이탈한 뒤 벌어진 전투의 첫째 날, 그리스 연합군이 기세를 올리지만, 트로이군도 포기하지 않고 방어한다. 이날 전투의 시작과 끝은 모두 주요 인물의 일대일 대결로 이루어진다. 그리고 그사이는 디오메데스라는 그리스 연합군 전사가 여신 아테나의 도움을 받아 펼치는 대활약과 아테나가 적군을 돕고 있다는 사실을 모른 채 그 여신에게 제물을 바치고 기도를 올릴 것을 부탁하려고 성내에 들어가 가족들을 만나는 헥토르의 이야기로 채워져 있다. 인상적인 것은 그의 아내인 안드로마케와 나누는 대화 장면이다. 여기에서 우리는 도시를 향한 그의 책임감과 아내에 대한 절절한 사랑을 확인할 수 있다. 남편을 염려해 전장에 나가지 말고 성벽 위에서 지휘하라는 아내 안드로마케에게 그는 이렇게 말한다.

"하지만 만약 내가 못난이들처럼 전투에서 물러나면
트로이인들과 옷자락이 긴 트로이 여인들에게 정말 부끄러울 것이오.
내 마음도 끌리지 않소. 나는 언제나 올바르게 지내며
트로이인들과 함께 그 선봉에 서서 아버지와
나 자신의 커다란 영광을 지키도록 배웠으니 말이오."

– 같은 책, VI, 442–456 passim

또, 그는 언젠가 트로이가 함락되고 말 것이라는 사실을 인정하면서 사랑하는 아내의 비참한 모습을 보고 듣는 것이 자기 죽음보다도 더 싫고 피하고 싶은 일이라고 말한다.

"나는 물론 이 점을 가슴과 마음으로 잘 알고 있소.
신성한 일리오스와 프리아모스와 그의 잘 무장된 군사들이
멸망할 날이 다가오리라는 것을.
하지만 나에게는 트로이 사람들이 그 후로 겪게 될 엄청난 고통도
아니 헤카베 자신과 프리아모스왕 그리고 적에 의해
먼지 속에 쓰러지게 될 수많은 용맹한 형제들의 고통도,
청동 갑옷을 입은 아카이오이족 가운데 누군가 눈물을 흘리는
당신을 끌고 가며 당신에게서 자유의 날을 빼앗을 때
당신이 당하게 될 고통만큼 내 마음을 아프게 하지는 않소.
당신이 끌려가며 울부짖는 소리를 듣기 전에
쌓아 올린 흙더미가 죽는 나를 덮어 주었으면…."

– 같은 책, VI, 447–465 passim

이튿날, 제우스가 각자 편을 갈라 양쪽을 돕던 신들에게 더는 전쟁에 개입하지 말라고 명하자, 헥토르는 트로이군을 이끌고 전세를 역전시킨다. 아킬레우스 덕분에 우세를 점할 수 있었던 전장에서 아킬레우스가 이탈하고 신들의 개입도 사라지자 헥토르가 건재한 트로이군이 유리해진 것이다. 전세가 불리해진 그리스 연합군의 총사령관 아가멤논

은 그제야 아킬레우스에게 사절단을 보내 복귀를 설득해 보지만 실패한다.

전투의 셋째 날, 하루씩 승세를 점한 양군은 진퇴를 거듭하며 치열하게 싸운다. 헥토르는 이날도 트로이군을 잘 지휘하여 상대의 대표적인 전사들을 하나둘씩 다치게 하고 급기야 그리스 연합군이 바닷가 근처에 세운 진지의 방벽을 뚫고 함선에 불을 지르게 된다. 그때, 아킬레우스의 사랑하는 전우 파트로클로스가 동료들의 참담한 모습을 보고서 아킬레우스 대신 그의 무구를 걸치고 출전하게 된다. 파트로클로스의 활약으로 트로이군이 다시금 밀려나지만, 그가 승리에 도취해 트로이 진영 깊숙이 들어오자 헥토르가 그를 맞아 싸우고 아폴론의 도움을 받아 그의 목숨을 빼앗는다. 나쁘지 않은 전황에 많은 적을 죽여 고무된 헥토르에게 죽어 가는 파트로클로스가 아킬레우스의 복수와 헥토르의 죽음을 예고한다. 아내에게는 트로이의 멸망을 예고했지만, 전투에 자신감을 얻은 것일까. 자신의 운명을 알지 못하는 헥토르는 의아해한다.

> "파트로클로스! 그대 지금 왜 내게 갑작스러운 파멸을 예언하는가?
> 누가 알겠나, 머릿결 고운 테티스의 아들 아킬레우스가
> 내 창에 먼저 맞아 삶이 끝장날지?"
>
> – 같은 책, XVI, 859–861

넷째 날이 밝고 헥토르는 아킬레우스와 만나게 된다. 트로이 전사들이 아킬레우스를 감당하지 못하고 성 안으로 퇴각하는 가운데 헥토르

만은 성문 앞에서 아킬레우스를 기다린다. 백성들이 보는 가운데 겁쟁이가 될 수 없었던 헥토르는 성벽 위에서 돌아오라는 프리아모스와 헤카베의 절규를 무시하고 자리를 지킨다. 하지만 막상 아킬레우스가 가까이 접근하자 덜컥 겁이 난 헥토르는 성벽을 따라 달리기 시작하고 그 사이 신들은 운명의 저울로 그들의 운명을 재어 본다. 결과는 헥토르의 죽음이었고 마지막까지 트로이와 헥토르를 돕던 아폴론도 곁을 떠난다. 싸울 수밖에 없는 때가 다가오자 헥토르는 아킬레우스에게 당시의 관례를 따라 서로의 명예를 지켜 주기 위한 협약을 제안한다.

"자, 우리 신들에 대고 맹세하자. 그분들은
모든 협약의 가장 훌륭한 증인이시자 감독관이니까.
나는 그대를 험하게 손상하지 않을 것이다. 만일 제우스께서 나에게
견딜 힘을 주셔서 내가 그대의 목숨을 빼앗게 되면 말이다.
오히려 그대의 이름 높은 무구들을 벗기고서 당신의 시신을
그리스인들에게 되돌려 보낼 것이다. 그러니 그대도 그렇게 하라."

– 같은 책, XXII, 254–259

그러나 복수심에 불타는 아킬레우스에게 맹약에 응할 마음은 없었고 곧이어 벌어진 싸움에서 헥토르는 아킬레우스에게 목숨을 잃는다.

Ⅲ. 아킬레우스와 헥토르 되돌아보기

1. 두 라이벌의 이야기가 고대 그리스인들에게 가졌던 의미

지금까지 우리는 호메로스의 영웅 서사시 『일리아스』에 등장하는 두 라이벌, 아킬레우스와 헥토르의 삶을 견주어 보았다. 『일리아스』는 트로이전쟁을 배경으로 삼고 있는데 그것은 그리스 신화에서 가장 큰 사건이라고 할 수 있다. 트로이전쟁은 단지 인간들 사이에서 벌어진 전쟁이 아니라 신들과 인간들 모두가 복잡하게 얽혀 진행된 사건이기 때문이다. 그래서 호메로스의 『일리아스』나 아킬레우스와 헥토르 같은 영웅들의 이야기가 널리 알려져 있었고 누구나 한두 구절쯤은 암송할 수 있어서 별다른 설명을 더하지 않아도 대중들이 함께 즐길 수 있었다. 그 결과 트로이전쟁 이야기는 수많은 신화를 파생시켰고 여러 비극 작품의 배경과 소재로 사용되었다. 논란이 있기는 하지만 오늘날까지 전해지는 아테네 비극 작품의 수가 33편인데 그것들 가운데 거의 절반인 15편이 트로이전쟁 이야기를 배경으로 삼고 있을 정도다. 나아가 『일리아스』를 암송하고 해석할 수 있는 능력이 한 사람이 가진 교양의 수준을 평가하는 척도로 여겨지기도 했다. 이러한 환경 속에서 아킬레우스와 헥토르는 단순히 신화 속 주인공이 아니라 윤리·도덕적으로 지향할 만한 모델로 자리매김할 수 있었다. 아킬레우스와 헥토르의 이야기가 고대 그리스인들에게 어떤 의미가 있었기에 그들이 도덕적 본보기가 될 수 있었던 것인가.

신화 속 이야기를 바라보는 관점에는 여러 가지가 있다. 대표적인 관점은 신화란 고대인들이 현상이나 대상의 원인과 시초를 설명하는 과학의 역할을 대신했다고 보는 생각이다. 철학이나 과학이 발달하기 전에도 세계를 설명하고 싶은 인간의 욕구가 있었을 것이고 그에 따라서 다른 형태의 설명을 시도했는데 그것이 신화라는 것이다. 사실 우리 주변에서도 이런 종류의 설명을 찾아보기가 어렵지는 않다. 원인 신화[4]가 그런 관점에 부합하는 신화일 것이다. 각종 기암괴석의 탄생 설화 같은 것들도 모두 이러한 관점에서 비롯되기 때문이다. 그러나 특정 인물에게 초점이 맞추어지는 영웅신화는 자연현상을 설명하기 위해 도입된 것으로 보기는 어렵다. 영웅신화는 어떤 현상이나 자연물이 아니라 인물에 대해서 이야기하기 때문이다. 그렇다면 영웅신화는 고대 사회에서 단순한 유희의 기능만 했을까? 그렇지 않다.

영웅신화는 한 공동체가 공유하고 있는 사회적 가치를 정당화하는 수단의 기능을 수행하기도 했다. 여러 사람이 공동체를 형성하고 어울려 살기 위해서는 공동의 문화와 윤리 그리고 관습을 공유해야 한다. 그렇지 않으면 쉽게 분열하기 때문이다. 오늘날에는 학교를 통해서 그러한 사회화 교육의 상당 부분이 해결되지만, 고대 사회에는 그러한 대규모 공교육 기관이 없었다. 그 대신 고대인들은 시인들의 노래 속에서 공동체가 개인에게 권장하는 가치에 대해 학습할 수 있었다. 아킬레우스에 대해 들으면서 '아! 나도 아킬레우스처럼 우정을 존중하면서 용감한 사람이 되어야지!'라고 생각하게 되거나 가족과 백성을 사랑하고 약

4 어떤 사물의 존재나 현상의 원인이나 배경을 설명하는 신화.

자를 존중했던 헥토르를 떠올리며 공동체 의식을 다지는 방식으로 작용하여 그 신화를 공유하는 공동체 구성원들의 사회적 결속을 증진하는 것이다. 이러한 기능으로 작동하는 신화를 헌장 신화라고 하는데, 영웅신화는 그러한 헌장 신화의 프레임으로 해석될 수 있다.

2. 아킬레우스와 헥토르 비교

아킬레우스와 헥토르는 자신의 진영을 대표하는 최고 전사라는 점에서는 같지만, 다른 각도에서는 상반되는 성격을 보여 준다. 먼저 아킬레우스와 헥토르는 각자 무엇을 위해 싸우는가. 아킬레우스는 인간의 운명을 받아들이면서도 신적인 가치에 최대한 가까이 도달하기 위해서 싸운다. 그는 유한한 인간의 한계를 초월해서 '영원한 명예와 영광'을 향해 꿋꿋하게 나아가는 이상적인 영웅의 모습을 보여 준다. 아킬레우스를 싸우게 만드는 '영원한 명예와 영광'은 인간들보다 신들에게 더욱 어울리는 가치다. 인간이 유한하고 필멸하는 존재지만, 신은 무한하고 불멸하는 존재이기 때문이다. 그에 반해, 헥토르는 트로이인들의 지도자로서 그들이 인간으로서 필요로 하는 것들을 수호하기 위해서 싸운다. 헥토르에 대한 묘사에서는 아킬레우스의 이야기에서 거의 강조되지 않았던 요소들이 두드러진다. 그것은 가족과 부모 그리고 백성들에 대한 그의 절절한 사랑이다. 헥토르가 바라는 것은 부모와 가족을 포함한 모든 트로이인의 목숨과 그것을 지탱하고 있는 물질적 삶의 터전을 유지하는 것이다. 이것들은 신들보다 인간들에게 한결 어울리는 가치다. 사람들의 목숨도 그리고 그것을 위해 필요한 물질적 조건도 모두 생성과 소멸을 겪는다는 점에서 유한하고 필멸하기 때문이다. 아킬레우스가 이룰 수 없는 인간의 이상에 도달하기 위해 초인적인 능력을 발휘하는 이상적인 영웅이라면, 헥토르는 인간이 필요로 하는 현실을 수호하기 위해 자신의 모든 것을 쏟아붓고 산화하는 현실적인 영웅의 모습을 보여 준다.

아킬레우스와 헥토르는 삶의 방식에서도 다르다. 아킬레우스는 자신의 앞날을 미리 알고 자신의 운명을 능동적으로 선택한다. 이것은 그가 특별하고 초월적인 인간이기 때문에 가능한 일이다. 아킬레우스는 여신 테티스의 아들이기 때문에, 어머니로부터 자기가 어떤 운명인지, 그리고 본인의 선택에 따라서 어떤 미래가 펼쳐지는지 미리 들을 수 있었다.

> "은빛 발을 가진 내 어머니인 여신 테티스께서 나에게 말씀하셨소.
> 이중의 운명이 죽음의 종말로 이끌 거라고 말이오.
> 만약 내가 이곳에 남아 트로이 사람들의 도시를 포위 공격한다면,
> 내게 고향 가는 길이란 없을 테지만, 불멸의 영광이 주어진다는 것이오.
> 그러나 반대로, 만약 내가 사랑하는 고향 땅을 향해 떠난다면,
> 내게 불멸의 영광은 없을 테지만, 내게 죽음의 종말이 빨리 당도하지 않아
> 기나긴 수명을 갖게 될 거라고 말이오."
>
> – 같은 책, IX, 410–416

요컨대, 아킬레우스는 자신의 삶 전체를 조망할 수 있는 초월적 지평

을 어머니를 통해서 이미 확보한 것이다. 따라서 어떤 선택을 할 것인가를 두고서 고민과 갈등은 할 수 있을지언정 한 치 앞도 알 수 없어서 어떻게 해야 할지 모르는 혼란과 방황을 겪지는 않아도 된다. 물론 이것은 보통의 사람들에게는 불가능한 일이고, 당장 코앞의 일도 예측할 수 없어 망망대해 속에 내던져진 기분을 수시로 느끼는 보통 사람들에게는 불가능한 일이다.

반면, 헥토르는 자기 앞날이 어떻게 될지 알지 못하며, 자신의 운명이 다가오면 그것을 수동적으로 받아들일 수밖에 없다. 아킬레우스가 초월적인 신들을 닮았다면, 이러한 점에서 헥토르는 평범한 인간들과 훨씬 가깝다. 그는 아킬레우스보다 평범하고 실존적인 사람이다. 헥토르는 뛰어난 사령관이지만 인간의 한계를 벗어나지 않는다. 그는 인간의 자식이고 예언 능력도 없다. 아폴론의 도움을 받기는 하지만 직접 소통할 수 있는 것은 아니다. 그가 미래를 보고 싶다면, 신탁이나 예언을 통해서 남들도 알 수 있는 만큼만 볼 수 있다. 항상 맞는 신탁만 듣는 것도 아니다. 그래서 헥토르는 아킬레우스와 달리 자신의 앞날에 대해 한 치 앞도 내다볼 수 없고, 부질없는 희망과 절망 사이에서 요동칠 수밖에 없다.

아킬레우스가 개인의 영광을 추구하는 전사로서의 측면 외에 다른 실존적 측면이 거의 두드러지지 않고 군인임에도 전장에서 이탈하는 등 파트로클로스의 복수와 명예 외에 그 어떤 것에도 크게 구애받지 않는 것과는 다르게, 헥토르는 자신에게 주어진 구체적인 삶의 맥락을 매우 중요하게 생각한다. 그는 프리아모스와 헤카베의 큰아들로서, 안드

로마케의 남편으로서, 파리스의 형으로서, 트로이군의 사령관으로서 자신에게 주어진 역할과 사명에 끝까지 최선을 다한다. 아킬레우스가 특별하고 초월적인 인간이라면 헥토르는 평범하고 실존적인 인간에 가깝다.

아킬레우스		헥토르
신적 가치의 달성	**전투에 나서는 목적**	인간적 가치의 수호
능동적	**운명을 대하는 방식**	수동적
특별하고 초월적 인간	**반영하는 인간상**	평범하고 실존적 인간
인간의 이상에 도달하기 위해 초인적인 능력을 발휘하는 이상적인 영웅	**영웅으로서의 면모**	인간이 필요로 하는 현실을 수호하기 위해 자신의 모든 것을 쏟아붓고 산화하는 현실적인 영웅

IV. 무엇이 더 좋은 삶인가

호메로스의 『일리아스』는 서구 문화에서 의미가 남다른 작품이다. 그것은 서구 문명의 뿌리를 그리스에서 찾을 수 있는 데다, 『일리아스』가 고대 희랍의 문화에서 차지하는 비중이 매우 높았기 때문이다. 희랍인들에게 『일리아스』는 단순한 시가 아니라 인간 삶의 모범을 보여 주는 교본과도 같았다. 따라서 이 작품의 중심인물인 아킬레우스나 헥토르와 같은 캐릭터는 자연스레 그러한 모범적인 삶을 산 인간을 보여 주는 서로 다른 모델로 여겨졌을 것이다. 아킬레우스와 헥토르 가운데 누가 『일리아스』의 진정한 주인공인가 하는 문제를 두고서 논쟁이 발생하곤 했다. 이것은 곧 다음과 같은 문제로 환원될 수 있겠다. '어느 쪽이 더 좋은 삶인가? 비록 성취하기 어렵다 해도 고고한 이상을 향해 결연하게 나아가는 삶인가 아니면 자신의 현실적 조건을 수용하고 가지고 있는 것 속에서 의미를 찾으려는 삶인가?' 이 문제에 관한 호메로스의 생각은 무엇이었을까? 그는 『일리아스』의 첫 행을 아킬레우스의 이름과 함께 시작하고, 헥토르의 이름으로 마지막 행을 매듭짓는다.

μῆνιν ἄειδε θεὰ Πηληϊάδεω **Ἀχιλῆος**

여신이여! 펠레우스의 아들 **아킬레우스**의 분노를 노래하소서

– 『일리아스』 I, 1

ὣς οἵ γ᾽ ἀμφίεπον τάφον **Ἕκτορος** ἱπποδάμοιο.

그들은 이렇게 말을 길들이는 **헥토르**의 장례식을 치렀다.

– 『일리아스』 XXIV, 804

6장

오만왕과 얼간이
— 리비우스의 『로마사』의 타르퀴니우스 수페르부스와 루키우스 브루투스

심정훈

"*Et tu, Brute?* Then fall, Caesar!" ("브루투스, 너마저? 그럼 시저는 죽으리라!") 셰익스피어의 희곡 『율리우스 카이사르』에서 카이사르가 브루투스의 칼을 맞고 쓰러지면서 내뱉은 외마디 비명이다. 셰익스피어는 기원전 44년 3월 15일에 로마의 원로원에서 실제로 벌어졌던 역사적인 사건을 각색했다. 마르쿠스 브루투스는 로마인들의 전설적인 해방자였던 선조의 발자취를 따라 운명에 이끌리듯 독재자 카이사르의 암살 음모에 가담했다. 본 글은 마르쿠스 브루투스가 우러러보았던 선조에 관한 이야기이다.

티투스 리비우스는 『로마사』의 저자로 유명하다. 리비우스의 생애는 율리우스 카이사르의 양자였던 아우구스투스의 생애와 거의 정확하게 일치한다. 그는 아우구스투스가 사실상 로마의 일인자로 등극했던 기원전 27년 전후에 로마 공화정의 최후의 순간과 로마 제정기의 태동을 몸소 경험한 로마인으로서 유구한 로마 역사 서술을 시작했다. 로마의 건국으로부터 로마의 역사를 망라한 142권에 달하는 『로마사』는 1권에서 로마 왕정의 흥망성쇠를 다룬다.

주지하다시피 로마는 로물루스가 기원전 753년경에 건국했다고 알려졌다. 그는 부랑자 무리를 통합하여 기존의 왕을 몰아내고 로마의 최초의 왕으로 등극했다. 로물루스가 세운 로마 왕국은 7대에 걸쳐 244년 동안 지속하였다. 그러나 기원전 509년에 7대 왕인 타르퀴니우스를 끝으로 로마 왕국은 막을 내렸다. 그 자리에 로마 공화국이 들어서면서 모든 권한은 로마 원로원과 로마인들에게 이양되었다. 리비우스는 로마 왕국의 몰락을 자초했던 타르퀴니우스와 그를 왕위에서 몰아낸 브루투스의 라이벌전을 펼쳐 보인다.

오만왕 루키우스 타르퀴니우스의 부상

루키우스 타르퀴니우스는 로마의 5대 왕이었던 타르퀴니우스 프리스쿠스의 아들이었다. 그러나 왕위는 루키우스 타루퀴니우스나 그의 형제인 아룬스 타르퀴니우스에게 계승된 것이 아니라, 노예 출신이었던 세르비우스 툴리우스에게 넘어갔다. 세르비우스는 타르퀴니우스 형제의 반란을 미리 방지하고자 두 딸을 타르퀴니우스 형제들과 결혼시킨다. 아룬스 타르퀴니우스는 온화한 성격의 소유자였다. 그러나 그의 부인인 툴리아는 고집불통에 권력에 눈이 멀어 있었다. 반대로 루키우스 타르퀴니우스는 호시탐탐 왕위를 되찾을 기회만 엿보고 있었던 반면에, 그의 부인은 야망이 전혀 없었다. 결국 한 편의 그리스 비극을 방불케 하는 끔찍한 일들이 자행되고 말았다. 루키우스 타르퀴니우스와 그의 형제의 아내인 툴리아가 서로 눈이 맞아 각자의 부인과 남편을 은밀히 살해하고 서로 결혼한 것이었다. 이후 타르퀴니우스는 원로들과 젊은이들을 매수한 후 원로원에서 공개적으로 왕을 비방했다. 그는 현장에 나타난 연로한 세르비우스왕을 계단 밑으로 밀쳐 버린 후 중상 입은 그에게 자객을 붙여 길가에서 잔인하게 살해한다. 뒤이어 세르비우스의 딸이자 타르퀴니우스의 부인인 툴리아가 타르퀴니우스를 왕으로 맞이하기 위해 마차를 타고 로마 광장으로 재촉해 가는 도중에 길가에 널브러져 있는 세르비우스의 시체를 발견하고는 그 위로 마차를 내달렸다고 전해진다. 이로써 이 거리는 '범죄의 거리'로 불리게 되었다.

루키우스 타르퀴니우스의 통치는 이렇게 시작되었다. 그는 전왕이자 장인이었던 세르비우스의 장례를 불허했고, 세브리우스를 지지했던 원로들을 한 명씩 제거해 나갔다. 그는 원로원의 동의나 로마인들의 투표 없이 왕위를 찬탈했기 때문에 어딜 가나 무장한 호위대를 동반했다. 또한 생살여탈권으로 반대 세력을 숙청하거나 유배를 보내고 벌금을 부여해서 재산을 몰수했다. 이로써 원로원의 숫자는 극감했으나, 그는 부족한 인원을 충당하는 대신 모든 통치권을 장악해 나갔다. 타르퀴니우스는 국정을 원로원과 상의하는 전통을 최초로 폐지하고 소수 측근의 조언대로 전쟁을 선포하거나 동맹을 체결했다. 사람들은 타르퀴니우스의 등 뒤에서 그를 수페르부스로 일컬었다. 이는 '오만하다' 혹은 '고압

적이다'라는 의미로서 그의 안하무인을 지칭한 별명이었다.

타르퀴니우스 수페르부스는 그의 별명에 아랑곳하지 않고 후대에 명성을 남기기 위해서 로마의 카피톨리움 언덕에 그의 아버지가 착공했던 유피테르의 신전을 건축하는 데 지대한 자원을 낭비했다. 그는 평민들을 동원하여 사업을 성공적으로 완공했다. 평민들의 관점에서 신전 건축은 그래도 명목이라도 있었다. 그러나 이보다 훨씬 고된 경기장이나 하수관 건축 사업은 명목도 없었고 평민들에게 큰 부담감만 안겨 주었다. 타르퀴니우스는 건축이 완공되어 평민들의 수요가 사라지자 노동력을 한껏 착취당한 그들을 로마의 보호벽으로 건축된 두 식민 도시로 강제 이송시켰다. 평민들은 건축 사업에 병역의무까지 부여받아 과중한 희생을 강요당했다.

얼간이 브루투스의 숨겨진 얼굴

타르퀴니우스가 이러한 만행을 저지르고 있을 때 궁정에서 불길한 전조가 나타나 한바탕 소란을 일으켰다. 궁정의 나무 기둥에서 불현듯 뱀이 튀어나온 것이었다. 타르퀴니우스는 이것이 그의 가문에 대한 전조라 믿고 당시 가장 유명했던 그리스의 델포이 신탁을 의뢰하기로 한다. 그는 두 아들인 티투스와 아룬스를 그리스의 사절로 보냈다. 이 사절단에는 왕의 누이인 타르퀴니아의 아들 루키우스 브루투스도 포함되었다. 브루투스는 '우둔한' 혹은 '얼간이'라는 의미가 있는 라틴어 단어다. 그가 이런 별명으로 불리게 된 이유는, 타르퀴니우스가 로마의 인사들을 숙청하는 과정에서 그의 조카였던 브루투스의 형도 제거했기 때문이었다. 총명했던 브루투스는 정의가 사라진 세상에서 생존하기 위해서는 왕이 자신을 두려워할 하등의 원인도 남기지 않아야 한다는 사실을 직감하고는 얼간이로 둔갑했다. 그는 자신이 언젠가 로마의 해방자가 될 것이라고 다짐하면서 온갖 모욕을 인내했다. 델포이 사절단과 동행하게 된 것도 타르퀴니우스 형제들의 동료로서가 아니라 조롱거리로서 동행한 것이었다. 브루투스는 아폴로 신에게 바칠 지팡이를 지니고 여행길을 떠났는데, 속이 비어 있었던 지팡이 안에는 또 하나의 황금 지팡이가 들어 있었다고 전해진다. 이 지팡이는 얼간이의 가면 아래 숨겨진 브루투스의 야심 찬 실제 모습을 함축했다.

티투스와 아룬스는 아버지의 명령을 완수한 후에 예언자에게 로마의 왕위 계승에 관해 문의한다. "누가 로마의 왕위에 오를 것인가요?" 신탁은 "어머니에게 가장 먼저 입맞춤을 하는 사람이 로마의 최고 통치권을 얻을 것이다"라는 답변을 들려준다. 타르퀴니우스 형제들은 로마에 남겨 둔 막냇동생 섹스투스에게는 이 사실을 비밀로 하고, 둘 중 누가 어머니에게 먼저 입맞춤할지 추첨으로 결정하기로 한다. 옆에서 이들의 신탁 내용을 엿듣고 있던 브루투스는 우둔한 척 땅에 넘어지고 만다. 티투스와 아룬스는 둔한 그를 우롱하며 한껏 비웃었을 것이다. 그러나 이것은 브루투스의 계획적인 행동이었다. 그는 신탁의 의미를 간파하고 모두의 어머니인 대지大地에 누구보다도 먼저 몰래 입맞춤한 것이었다. 그는 이 행동으로 자신의 진정한 어머니가 타르퀴니우스가家의 타르퀴니아가 아니라 대지임을 보여 줌으로써 타르퀴니우스와의 인연을 암묵적으로 끊었던 것일지도 모른다.

타르퀴니우스를 축출한 로마의 해방자

사절단이 귀국했을 때 로마는 루툴리족과 한창 전쟁 중이었다. 타르퀴니우스 수베르부스는 부유한 루툴리족을 쳐서 고갈된 국고를 채울 속셈이었다. 전쟁이 느슨해진 틈을 타서 타르퀴니우스의 막내아들인 섹스투스는 동료들과 술잔치를 연다. 거나하게 취한 섹스투스의 동료들 사이에서 각자의 아내를 자랑하는 실랑이가 일어났다. 논쟁이 가열되자 그들은 직접 부인들을 염탐해서 논쟁을 잠재우기로 한다. 다른 부인들은 남편이 집을 비운 사이에 연회를 즐기며 방탕한 삶을 영위하고 있었다. 그러나 콜라티누스의 부인이었던 루크레티아는 밤늦게까지 본관에서 수를 놓으면서 가사에 전념하고 있었다. 그녀가 이번 경쟁의 승자라는 사실이 명백했다. 그러나 이 승리는 비극을 낳게 된다. 루크레티아의 아름다움과 고결함에 매료된 섹스투스가 며칠 후 콜라티누스 몰래 그의 집을 재방문해서 루크레티아를 겁탈한 것이다. 수치를 당한 루크레티아는 다음 날 남편 콜라티누스와 아버지 트리키피티누스를 호출해서 자초지종을 설명한 후, 남편과 아버지의 만류에도 불구하고 수치심을 씻기 위해 자결하고 만다. 콜라티누스의 동행으로 우연히 그 자리에 함께 있었던 브루투스는 이 사건이 타르퀴니우스 가를 몰아낼 하늘이 준 기회라고 생각했다. 그는 대뜸 루크레티아가 자결했던 칼을 뽑아 들고 그녀의 죽음을 통곡하던 사람들을 향해 다음과 같이 말했다:

> 나는 신들을 증인 삼아 섹스투스 타르퀴니우스가 더럽히기 전에 순결했던 이 피에 맹세컨대, 루키우스 타르퀴니우스 수페르부스와 범죄에 찌든 그의 부인과 후손들을 칼과 불과 기타 모든 수단으로 반드시 몰아낼 것이며, 그들이나 다른 어떤 이도 로마의 왕위에 오르지 못하게 할 것이다.
>
> —『로마사』 1.59

그동안 바보 행세했던 브루투스가 궁정의 징조에서 나타났던 뱀처럼 본연의 모습을 드러낸 순간이었다. 모두가 그의 급작스러운 변화에 놀라는 와중에 브루투스는 모두에게 자신과 같은 맹세를 하게끔 시킨다. 그는 로마 광장에 안치된 루크레티아의 시신에 몰려든 군중에게 섹스투스의 폭행을 고발했다. 그는 이어지는 연설에서 평민의 노동력을 착취함으로써 로마인들을 노예로 전락시킨 오만왕의 실태를 폭로하고, 전왕인 세르비우스에게 그녀의 딸인 왕비가 저지른 만행을 규탄하며 군중을 선동했다. 그의 연설에 설득된 군중은 타르퀴니우스 수페르부스를 비롯한 그의 가문을 추방키로 대동단결한다. 전장에서 반란 소문을 전해 듣고 허겁지겁 복귀한 왕에게 성문의 빗장은 굳게 잠겼다. 결국 타르퀴니우스는 아들들과 함께 그의 핏줄인 에트루리아인들의 영토로 피신할 수밖에 없었다. 얼간이 브루투스는 이렇게 오만왕 타르퀴니우스의 폭정에서 로마를 해방했다.

자유 로마인들의 평화와 전쟁 이야기

타르퀴니우스의 추방과 함께 로마의 역사는 새로운 국면에 접어들었다. 리비우스는 『로마사』 2권에서 로마 공화정의 역사를 다음과 같은 말로 시작한다.

> 나는 여기서부터 자유 로마인들이 평화와 전쟁에서 이룬 업적을 서술할 것이다. 그들은 매년 관료들을 선출했고 사람의 권한보다 강력한 법을 수립했는데, 이러한 자유는 마지막 왕의 오만함 때문에 더욱 귀중하게 여겨졌다.
>
> –『로마사』 2.1

자유의 도래는 큰 변화를 수반했다. 로마인들은 기존 왕들의 폭정에서 벗어나 새로운 정치체제를 구축했다. 매년 선출된 두 명의 집정관에게 왕의 권한이 주어졌지만, 그들의 임기는 1년으로 제한되었다. 로마를 건국했던 로물루스도 쌍둥이 형제인 레무스를 제거하고 홀로 왕위에 올랐고, 델포이 신전에서 왕위를 두고 경쟁했던 타르퀴니우스 형제들도 둘 중 한 명만 왕위에 오를 것을 기대했다. 이들에 비해 브루투스의 체제는 획기적이었다. 왕의 권한이 대폭 축소한 만큼 로마인들은 자유로워졌다. 브루투스는 처음으로 자유를 만끽하게 된 로마인들에게 로마에 다시는 왕을 세우지 않겠다는 맹세를 다짐케 하고 원로원을 본래 300명으로 확장해서 힘의 균형을 회복했다. 원로원과 로마인들은 SPQR(Senatus Populusque Romanus의 약자로 원로원과 로마 인민을 의미한다)이라는 구호 아래 단결해 점차 로마 공화정의 모습을 갖춰가기 시작했다.

한편 졸지에 왕위에서 내몰린 타르퀴니우스도 가만히 있지는 않았다. 그는 교활한 방법으로 로마의 내분을 도모했다. 일부 귀족층 청년들이 그에게 빌미를 제공했다. 이들은 로마의 극적인 변화에 불만을 품고 있었는데, 이전에는 왕에게만 잘 보이면 특혜를 누리며 호화로운 삶을 영위할 수 있었다. 왕도 사람이었기에 충분히 매수할 수 있었기 때문이다. 반면에 결코 매수할 수 없었던 냉정한 법은 사회적 약자의 편이었다. 따라서 평민들과의 격차가 줄어든 데 대해 이들의 불평은 최고조에 이르렀다. 타르퀴니우스는 이러한 사태를 파악하고 이를 이용할 목적으로 재산 반환 협정을 위해 로마로 사절을 보냈다. 로마 원로원은 타르퀴니우스의 요구 앞에서 딜레마에 봉착한다. 재산을 돌려주지 않자니 전쟁의 빌미를 제공할 것 같았고, 재산을 돌려주자니 그 돈으로 로마가 전쟁에 휘말릴 것이 자명했기 때문이다. 며칠 고심한 원로원은 결국 사절단을 받아들였고, 사절단은 이내 귀족층 젊은이들을 회유해서 타르퀴니우스의 복위를 모의했다. 사절단은 젊은이들에게 타르퀴니우스에게 보낼 친필 서신을 증거로 요구했고, 로마를 떠나기 전날 밤에 연회를 빙자하여 이들과 음모를 꾸몄다. 그러나 수상한 낌새를 알아차린 한 노예의 보고를 통해 집정관들이 즉각 행동에 나서 가담자들을 일망타진했다. 원로원은 타르퀴니우스에게 반환키로 했던 재산을 공금으로 돌려 타르퀴니우스와의 타협을 원천 봉쇄하며 사태를 마무리했다.

문제는 브루투스의 두 아들인 티투스와 티베리우스도 이 음모에 연루되었다는 사실이었다. 브루투스는 로마의 해방자이자 로마 공화정의 최초의 집정관이었지만, 그의 아들들은 국가의 반역자를 자처한 것이었다. 반역자들에 대한 처형 선고는 집정관의 몫이었다. 아들들이 형장의 이슬로 사라지는 동안 브루투스의 표정에는 아버지의 수심이 역력했다. 로마는 더는 권력자 임의로 통치되지 않았기 때문에 로마를 배신한 귀족 자제들은 참수형을 면할 수 없었다. 반면 이들의 계략을 통보했던 노예는 자유와 시민권을 얻었는데, 이는 로마에서 노예가 해방된 초유의 사건이었다. 자유 로마 공화국은 법치 국가였던 것이었다.

음모가 실패한 사실을 깨달은 타르퀴니우스는 전면전을 준비했다. 그는 에트루리아인들의 도움으로 군대를 소집하고 아들 아룬스에게 기병대를 맡겼다. 이에 맞서 로마의 기병대 선두에는 브루투스가 나섰다. 아룬스는 전장에서 브루투스를 발견하고는 "우리를 조국에서 몰아낸 저놈이 왕가의 휘장을 걸치고 거만하게 나오는구나. 왕을 위해 복수하시는 신들이여 나와 함께 하소서!"라는 말을 내뱉고는 브루투스를 향해 돌진했다. 한낱 얼간이에서 집정관으로 선출된 자와, 얼간이에게 왕위를 찬탈당한 자가 격돌했다. 이들의 창은 서로의 방패를 관통해서 서로 찔러 죽였다. 로마의 위대한 해방자의 생애는 이렇게 허망하게 끝난 듯 보였다. 그러나 브루투스의 죽음은 로마 공화국의 종말을 의미하지 않았다. 오히려 자유의 맛을 본 로마인들은 자유의 소중함을 깨닫고 이를 수호하기 위해 혼신을 불살랐다. 호라티우스 코클레스는 적군이 로마 문턱에 들이닥쳤을 때 아군이 로마로 이어진 교량을 파괴하는 동안 온 힘을 다해 적군을 막아 내는 기염을 뿜어냈다. 가이우스 무키우스는 적군의 수장을 암살하기 위해 자진해서 적진에 침투했다. 그는 비록 암살에는 실패했지만, 로마에 자신 외에도 자신과 같은 뜻을 품은 300명의 용사가 있다고 말하면서 적장의 간담을 서늘하게 했다. 심지어 여성인 클로일리아도 적군의 빗발치는 공격 속에서 로마 인질들을 구출하는 기개를 선보였다. 남녀노소 할 것 없이 모두가 한마음이 되어 로마 공화국과 자유를 위해 헌신했다. 브루투스는 장차 지중해의 패권자로 등극할 자유 로마 공화국을 유산으로 남긴 채 떠난 것이다.

타르퀴니우스는 이후에도 왕권을 되찾으려고 여러 차례 시도했으나 모두 실패로 끝났고, 결국 쿠마이로 내려가 그곳에서 생애를 마감했다.

오만왕과 얼간이, 후대의 평가

오만왕 타르퀴니우스와 얼간이 브루투스는 제각기 방식으로 로마의 정권을 장악했다. 타르퀴니우스는 오직 자신만의 성공을 위해 주위의 모든 사람을 서슴없이 희생시켰다. 그는 첫 번째 아내와 형제를 제거했고, 전왕을 살해했으며, 원로원과 평민을 가리지 않고 오만하기 짝이 없이 통치했다. 자신의 목적을 달성하기 위해 평민들의 자유를 빼앗았고, 자신에게 반대하는 원로는 무력으로 짓밟았다. 그는 결국 로마인들의 반란에 왕위를 박탈당하고 로마에서 추방됐다. 브루투스도 야망을 품고 있었다. 영리했던 그는 생존하기 위해 얼간이 행세하며 야망을 키워나갔다. 그는 로마 왕국의 역사를 통해 왕정의 약점을 간파하고 이를 보완해 줄 체제를 고안했을 것이다. 그의 획기적인 공화정 체제는 다수의 자유와 법치를 보장하는 체제였다. 브루투스는 자기 아들들을 희생하면서까지 로마 공화국을 수호했고, 끝까지 이를 수호하다가 생을 마감했다.

타르퀴니우스와 브루투스를 어떻게 평가할 수 있을까? 이들에 대한 후대인들의 평가를 살펴보는 게 도움이 될 것이다. 기원전 1세기에 로마의 유명한 정치가였던 키케로는 『국가론』 2권에서 로마 공화국을 개관한다. 여기서 그는 로마가 왕정에서 공화정으로 전환하게 된 경위를 설명하면서 브루투스와 타르퀴니우스를 언급한다. 키케로에 의하면 타르퀴니우스가 폭정을 일삼고 있을 때 "재능과 용기가 특출했던 루키우스 브루투스가 로마 시민들을 불의하고 가혹한 노예살이의 멍에에서 구해 주었다. 그는 한낱 개인의 신분으로서 국가를 지탱해 주었고, 국가의 자유를 보존하는 데 한낱 개인에 불과한 사람은 아무도 없다는 사실을 일깨워 주었다"(『국가론』 2.46)라며 브루투스를 치하한다. 반면에 타르퀴니우스는 "부당한 권력을 휘두르며 참주僭主[1]가 되었다. 어떤 이도 그보다 더 혐오스럽고, 흉악하고, 신과 인간에게 더 증오스러운 짐

---

1 고대 그리스의 여러 폴리스에서, 비합법적 수단으로 지배자가 된 사람. 보통 귀족 출신으로 평민들의 불만을 이용해서 지지를 얻은 후 정권을 장악하였다.

승은 없었다. 그는 인간의 탈을 쓰고 있었지만, 가장 잔혹한 짐승보다 더 매정했다"(『국가론』 2.48)라며 혹평한다. 키케로는 왕정에 대한 당시 로마인들의 생각도 전해 준다. "로마인들은 240여 년의 왕정을 겪은 후 타르퀴니우스가 축출되자, 로물루스의 사후 왕을 원했던 것 못지않게 왕이라는 호칭을 증오하게 되었다. 그들은 로물루스의 사후에 왕을 갈망했듯이, 타르퀴니우스의 추방 이후에는 왕이라는 칭호는 어디서도 들을 수 없게 되었다. (『국가론』 2.52)" 키케로의 평가는 타르퀴니우스와 브루투스 그리고 왕정에 대한 공화정 지지자들의 견해를 대변할 것이다.

키케로가 『국가론』을 저술할 즈음에 태어났던 리비우스도 공화정 지지자였다. 로마 공화정은 키케로와 리비우스가 살았던 기원전 1세기에 큰 난관에 봉착했다. 문제의 발원은 한 세기 전으로 돌아간다. 로마는 기원전 2세기에 숙적 카르타고를 정복하고 동쪽 마케도니아까지 토벌하면서 지중해의 패자로 등극했다. 끊임없는 승전은 로마에 엄청난 부를 가져왔다. 그러나 로마에 유입된 부는 유력한 소수에게만 돌아갔고 로마에는 심각한 빈부격차가 초래되었다. 로마는 있는 자와 없는 자, 귀족파와 평민파로 나뉘어 팽팽히 맞섰다. 심지어는 각파에 속한 유력한 장군들이 휘하의 군사력을 동원해 내전을 일으키기도 했다. 이들을 난세의 영웅이라 부를 수도 있겠지만, 유구한 역사를 자랑했던 로마 공화정을 풍전등화로 몰아간 장본인으로 평가할 수도 있을 것이다.

대표적인 내전은 기원전 83~81년에 평민파인 마리우스와 귀족파인 술라 사이에서 발발했다. 기원전 63년에는 카틸리나가 평민파를 회유해서 반란을 도모했다. 이후 기원전 49-45년에는 평민파에 힘입은 카이사르와 폼페이우스를 주축으로 삼은 귀족파 사이에 내전이 벌어졌다. 키케로는 이 모든 사건을 몸소 경험했다. 그는 기원전 43년에 또 다른 내란을 저지하고자 안토니우스를 탄핵하려 시도했지만, 결국 실패하고 안토니우스가 보낸 자객에게 암살당한다.

리비우스도 이 모든 정황에 대해 잘 알고 있었다. 그는 여기에 더해 기원전 32-30년에 안토니우스와 아우구스투스 사이에 벌어졌던 내전도 직접 겪었다. 이즈음에 서술되기 시작한 『로마사』는 로마의 근황에 대한 리비우스의 반응이었다. 그는 700여 년에 걸친 로마의 역사 중 최근 1세기 반에 6할의 글을 할당했다. 이것은 그의 관심사를 잘 반영해 준다. 리비우스는 카이사르에게 맞섰던 폼페이우스를 찬양하고, 아우구스투스는 농담조로 리비우스를 '폼페이우스파'라고 말했다고 전해진다. 모든 정황은 리비우스가 공화정 지지자였다는 사실을 암시한다. 리비우스는 아우구스투스로 시작된 새로운 시대에도 여전히 과거의 공화정을 그리워하는 모습이 역력하다. 브루투스의 이야기는 과거 공화정의 향수에 젖은 한 역사가가 아우구스투스와 같은 절대 권력자의 부상에 불만을 품고 공화정을 미화하려던 일말의 시도였을지도 모른다.

『로마사』 초반부는 역사와 전설이 뒤섞인 서술이다. 따라서 브루투스의 이야기도 후기에 고안된 전설로 치부되기도 한다. 리비우스가 재구성한 이 이야기는 엄밀한 의미에서 역사는 아니다. 그러나 키케로의 글에서도 확인할 수 있듯이 이 이야기는 리비우스가 전적으로 고안해 낸 내용은 아니었다. 이와 유사한 이야기는 이미 로마에 만연했고, 로마인들의 마음에 자유를 향한 갈망과 폭정에 대한 증오를 각인했다. 브루투스가 공화국을 세운 지 465년이 지난 기원전 44년에도 상황은 마찬가지였다. 정치 사회적으로 혼란한 시기였던 당시 로마에 범상치 않은 일이 일어나고 있었다. 로마 공화국은 적들의 침략이나 내란과 같은 위급한 상황에서 한 사람을 '딕타토르dictator'로 임명해 그에게 절대 권력을 부여하는 제도가 있었다. '독재자'로도 번역될 수 있는 이 관직은 본래 매우 일시적이었다. 일단 위급한 상황이 수습되면 모든 권한은 소멸했다. 그러나 율리우스 카이사르는 수년간 이 권한을 독점하고 있었다. 심지어 기원전 44년 2월에는 종신 딕타토르로 임명되었다. 이것은 사실상 왕정으로 복귀하는 것을 의미했고, 로마에 다시는 왕을 세우지 않겠다는 브루투스의 맹세를 번복하는 처사였다. 마르쿠스 브루투스는 동명이인인 선조를 떠올리며 사명감을 느꼈을 것이다. 그는 선조의 전례를 따라 로마인들의 자유를 되찾고 로마 공화국을 수호하고자 카이사르의 암살 음모에 가담한 것이었다. 역사는 오만왕 타르퀴니우스로부터 로마를 해방한 루키우스 브루투스와 로마가 제정기로 넘어가는 운명을 끝내 저지하지 못한 마르쿠스 브루투스를 비교한다. 한 명은 공화국을 태동시켰고, 다른 한 명은 시대의 흐름을 거스르다가 실패했다. 이들에 대한 평가는 역사가에게 맡기자. 분명한 사실은 둘 다 같은 목표를 지향했다는 사실이다. 둘 다 로마인들의 자유를 주창했다.

셰익스피어의 희곡에서 카이사르가 브루투스의 칼에 찔려 쓰러지자 카이사르의 암살 음모에 가담했던 킨나와 카시우스는 후렴처럼 외친다.

"Liberty! Freedom! Tyranny is dead!", "Liberty, freedom, and enfranchisement!" ("자유다! 해방이다! 폭정은 무너졌다!", "자유다, 해방이다, 자치를 되찾았다!")

7장

미워할 수 없는 라이벌
— 다윗과 압살롬의 비극적 가족사

임형권

이스라엘 영웅, 다윗의 추락

한낱 양을 치는 목동, 집에서는 아버지에게도 형제들에게도 인정받지 못하는 못난이가 고대 이스라엘의 전성기를 이끈 왕, 이스라엘 최고의 시인, 용맹스러운 군인이 되리라고는 아무도 예상하지 못했을 것이다. 이 못난이가 바로 아들 솔로몬과 함께 고대 이스라엘의 전성기를 이끈 다윗이다. 목동 출신의 작은 다윗과 그리스 계통 이주 민족 블레셋(또는 필리스티아)의 키가 2m가 넘는 골리앗과의 일대일 싸움에서 다윗은 필살기를 사용하여 승리한다. 다윗이 양들을 사자와 곰에게서 지킬 때 사용한 무리매sling로 골리앗의 정수리를 명중하여 쓰러뜨린 것이다. 이 사건을 계기로 다윗은 사울의 총애를 받게 되었고 사울의 아들 요나단도 다윗을 자기의 분신처럼 사랑한다. 다윗은 군대 사령관으로 임명되었고 연이은 승전보로 이스라엘에서 다윗의 인기는 치솟게 되었다. 다윗이 귀환할 때는 온 마을 여자들이 다음과 같은 노래를 부를 정도였다. "사울이 죽인 적은 천천이요, 다윗이 죽인 적은 만만이라네"[1]

이스라엘의 1대 왕 사울(BCE 1037경~1010)은 명망가 출신으로 준수한 외모에 성품도 겸손하기까지 한 인물로 그려진다. 원래 이스라엘에는 왕이 아니라 그들의 신이 사무엘과 같은 종교 지도자를 통하여 다스리는 신정정치 체제를 유지하고 있었다. 하지만 이스라엘 사람들은 다른 나라들처럼 자신들의 나라에도 강력한 지도력을 가진 왕을 세울 것을 요구하였다. 백성들의 강한 요구 앞에서 마지못해 사무엘은 사울을 왕으로 추대했고, 그는 적지 않은 군사적 성과도 이루어 냈다. 하지만 사울은 블레셋과의 전투를 앞두고 초조한 나머지 제사장이 오기 전에 제사를 지내는 월권을 행사했다. 게다가 아말렉과의 전투에서는 아무도 살려 두지 말고 짐승들까지 모두 죽이라는 이스라엘의 신 여호와의 명령을 받았음에도 아말렉 왕 아각을 살려 주었고, 양과 소도 죽이지 않았다. 아말렉은 이스라엘 민족이 이집트에서 탈출할 때 이스라엘을 처음으로 공격한 민족이었다. 그래서 사무엘은 이들을 하나도 남김없이 전멸시키라고 했던 것이다. 하지만 사울은 전리품을 취하고 싶었던 마음이 이기지 못했다. 결국 그는 이스라엘의 신 여호와에게 버림받게 된다. 제사장 사무엘은 다윗에게 기름 붓는 의식을 함으로써 다윗을 이스라엘 왕으로 공식화한다. 다윗은 사울의 시기를 받으며 여러 죽을

---

1 『성서』, 「사무엘상」, 18장 7절. 성서 번역본은 『쉬운성경』(아가페출판사)을 사용하였다.

고비를 넘겼지만, 결국 여호와는 그에게 손을 들어 주었다.

가족들에게조차 무시를 당하던 다윗이 여호와의 선택을 받은 것은 그의 마음 중심에 그 신에 대한 진실한 신뢰와 사랑 그리고 헌신이 있었기 때문이었다. 그가 지은 수많은 시는 여호와에 대한 그의 사랑과 그 신과의 친밀함을 표현하고 있다. 하지만 겉보기에 흠결이 없을 것만 같은 이 사람도 치명적인 실수들을 저질렀다. 그는 자신 휘하의 가장 훌륭한 장수인 우리야의 아내, 밧세바가 목욕하는 모습을 보고 그녀를 탐하여 동침했으며, 그 일로 밧세바는 임신하게 되었다. 이를 감추기 위해서 그는 우리야를 최전방에 보내어 전사하게 했는데, 사실상 이는 살인의 방조나 다름없는 일이었다. 가장 고결해 보이는 인간이 가장 저열한 인간이 되는 순간이었다. 인간이 천사와 악마 사이의 중간 존재라고 하지만, 다윗처럼 양극단 사이를 오간 사람은 없었을 것이다. 이런 정도라면 여호와는 사울을 버린 것처럼 다윗도 쉽게 왕위에서 쫓아낼 수 있었을 것이다. 하지만 여호와는 사울과는 다른 방식으로 그를 대하신 것을 볼 수 있다. 다윗의 신 여호와는 그에게 수많은 인간적인 고통을 안겨 줌으로써 그가 저지른 잘못들을 성찰하게 했다. 그의 신, 여호와의 훈육 방식은 가족을 통해 다윗이 인간적인 쓰라림을 겪게 함으로써 자신을 성찰하여 진정한 인간이 되게 하려는 것이었다.

왕자들 사이의 비극

성서 기록에 따르면 다윗은 고대의 다른 많은 왕처럼 여덟 명의 아내를 두었다. 사울에게서 도망을 다니던 시절 맞이한 아내들도 있었지만, 왕이 되자 정치적 목적 때문에 혼인한 경우가 더 많았다. 어쩌면 다윗 가문의 비극적 사건들은 혼인을 정치적 수단으로 삼았던 것이 중요한 이유였다. 고대 세계에서 정략결혼이라는 것이 불가피한 일이었을지라도 말이다. 다윗의 아들 중에서 암논은 아히노암이라는 부인 사이에서 태어난 장남으로 다윗의 왕위를 이어받게 될 왕세자였다. 그런데 '믿음직스럽다'는 뜻의 그의 이름과 달리 그는 자제심이 없고, 교활하고 정욕이 강한 자였다. 그는 이스라엘의 율법에서는 이복 누이의 몸을 범해서는 안 된다고 엄하게 규정하고 있었지만, 아름다운 이복동생 다말을 연모하여 병이 들 정도였다. 결국 그는 간교한 친구 요나답의 계략을 받아들여서 해서는 안 될 일을 저지르고 만다. 암논은 자신을 찾아온 다윗에게 다말을 보내어서 맛있는 과자를 만들게 하고 그것을 다말에게서 받아먹게 해 달라고 부탁한다. 암논은 다윗이 자신을 아낀다는 것을 알고 있었을 테고 자신의 요청을 거절하지 못하리라 생각했을 것이다. 자식에게 약한 다윗의 성격도 이후 일어날 변고의 중요한 요인이 된다. 다윗은 암논이 부탁한 대로 다말을 암논의 집에 보낸다. 다말 입장에서도 다윗이 명하지 않았다면 굳이 거기에 찾아갈 이유는 없었을 것이다. 분명 다말도 평소 암논이 자기를 대하는 태도에서 불편한 감정을 느끼고 있었을 터였다.

암논은 병이 걸린 체하며 다말을 불러 음식을 만들게 하고, 그 음식을 먹여 달라고 하면서 그녀를 침실로 불러 겁탈하고 만다. 하지만 성욕이 채워지자 오히려 다말을 연모했던 마음보다 더 큰 미움이 생겨 그녀를 쫓아낸다. 암논의 이중적인 심리를 어떻게 설명하든지 간에, 다말에 대한 그의 감정은 육욕에 지나지 않았음을 알 수 있다. 암논에게 험한 일을 당하고, 설상가상으로 버림을 받으면서 다말은 다음과 같이 말한다.

"안 됩니다! 저를 보내는 것은 더욱 큰 죄를 짓는 것입니다. 그것은 오라버니가 지금 하신 일보다 더 큰 죄입니다." 그러나 암논은 다말의 말을 들으려 하지 않았습니다. 암논은 자기의 젊은 종을 다시 들어오게 했습니다. "이 여자를 당장 밖으로 끌어내어라. 그런 다음에 문을 잠가 버려라."[2]

남성 중심 사회에서 다말과 같은 일을 당한 사람의 미래는 암울했을 것이다. 다말에게는 자신을 아끼는 오빠이면서 다윗의 셋째 아들인 압살롬이 있었다. 슬픔에 잠긴 동생을 오빠 압살롬은 위로하면서 복수의 날만을 손꼽아 기다린다. 다말은 압살롬의 집에서 슬프고 외롭게 지내게 된다. 그러다가 2년 후에 복수의 기회가 찾아온다. 압살롬은 이스라엘에서 중요한 양털을 깎는 행사와 함께 이루어지는 잔치에 다윗왕을

2 『구약성서』, 「사무엘하」 13장 12-13절.

초대했고, 왕이 거절하자 암논을 잔치에 참석하게 해 달라고 요청한다. 다윗왕은 2년 전 일을 알고 있었기 때문에 불안한 마음이 들었지만, 그는 암논에게 약했던 것처럼, 압살롬에게도 약했다. 암논이 아버지의 권위를 이용하여 나쁜 짓을 한 것처럼, 압살롬도 아버지의 권위를 이용하여 암논을 복수의 장으로 불러들일 수 있었다. 눈에는 눈, 이에는 이라는 고대 세계의 철칙대로 상황은 돌아가고 있었다.

왕자들은 잔치에 왔고, 암논이 술에 취해 있을 때 압살롬은 종들을 시켜 그를 살해하게 한다. 이 소식을 들은 다윗은 자신의 옷을 찢고 통곡했다. 그리고 압살롬은 그의 외가가 있는 그술로 도망쳤다. 사실 이런 사달이 난 것은 다윗의 책임이 컸다. 압살롬의 입장에서 볼 때 다윗이 암논의 범행을 처벌하지 않고 미적지근하게 넘어간 것은 참을 수 없는 일이었다. 만일 다윗이 아들에 대한 애착을 떠나서 공정한 심판자의 역할을 했다면, 압살롬의 복수심은 상당히 누그러졌을 것이다. 하지만 밧세바 사건 이후에 다윗은 한 번 더 인간적인 약점을 드러내고 말았다.

우리도 다윗처럼 사적인 감정과 공적인 판단을 구분하지 못해서 낭패를 겪기 쉽다. 인간적인 고통을 받으면서 우리는 남을 탓하기는 쉽지만, 정작 자기 자신이 그 고통의 원인이라는 사실을 깨닫기란 쉽지 않다. 그럼에도 불구하고 여호와가 다윗을 완전히 버리지 않으신 이유 중 하나는 그가 잘못을 인정하고 돌이킬 줄 아는 사람이었기 때문일 것이다. 과거 다윗은 정욕에 휘둘려서 부하를 사지로 몰고 밧세바를 취한 것에 대해서 무감각할 때가 있었다. 그때 나단이라는 이스라엘 선지자의 질책을 통해서 그는 자신이 저지른 악을 깨닫고 크게 돌이킨 적이 있었다. 나단은 다윗에게 양과 소가 많은 부자가 어린 암양 한 마리밖에 없는 가난한 사람에게서 암양을 빼앗아 손님에게 대접한 이야기를 들려주었다. 다윗은 그 부자에 대해서 강한 분노를 표현했고, 이에 대해 나단은 다윗이 자기 성찰에 이르도록 질책한다.

다윗은 그 부자에 대해서 크게 화를 냈습니다. "살아 계신 여호와께 맹세하지만, 이 일을 한 사람은 죽어야 한다. 그 사람은 그런 일을 한 대가로 양을 네 배로 갚아 주어야 한다. 그는 무자비한 사람이다." 그러자 나단이 다윗에게 말했습니다. "왕이 바로 그 사람입니다." 이스라엘의 하나님 여호와께서 이렇게 말씀하십니다. "나는 너를 이스라엘의 왕으로 세워 주었다. 나는 너를 사울에게서 구해 주었고 사울의 나라와 사울의 딸을 아내로 너에게 주었다. 그리고 나는 너를 이스라엘과 유다의 왕으로 세워 주었다. 너에게 부족한 것이 있었다면 나는 너에게 더 많은 것을 주었을 것이다. 그런데 너는 왜 나 여호와의 명령을 무시했느냐? 왜 나 여호와가 악하다고 말씀한 일을 했느냐? 너는 헷 사람 우리야를 암몬 사람들 칼에 죽게 했다. 그리고 너는 그의 아내를 빼앗아 네 아내로 만들었다. 그러니 이제 너의 집안에는 언제나 칼로 죽는 사람이 있을 것이다. 네가 나를 존경하지 않음을 내가 보았기 때문이다. 너는 헷 사람 우리야의 아내를 빼앗았다."[3]

3 『구약성서』, 「사무엘하」 12장 5-10절.

나단의 비유는 다윗의 가슴에 비수처럼 박혔고, 결국 그는 자신의 죄를 인정하고 참회하게 된다. 그리고 밧세바와 사이에서 태어난 아이의 죽음도 신의 심판으로서 받아들인다. 왕자들 사이의 비극을 보면서 다윗은 암논의 다말 강간 사건을 공정하게 처리하지 않았다는 것이 문제의 발단이었음을 깨닫게 되었을 것이다.

왕자의 귀환

형을 죽이도록 사주하고 도망간 아들이었지만, 다윗의 압살롬에 대한 사랑은 여전했다. 그리고 그 모든 일의 원인을 제공한 것이 자신이라고 생각했다면, 둘째 아들에 대한 분노도 점점 사그라들었을 것이다. 이제 다윗은 아들이 보고 싶어졌다. 이를 눈치챈 요압 장군은 압살롬을 귀환시킬 묘수를 생각해 낸다. 그는 드고아에서 지혜로운 여인을 데려다가 다윗의 마음을 돌이키도록 계획한다. 드고아에서 온 지혜로운 여인은 상복을 입고 다윗 앞에서 연기한다.

드고아에서 온 여자가 얼굴을 땅에 대고 절을 했습니다. 그리고 "왕이시여, 저를 도와주십시오"라고 말했습니다. 다윗왕이 여자에게 물었습니다. "대체 무슨 일이냐?" 여자가 말했습니다. "저는 과부입니다. 제 남편은 죽었습니다. 저에게는 두 아들이 있습니다. 제 아들들은 들에서 싸우고 있었는데, 거기에는 아무도 말려 줄 사람이 없어서 그만 한 아들이 다른 아들을 죽이고 말았습니다. 그런데 지금은 온 집안사람들이 저를 욕하면서 이렇게 말하고 있습니다. "자기 형제를 죽인 그 아들놈을 내놓아라. 우리가 그를 죽여 제 형제를 죽인 죄를 갚겠다. 그리고 그 집안의 상속자를 끊겠다." 제 아들은 마지막 불씨와도 같은 아들입니다. 이제 저에게 남은 것이라곤 그 아들뿐입니다. 만약 저들이 제 아들을 죽이면, 제 남편의 이름과 재산도 이 땅에서 사라져 버리고 말 것입니다."[4]

이에 다윗은 여인에게 아들을 지켜 주겠다고 신을 두고 맹세한다. 그러자 여인은 다시 왕에게 요압이 시킨 대로 말을 한다. 여인은 압살롬의 처지를 앞서 말한 자기 아들의 상황과 비교한다. "왕께서는 어찌 이와 같은 일을 계획하셨습니까? 그런 일은 하나님의 백성이라면 하지 못할 일입니다. 왕께서 쫓아낸 압살롬 왕자를 돌아오지 못하게 하시는 것은 죄 있는 사람이 하는 일과 같은 것입니다."[5] 문학적 감수성이 풍부해서일까? 다윗은 확실히 스토리텔링에 약하다. 나단의 비유를 통해서 그는 큰 깨달음을 얻었고, 이번에도 이야기를 통해서 그는 압살롬의 귀환을 허락하게 된다. 사실 내심 그도 아들이 돌아오기를 바랐을 것이다. 하지만 형제, 그것도 왕위를 계승할 형을 죽인 자를 쉽게 받아줄 수는 없는 노릇이었다. 그래서 그는 압살롬이 자신과 대면할 수 없다는 조건을 내걸었다.

압살롬에게는 아들 셋과 딸 하나가 있었는데 딸의 이름은 다말이었

4 『구약성서』, 「사무엘하」 14장 4-7절.
5 『구약성서』, 「사무엘하」 14장 13절.

다. 다말 사건은 그에게 여전히 현재 진행형이었다. 직접적 복수의 대상은 제거했지만, 형의 범죄에 무관심했던 아버지에 대한 분노는 여전했다. 게다가 귀환을 허락해 놓고 자신을 만나 주지 않는 아버지에 대한 불만도 쌓여 갔다. 급기야 압살롬은 요압의 밭에 불을 질러서 자신의 불만을 표출했다. 결국 요압의 중재로 부자는 다시 만나게 되고, 압살롬은 왕에게 얼굴이 땅에 닿도록 절을 하는 것으로 존경의 표시를 하고, 왕은 압살롬에게 입맞춤함으로써 둘은 화해한 듯이 보였다. 하지만 압살롬의 마음은 다른 곳에 있었다.

비록 형제를 죽인 압살롬이었지만, 그 배경을 알고 있는 이스라엘 백성들은 오히려 압살롬을 동정했을지 모른다. 게다가 압살롬의 외모는 사람들을 현혹하기에 충분했다. 성서에서는 그의 외모에 대해 다음과 같이 기록한다. "압살롬은 그 잘생긴 모습 때문에 칭찬을 많이 받았습니다. 이스라엘의 그 어떤 사람도 압살롬만큼 잘생기지는 못했습니다. 압살롬에게는 머리끝부터 발끝까지 아무런 흠도 찾을 수 없었습니다."[6]

종종 우리도 도덕적 기준보다 미적 기준으로 상대방을 판단할 때가 있지 않은가? 잘생긴 데다 친절하기까지 한 압살롬에게 이스라엘 사람들은 점점 호감을 느끼게 된다.

---

6 『구약성서』, 「사무엘하」 14장 25절.

압살롬, 발톱을 드러내다

겉보기에 아버지와 화해를 했지만, 압살롬은 아버지에 대해서 여전히 독을 품고 있었다. 그는 말과 호위병을 마련했다. 압살롬은 외모로 사람의 마음을 살 수 있었지만, 그의 말재주도 한몫하였다. 아버지에 대한 분노는 이스라엘 백성의 마음을 얻어 자신이 왕이 되고 싶은 마음으로 이어졌다. 그래서 그는 다윗 왕조의 무능을 은근히 말하면서, 사람들 사이의 소송 문제를 해결해 줄 적임자가 바로 자신임을 알리고 다닌다. 압살롬은 점점 이스라엘 백성의 마음을 사로잡았다. 그리고 거사의 날이 찾아온다. 그는 아버지에게 귀환하면 헤브론에 가서 예배를 드리겠다고 서원을 했다고 하면서 헤브론에 갈 것을 허락받는다. 하지만 예배를 드리러 간다는 말은 아버지를 속이기 위한 계책이었을 뿐이다. 헤브론은 예루살렘 이전에 이스라엘의 첫 수도였고 압살롬의 고향이다. 그는 '평화의 아버지'라는 그의 이름의 뜻과는 반대로 여기서 반역을 꾀하려고 했다. 압살롬은 백성들에게 호감을 샀기 때문에 점점 그를 따르는 사람들이 늘어갔다. 게다가 다윗의 충성스러운 모사였던 아히도벨이 압살롬 편에 서게 된다. 그런데 그가 왜 다윗을 배반했을까? 사실 여기서도 원인을 제공한 자가 바로 다윗이었다. 아히도벨은 다윗이 부정하게 취한 밧세바의 친할아버지였다. 그는 다윗이 한 무도한 짓을 다 알고 있었다. 그도 압살롬처럼 마음속에 다윗에 대한 분노를 품고 있었고, 이제 복수의 기회가 마침내 온 것이다.

이스라엘 백성의 여론이 압살롬에게 기운 것을 알게 된 다윗은 신하들과 함께 성을 성급히 떠나게 된다. 다만 후궁들은 성에 남겨 놓는다. 이스라엘의 전무후무한 왕의 신세가 처량해지자 주위 사람들은 울음을 터트린다. “다윗은 울면서 올리브산으로 올라갔습니다. 다윗은 두 손으로 머리를 가리고 맨발로 올라갔습니다. 다윗과 함께한 모든 백성도 자기 머리를 가렸습니다. 그들도 울면서 올라갔습니다.”[7] 예루살렘 성을 떠나 있는 동안 다윗은 인간적인 모욕을 또 겪게 된다. 사울 집안의 시므이라는 자가 다윗을 저주한 것이다.

> 시므이는 이런 말로 다윗을 저주했습니다. “이 살인자야, 이 나쁜 놈아, 가거라, 가! 네가 사울의 집안사람들을 죽였기 때문에, 여호와께서 너에게 벌을 주고 계신다. 너는 사울의 왕 자리를 빼앗았다. 그러나 이제 주께서 네 나라를 네 아들 압살롬에게 주셨다. 너 같은 살인자는 망해야 한다.”[8]

이 저주를 들은 아비새라는 신하는 시므이의 목을 베겠다고 했지만, 다윗은 그의 저주가 여호와에게서 비롯된 것이라고 여긴다. 시므이는 다윗을 따라가면서 돌을 던지고, 흙을 뿌렸으나 다윗은 묵묵히 모욕을 참아 낸다. 하지만 다윗도 가만히 있을 수만은 없었다. 그는 후새에게 성으로 돌아가 압살롬을 임금으로 받들면서 스파이 활동을 하라고 명령한다.

---

7 『구약성서』, 「사무엘하」 15장 30절.
8 『구약성서』, 「사무엘하」 16장 7-8절.

한편 압살롬은 예루살렘에 입성하였고, 후새는 만세를 부르며 압살롬에게 충성을 맹세한다. 아히도벨은 압살롬에게 성에 남은 다윗의 후궁들과 동침하도록 종용하였고, 옥상에서 온 이스라엘이 보는 앞에서 후궁들을 대낮에 취하게 된다. 말할 것 없이 이 일은 다윗의 권력에 대해 종지부를 찍는 상징적인 퍼포먼스였다.

압살롬의 몰락

아히도벨은 압살롬에게 자신이 군사를 데리고 도망간 다윗의 무리를 뒤쫓게 해 달라고 요청했다. 그렇게 되면 다윗을 따르는 백성들은 혼비백산하여 도망할 것이고, 그는 다윗만을 제거하겠다고 말한다. 물론 아히도벨의 계획에는 개인적인 복수심이 섞여 있었다. 이스라엘의 모든 장로도 아히도벨의 계획을 좋게 여겼으나 압살롬은 후새에게 생각을 물었고, 이것이 그의 치명적인 실수였다. 적의 스파이에게 조언을 구했으니 말이다. 후새는 아히도벨의 계획이 좋지 않다고 평가하면서 다른 계획을 말한다. 다윗을 따르는 사람들은 용맹스러운 군인들이기 때문에 섣불리 건드렸다가 압살롬 쪽 군인들이 죽기라도 한다면, 소문이 금방 퍼져 압살롬의 군인들 사기가 떨어질 것이라는 생각이었다. 그래서 후새는 이스라엘 전역에서 수많은 군인을 소집하고 압살롬이 직접 지휘를 하여 다윗과 그를 따르는 자들을 전멸시켜야 한다고 주장한다. 결국 후새의 계획이 더 좋다고 여겨졌다. 다윗의 계획은 성공했다. 압살롬이 후새의 계획을 따랐기 때문에, 다윗은 후새를 통해서 정보를 얻을 수 있었고 요단강을 건너 도피할 시간을 벌 수 있었다. 아히도벨은 자신의 계획이 채택되지 않자 고향으로 돌아가 목을 매어서 자살한다. 모략가 아히도벨은 앞으로 일어날 일을 예견했을 것이다.

다윗에게는 요압, 아비새, 잇대와 같은 명장들이 있었기 때문에 군대를 정비하고 전투를 준비할 수 있었다. 다윗은 이들의 능력을 알고 있었기 때문인지 그들에게 "나를 봐서라도 어린 압살롬을 너그럽게 대해 주시오"[9]라고 부탁한다. 다윗의 군대는 에브라임 숲에서 반역자들과 한 판의 결전을 치른다. 압살롬 군대는 명장들 앞에서 속절없이 무너졌다. 노새를 타고 있던 압살롬은 다윗의 부하들을 만나자 추격을 당하다가 그의 긴 머리카락이 나무에 걸리는 바람에 나무에 매달리고, 노새는 계속해서 달려갔다. 그의 무거운 머리카락은 그의 권력의 상징이자 아름다움의 표시였다. 하지만 역설적으로 그의 머리카락 때문에 그는 비극적 최후를 맞이하게 된 것이다. 이 사실을 보고한 병사에게 요압은 그가 압살롬을 죽였다면 그에게 상을 내렸을 것이라고 말한다. 하지만 이 병사는 압살롬을 해치지 말라는 다윗왕의 명령을 알고 있었기 때문에 두려웠던 것이다. 요압은 곧장 산 채로 나무에 매달려 있는 압살롬에게 가서 그의 심장을 찔러 죽인다. 압살롬의 죽음과 함께 전투는 사실상 종료된 것이다. 압살롬의 시신은 숲속에 판 구덩이에 던져졌고, 거기에 돌무더기가 쌓였다. 압살롬은 죽기 전에 왕의 골짜기라는 곳에

9 『구약성서』, 「사무엘하」 18장 5절.

서 자신을 기념하는 비석을 세웠었다. 하지만 그는 명예롭게 기념되는 자가 아니라 마치 저주받은 사람처럼 죽음을 맞이했다. 압살롬의 최후를 보고서 우리는 왠지 씁쓸한 마음이 든다. 그는 분명 다윗 관점에서 살인자이고 반역자였다. 하지만 사랑하는 아들이 형제 살인을 교사하고 아버지에게 반역하게 한 원인을 바로 그의 아버지가 제공했다는 사실을 우리는 알고 있다. 바로 이 점 때문에 우리는 압살롬의 죽음을 사필귀정으로 여기기보다 오히려 비극의 한 장면으로 보게 된다.

한편 요압의 마음은 착잡해졌다. 반역자를 살려 두었다가는 후에 문제가 생길 수 있으므로 압살롬을 죽였지만, 그는 왕의 명령을 거역한 것이었다. 하지만 그는 대의를 위해서는 인간적인 감정에 사로잡혀서는 안 된다고 생각하는 냉정한 사람이었다. 전쟁 상황이 종료되자 전령이 다윗에게 가서 상황을 보고한다. 하지만 다윗의 가장 큰 관심사는 아들의 안녕이었다. 다윗도 어느 정도는 예상했겠지만, 아들의 죽음에 대한 소식에 그는 절망의 나락에 빠진다. 그는 다락방으로 올라가며 "내 아들 압살롬아, 내 아들 압살롬아! 차라리 내가 죽어야 되는 건데! 압살롬아, 내 아들아, 내 아들아!"[10]라고 슬프게 울부짖었다. 그의 울부짖는 소리를 통해 우리는 적이자, 경쟁자이기는 하지만, 여전히 사랑하는 아들에 대한 진실한 사랑을 엿볼 수 있다.

---

10 『구약성서』, 「사무엘하」 18장 33절.

승자도 패자도 없는 경쟁

다윗과 압살롬을 중심으로 한 스토리는 서구 문학가들의 관심을 끌었다. 존 드라이든John Dryden(1631~1700)의 『압살롬과 아히도벨』(1681)은 압살롬의 스토리로 당대의 정치를 풍자한 작품이고, 윌리엄 포크너William Faulkner(1897~1962)의 『압살롬 압살롬!』은 압살롬 이야기의 모티프를 차용하여 쓴 현대 소설이다. 이렇듯 위대한 문학가들이 압살롬의 이야기에 끌리는 이유는 무엇일까? 아마도 다윗과 압살롬 사이에서 일어난 비극은 우리가 경험하는 인간의 노골적인 모습을 가감하지 않고 드러내 주기 때문일 것이다. 올바른 사리판단을 하지 못하고 열정과 인간적 감정에 끌려다니다가 결국에는 갈등의 악순환을 경험하게 되는 것은 소설 속에서나 일어나는 일은 아니다. 다윗과 압살롬은 우리 자신들과 너무 닮은 인간들이다.

다윗과 압살롬, 그들은 분명 라이벌이었다. 다윗은 유능한 사람이었지만, 압살롬도 단기간에 사람들의 마음을 사로잡을 수 있는 재주가 있는 사람이었다. 다윗은 아이돌 스타처럼 외양이 아름다운 사람이었다. 아마 압살롬과 그의 여동생의 아름다움은 적어도 절반은 다윗에게서 온 것이다. 어떤 면에서 압살롬의 교활함은 다윗의 교활한 점을 닮았을지 모른다. 소년 다윗이 꾀가 없었다면 어떻게 골리앗을 무찌를 수 있었겠는가? 그가 영악하지 않았다면 어떻게 사울의 궁전에서 살아남을 수 있었겠는가? 압살롬은 아버지의 후궁들과 대낮에 동침하는 악한 일을 저질렀지만, 부하를 죽이고 그의 아내를 탐한 다윗이 아들에게 무슨 말을 할 수 있겠는가?

우리는 대중의 사랑을 듬뿍 받은 두 영웅의 몰락 이야기를 살펴보았다. 사실 전체적인 이야기의 흐름은 다윗의 고결한 태도를 보여 주는 것에서 절정을 이룬다. 그는 신을 사랑하지만, 인간적인 약함으로 격정에 휘둘려서 큰 악을 행했다. 하지만 그는 돌이킬 줄 아는 사람이었다. 그리고 온갖 고초와 비난, 모욕을 자신에 대한 신의 채찍으로 받아들였다. 그리고 경쟁자로 등장한 아들의 죽음을 놓고 비통해할 줄 아는 가장 인간적인 모습을 보여 주기도 했다. 그렇다고 신은 다윗의 편이었고, 다윗은 승자 그리고 다윗을 대적한 자들은 악한 이들이고, 결국 패배하게 된다는 단순한 도식으로 이 이야기를 이해해서는 안 될 것이다. 왜냐하면 압살롬은 경쟁자 이전에 다윗의 일부였기 때문이다. 종종 경쟁은 가까운 관계에서 일어난다. 이런 경우 경쟁자는 서로에게 가장 가까우면서도 가장 먼 존재이다. 실패한 다윗이었지만, 그럼에도 그의 위대성이 있다면 가장 먼 존재에게서 가장 가까움을 볼 수 있는 인간성에 있지 않을까?

2부

그림자 같은 라이벌

8장

누가 선택될 것인가, 둘 다 살아남을 수는 없었던 그들의 이야기

— 이사와 한비

박선영

나의 죽음과 너의 죽음

진나라 2세 황제 2년 7월, 기원전 208년의 어느 날이었다. 사형장으로 끌려가는 이사李斯(?~기원전 208년)의 머릿속에 지난날이 스쳐 지나간다. 진시황 영정嬴政(기원전 259년~기원전 210년)이 마침내 천하를 통일한 뒤 그를 진나라의 승상으로 삼은 것이 불과 십여 년 전의 일이었다. 그러나 불로장생을 꿈꾸며 천하를 호령하던 진시황은 이미 이 세상 사람이 아니었고, 이사 본인 역시 잠시 뒤면 세상에서 사라질 운명이었다.

상념에서 깨어난 이사는 옆에 있는 아들을 돌아본다. 함께 투옥되었다 끌려 나온 그의 아들은 모반의 죄명을 쓰고 잠시 뒤면 자신과 함께 허리를 잘리는 극형에 처할 운명이었다. "내가 너와 함께 다시 한번 고향에서 토끼 사냥을 하려 했는데, 이제는 더는 어쩔 수가 없겠구나!" 그렇게 말하며 부자는 함께 울음을 터뜨렸다.

죽음을 눈앞에 둔 바로 그 순간, 그는 어쩌면 오래전 자신의 손으로 직접 죽음으로 몰고 갔던 친구이자 라이벌, 한비韓非(?~기원전 233년)를 떠올렸을지도 모르겠다. 한비가 갇혔던 감옥에 이제는 그가 갇혔고, 한비의 삶이 자신이 보낸 독약으로 마무리되었듯 이제는 자신의 삶도 타의에 의해 끝나려 한다. 수많은 감정이 소용돌이치는 이사의 머릿속으로 한비가 죽던 당시의 기억들이 떠오른다.

20여 년 전, 아직 진나라가 주변의 다른 여러 제후국과 팽팽한 기 싸움을 벌이던 때였다. 그 무렵 어떤 사람이 한나라 공자公子[1]였던 한비의 글을 진나라로 들여왔다. 진시황은 한비가 쓴 몇 편의 글을 보고는 크게 탄식하며 말했다. "아! 과인이 이런 뛰어난 글을 쓴 사람과 사귈 수 있다면 죽어도 여한이 없겠다!" 이미 진나라 조정에서 일하고 있던 이사가 그 말을 듣게 된다. 이사는 진시황에게 그것이 한비의 글이라는 사실을 알려 주면서, 그를 진나라로 불러올 방법을 알려 준다. 진나라가 한나라를 공격해 위기감을 조성한다면, 한나라는 진나라를 설득하여 본격적인 정벌을 막기 위해서라도 한비를 진나라 조정으로 보내올 것이라는 계획이었다.

이사의 계획은 효과적이었다. 한나라가 정말로 한비를 보내온 것이다. 문제는 진나라로 온 한비가 대번에 진시황의 마음을 크게 사로잡았

1 지체가 높은 집안의 아들.

다는 데 있었다. 이사의 마음속에 불안이 싹트는 데는 오랜 시간이 걸리지 않았다. 그는 이제 진시황에게 이렇게 말한다. "한비가 한나라의 공자라는 사실을 잊지 마십시오. 그는 결국 한나라를 위하지 진나라를 위하지 않을 것입니다. 그의 잘못을 잡아서 처벌하셔야 합니다." 그의 말은 왕의 마음을 흔들었고, 한비는 감옥에 갇히게 된다. 얼마 지나지 않아 진시황은 자신의 결정을 후회하며 한비를 사면해 주려 하였지만, 그때 이미 그는 이사가 보낸 독약을 마시고 죽은 뒤였다.

그렇게 한비는 이사에 의해 진나라 조정에 발을 들여놓게 되었고, 이사에 의해 진나라 감옥에서 생을 마감했다. 그 후 진나라는 한비의 고향이었던 한나라를 시작으로 제후국들을 하나씩 정복해 나가게 되고, 10여 년 만에 천하 통일이라는 대업을 이룬다. 그러나 그것도 잠시, 그로부터 불과 10여 년이 지난 후 이사 역시 죽음을 맞이하게 된 것이다. 수십 년에 지나지 않는 시간 동안 휘몰아치며 전개된 진나라 전국 통일의 역사 속에서 그보다 더 파란만장한 삶을 산 두 인물, 이사와 한비의 이야기를 소개하려 한다.

각자의 길을 걷던 우리가 다시 만나기까지

이사는 젊은 시절 초楚나라 상채上蔡에서 하급 관리로 일하던 평민 출신이었다. 한편, 한비자라는 이름으로 더 잘 알려진 한비는 한韓나라 왕실의 공자 중 한 명이었다. 신분도 고향도 달랐던 그들이 서로를 만나게 된 것은 제齊나라 왕실이 설치한 직하학궁 덕분이었다. 직하학궁은 전국시대(기원전 403년~기원전 221년) 중후기, 중국 전역으로부터 다양한 재능과 사상을 가진 인물들이 모여들어 학술적·정치적 논의를 전개하였던 공간으로, 교육기관인 동시에 정책 연구 기관이었다.

당시 중국은 오랫동안 천자의 나라로 군림해 온 주周나라 왕실이 유명무실해지면서 앞서 소개한 진나라, 초나라, 한나라, 제나라 외에도 조趙나라, 위魏나라, 연燕나라로 나뉘어 팽팽하게 힘을 겨루던 시기였다. 그 시대를 살아갔던 선비들은 때로는 자신이 태어나서 자라 온 고국의 군주를 자신이 바라는 방향으로 설득하려 노력하기도 했고, 또 때로는 다른 나라에 가서 자신의 이상을 펼쳐 보고자 먼 여정을 떠나기도 했다. 이러한 배경 아래 재주와 능력을 가진 인물들이 제나라의 직하학궁에 모여들었고, 이곳에서 군주를 설득할 각자의 이론과 논리를 발전시켰다. 그렇게 여러 학파의 다양한 사상이 담긴 담론이 형성되고 그에 대한 저술이 이루어졌다.

제나라 왕실은 이곳에 모인 선비들을 위해 넓은 집을 마련해 주었고 그들을 극진하게 대우하였다. 직하학궁에서 학생을 가르치게 되면 넉넉한 재물을 소유하는 것은 물론 수백 명의 사람이 그를 따르는 명예를 누릴 수 있었다. 이처럼 대단한 위세와 명성을 떨치던 직하학궁을 이끄는 자리가 좨주祭酒였으며, 순자荀子(기원전 313년~기원전 238년)는 그런 좨주 자리에 세 번이나 올랐던 인물이었다. 이사와 한비는 바로 그 순자荀子를 스승으로 삼아 동문수학한 사이였다.

같은 곳에 모여 같은 스승 아래 공부하였던 그들이지만, 두 사람은 서로 다른 길을 걷게 된다. 한비는 진나라나 조나라 같은 강대국 사이에 끼어 점점 쇠약해지던 고국의 상황을 보며 안타까워했고, 그런 한나라를 어떻게든 바꾸고자 노력하였다. 그는 여러 번 한나라 군주에게 글을 올려 정치 혁신을 이루어야만 한다고 직언한다. 나라를 운영할 때는 법을 분명하게 제정해야 하며 권력을 쥐고 흔들려는 신하들은 군주의 강력한 통제 아래 두어야 한다는 것이 그가 내세운 주장의 요지였다. 그러나 그런 그의 주장은 한나라에서 결국 받아들여지지 않았다.

이사가 선택한 길은 달랐다. 학업을 마친 그는 자신의 고국인 초나라의 군주는 왕으로 섬기기에 부족하다고 생각했다. 그렇다면 어느 나라로 가야 할 것인가? 이사는 나머지 다섯 나라인 제나라, 연나라, 조나라, 위나라, 한나라 모두 자신이 가서 공을 세우기에는 너무 약하다고 판단했다. 그의 결정은 진나라로 가야겠다는 것이었다. 진나라로 떠나기 전, 스승이었던 순자에게 작별 인사를 하면서 이사는 지금이야말로 바로 진나라에 가서 활약하고 공을 세울 가장 좋은 타이밍이라고 말한다. 그렇게 그는 진나라로 가서 당시 진나라의 승상이었던 여불위呂不韋(?~기원전 235년)의 문객이 되었고, 훗날 진시황이 되는 진나라 군주 영정을 만나 유세遊說할 기회를 얻는다.

기회를 놓칠 이사가 아니었다. 이사는 진시황에게 다른 나라들이 약해진 지금을 놓치지 말고 정벌해 천하통일을 이루어야 한다고 열변을 토한다. "매번 기다리기만 하는 사람은 결국 기회를 놓칩니다. 옛날에 진나라가 동쪽의 여섯 나라를 병합하지 못했던 것은 아직 제후국들이 많았고 그 제후국들이 천자의 나라인 주나라를 계속 존중했기 때문입니다. 그렇지만 지금은 어떠합니까? 이제는 진나라의 강대함과 대왕의 현명함을 가지고 부뚜막의 먼지를 쓸어버리듯 천하를 통일해야 할 때입니다. 지금은 만 년에 한 번 얻을까 말까 한 기회입니다. 지금 게으름을 부리고 있다가 다른 제후들이 서로 다시 힘을 합쳐 버리게 된다면 그때는 이미 늦습니다!"

진시황은 이사에게 매료되었고, 진나라에서 이사의 지위는 점점 높아져 갔다. 그런 그에게도 위기가 없었던 것은 아니다. 어느 날 진나라에서 다른 나라 출신 유세객의 첩자 사건이 일어나면서 외국 출신을 모두 축출해야 한다는 명령이 내려진 것이다. 사건의 발단이 된 것은 정국鄭國이라는 한나라 출신 인물이었다. 그는 뛰어난 기술자로 인정받던 사람이었는데, 진나라 조정에 운하를 만들 것을 강력히 건의하였다. 그러나 결국 그의 건의는 진나라의 재정을 고갈시키려는 계획이었다는 것이 밝혀졌고, 분노한 진나라 대신들은 다른 제후국 출신들을 모두 쫓아내라고 목소리를 높였다. 이사 역시 쫓아내야 할 인물 중 하나로 지목되었다.

바로 그때 이사가 지어 올린 것이 간축객서諫逐客書로 알려진 뛰어난 문장이었다. '다른 나라 출신의 유세객을 쫓아내려는 것에 대해 간하다'는 제목을 가진 이 글 속에서 이사는 이렇게 말한다. "진나라의 여러 보물 중 그 무엇도 진나라에서 생산되지 않습니다. 반드시 진나라에서 생산된 것만 써야 한다면 대왕께서는 옥으로 조정을 꾸밀 수 없으실 것이고 상아로 노리개를 만들어서도 안 될 것입니다. 정나라와 위나라의 미녀들로 후궁을 채우셔서도 안 되며, 강남땅에서 나는 금과 주석도

쓰실 수 없습니다. 이 모든 것들은 그저 당장 대왕의 눈과 마음을 즐겁게 하는 것에 불과한데도 대왕께서는 그 품질이 훌륭하다는 이유로 다른 나라에서 온 물건들을 사용하고 계십니다. 그런데 지금 인재를 얻는 일에서는 어떠하십니까? 무엇이 옳은지 그른지, 훌륭하고 훌륭하지 못한지를 따져보지도 않고 진나라 사람이 아니면 무조건 쫓아내려 하십니다. 대왕께는 여색과 보물은 소중하고 사람은 소중하지 않은 것입니까?"

이사의 글은 다시 진시황의 마음을 움직였다. 축객령은 취소되었고, 벼슬을 다시 돌려받은 이사는 화려하게 진나라 조정에 복귀한다. 한나라 왕실을 혁신하려 고군분투하던 한비가 진나라 조정에 오게 된 것은 바로 그 무렵이었다.

진시황의 마음을 울린 한비의 문장

한비를 진나라로 오게 만든 것은 바로 그가 썼던 「고분孤憤」, 「오두五蠹」라는 두 편의 문장이었다. '고분'은 '홀로 울분을 터뜨린다'는 의미가 있는 한편 '오두'는 '(나라를 갉아먹는) 다섯 좀벌레'의 의미가 있다. 두 편의 글 속에는 어떻게든 자신의 주장을 통해 위태로운 한나라의 운명을 바꾸어 보려 했던 한비의 절실한 마음이 녹아 있었다.

한비는 「고분」에서 군주의 눈과 귀를 가린 채 자기 자신의 이익만 추구하는 권신權臣을 제거하고 법과 술에 뛰어난 인재를 발탁해야만 한다고 주장한다. 그는 이렇게 외친다.

"나라의 요직을 차지하고 있는 권신은 여러 부류의 사람들이 그를 위해 일하기 마련이다. 다른 나라의 군주들은 그를 통하지 않고는 일에 호응을 얻지를 못하니 그를 칭송하기 마련이고, 그 나라의 관리들 역시 그를 통하지 않고는 일이 진척되지 못하니 그를 위해 일하기 마련이며, 그 나라의 학자들 또한 그를 통하지 않고는 녹봉이 깎이고 대우가 낮아지니 그를 위해 변론하기 마련이다. 더구나 요직에 있는 이런 권신들은 군주에게 신임과 총애를 받으면서 오랫동안 친숙하게 지내 온 사이이기도 하다.

이와는 반대로 군주에게 이제 막 등용되기를 바라는 법술에 뛰어난 선비의 경우는 어떠한가? 이 경우에는 군주의 신임이나 총애를 받을 수 있는 친분도 아직 없는 데다, 자신이 능통한 법술을 가지고 군주의 편벽偏僻된 마음을 바로잡으려 노력하는 것은 어찌 보면 군주에게 맞서는 것이 된다. 그래서 결국 이런 선비는 따르는 무리 없이 고독하게 되니, 군주의 신임과 총애를 받는 권신과 겨룬다면 이길 도리가 없는 것이다!"

그가 지은 또 하나의 뛰어난 문장, 「오두」에서 한비는 또 이렇게 말한다.

"법에 정통한 선비는 강직하기 마련이니 만에 하나 군주의 신임을 얻어서 중용된다면 장차 권신의 간사한 짓들을 바로잡게 될 것이다. 결국, 법술에 능한 선비가 등용되면 권신은 반드시 법에 따라 제거될 운명인 것이다. 그러므로 법을 잘 아는 선비와 요직을 차지한 권신은 양립할 수 없는 원수 같은 사이이다."

한비는 자신의 고국인 한나라의 상황을 염두에 두고 이 글들을 썼을 것이다. 그러나 얄궂게도 그의 글은 그가 그토록 바랐던 한나라 군주의 마음을 울리는 대신 진나라 군주 영정의 마음에 깊은 감명을 주게 된다. 국력을 키워 언젠가는 한비의 고국 한나라는 물론 전국 여섯 나라를 모두 통일할 야심을 품고 있던 바로 그 진나라 군주, 진시황 영정의 마음을 말이다. 그리고 그 순간, 오래전 한비와 함께 꿈을 키웠던 이사가 이제는 진시황의 신임과 총애를 받는 신하로 자리매김하며 진나라의 세력 확장에 일조하고 있었다는 사실은 마치 운명의 장난처럼 느껴진다.

한비는 「고분」에서 법과 술에 뛰어난 자신과 같은 선비가 맞이하게 되는 흔한 결말에 대해 이렇게 말했다. "법과 술에 뛰어난 선비는 여러 해가 다 가도록 군주를 만나지 못하는 반면, 요직을 차지한 권신은 아침저녁으로 군주 앞에 나아가 의견을 말한다. 법과 술에 뛰어난 선비는 대체 언제쯤이나 군주에게 나아갈 수 있을 것이며, 군주는 언제쯤이나 깨달음을 얻을 것인가? 법과 술에 뛰어난 선비는 결코 권신과 양립할 수 없으니, 위태롭지 않을 도리가 있겠는가! 모함으로 죄를 뒤집어씌울 만한 경우라면 법으로 처단을 당하게 되고, 죄를 뒤집어씌우기 어려운 경우라면 은밀히 자객을 보내서라도 그 목숨이 끊어지고 마는 것이 법과 술에 뛰어난 선비의 운명이다." 어쩌면 그가 직접 쓴 글 속에 이미 한비 자신과 그의 라이벌 이사가 앞으로 걸어가게 될 길이 암시되어 있었는지도 모른다.

내가 죽을 것인가 너를 물어뜯을 것인가

이사는 진시황에게 올린 간축객서에서 말했다. 무엇이 옳은지 그른지 제대로 따져보지 않고 진나라 사람이 아니라는 이유만을 들어 유세객들을 쫓아내서는 안 된다고 말이다. 그런 그가 한비를 감옥으로 보내고 끝내 독약을 마시게 하면서 내세운 중요한 이유 중 하나는 결국 한비는 한나라 사람이므로 진나라가 아닌 자신의 조국을 위하리라는 것이었다.

그래서 사람들은 두고두고 말한다. 이사가 한비의 뛰어난 능력을 경계하여 동문수학했던 그를 결국 죽음으로까지 몰고 갔다고 말이다. 『사기』, 『논형』, 『포박자』, 그리고 그 밖의 수많은 책이 한목소리로 이사가 자신보다 뛰어난 한비를 질투하여 그를 죽였다고 전한다. 그중 한 사람은 이런 옛날이야기를 빌려 와 이사를 비난했다.

"옛날 옛적에 술을 팔아 먹고사는 사람이 있었다. 그가 파는 술은 아주 맛이 좋았다. 그런데 희한하게도 사람들은 그 집의 술을 사 가지 않았고, 결국에는 공들여 빚은 술이 모두 다 쉬고 말았다. 이를 이상하게 여긴 주인은 이웃 사람에게 그 이유가 무엇일지 물어보았다. 그러자 이웃 사람이 대답해 주었다. '아니, 자네 몰랐는가? 자네 집 개는 다른 사람이 들어오면 으르렁대며 물어 버린다네. 자네 집 술이 다 쉬도록 사람들이 사 가지 않은 것은 바로 이 때문이지.' 나라에도 물어뜯는 개가 있는 법이다. 이사의 이야기는 여기에 해당한다."

자신의 집에 들어온 다른 사람을 물어뜯는 개. 이 이야기를 빌려 온 사람은 이사가 한비를 참소하여 결국 죽게 만든 것은 질투로 인해 국가에 도움이 될 인재를 물어뜯어 버린 큰 잘못이었다고 비판한다.

사실 이사는 한비가 세운 이론이 가진 뛰어난 점들을 누구보다 잘 알고 있었다. 한비가 먼저 생을 마감한 이후, 이사는 여러 차례 한비의 주장을 적극적으로 수용하는 모습을 보인다. 진나라 2세 황제가 즉위한 후의 어느 날, 이미 죽은 지 오래였던 한비가 진나라의 승상 지위에 올라 있던 이사에 의해 정치 무대로 다시 소환된다. 당시 진나라는 점점 늘어나는 반란과 도적 떼로 인해 골머리를 앓던 중이었다. 그 책임이 자신에게까지 돌아오자, 이사는 글을 올려 말했다. "현명한 군주라면 반드시 한비의 훌륭한 법술을 배워 신하를 질책하고 천하를 부릴 수 있어야 합니다. 한비는 자애로운 어머니에게는 집안을 망치는 아들이 생기는 반면, 엄격한 집안에는 방자한 하인이 없는 법이라고 말했습니다. 왜 그렇겠습니까? 잘못을 저지르면 반드시 벌을 주기 때문입니다. 가벼운 죄도 엄격히 다스리게 되면 백성들은 감히 죄를 짓지 못하게 됩니다. 그래서 한비는 법과 형벌을 엄격히 하면 황금이 쌓여 있어도 훔쳐 가는 사람이 없게 될 것이라고 말한 것입니다. 이는 사람들이 황금이 귀한 줄 몰라서가 아니라 그것을 훔쳤을 때 무거운 형벌을 받게 될 것이라는 점을 잘 알게 되었기 때문입니다. 만일 폐하께서 지금 인자한 어머니가 아들을 망쳐 버리는 경우를 본받으려고 하신다면, 참으로 안타까운 일이 될 것입니다!"

이사의 글을 본 2세 황제는 기뻐했고 진나라의 법과 형벌은 더욱 엄격해졌다. 이처럼 이사는 법술을 중시한 한비의 이론을 통해 자신이 처했던 정치적 위기를 극복하였다. 그렇다면 진나라가 전국을 통일하기 전 이사와 한비가 결코 서로 공존할 수 없었던 것은 무엇 때문일까? 배경에는 단순히 두 사람의 정치적 지향이나 개인적 감정의 문제를 넘어, 라이벌전의 결과가 곧 죽음으로까지 이어졌던 치열한 당시의 상황이 놓여 있었다. 내가 죽느냐, 아니면 너를 물어뜯느냐. 어느 쪽이 선택받느냐에 따라 개인은 물론 그가 속한 나라의 운명이 결정되는 팽팽한 긴장감 속에 그들은 하루하루를 살아갔을 것이다.

운명의 경기장에서 먼저 밖으로 밀려난 것은 한비였다. 그러나 결국 이사 역시 모반의 혐의를 쓰게 되는 날이 찾아왔고, 그는 아들과 함께 감옥에 갇혀 가혹한 심문을 받게 된다. 끝까지 버티며 2세 황제에게 다시 한번 글을 올려 설득할 기회를 얻고자 했던 이사의 노력은 실패로 돌아갔고, 2세 황제 2년 7월 그의 사형이 확정된다.

개인의 결말과 국가의 운명이 함께 결정되던 순간

파란만장한 역사 속에서 그보다 파란만장했던 두 사람의 삶이었다. 제나라의 직하학궁에서 한비를 비롯한 수많은 학사와 함께 토론하던 순간, 스승이었던 순자에게 자신의 포부를 밝히며 진나라로 떠나던 순간, 쫓겨날 위기를 극복하고 진나라에서 더욱 승승장구하던 순간, 그리고 진나라로 한비를 불러들이고 마침내 자신의 손으로 그에게 독약을 내리던 순간까지. 사형장으로 끌려가는 마지막 순간, 이사의 머릿속을 스쳐 지나갔을 그 기억의 편린들을 이제 우리도 알게 되었다.

많은 사람이 이야기했듯 한비의 죽음은 어느 정도 그의 뛰어난 능력에 개인적 위협을 느낀 이사의 질투에서 비롯되었을지도 모른다. 특출난 이론가이자 문장가였던 한비는 이사에게 언제나 경계와 부러움의 대상이었을 것이다. 그러나 우리가 함께 살펴본 것처럼 이사와 한비의 대립 속에는 두 사람 간의 개인적 감정의 문제를 넘어서는 나라의 운명이 걸려 있었다.

『한비자』 55편 가운데서도 앞서 등장한 「오두」, 「고분」 등 몇몇 편은 논리적 일관성이 특히 두드러지는 탁월한 글로 손꼽힌다. 그런 『한비자』 안에 유일하게 한비의 논리와 이를 반박하는 이사의 주장이 연이어 배치된 편이 있다. 존한存韓, 다시 말해 '한나라를 보존할 것'이라는 제목이 이 편의 이름이다. 존한 편에서는 한비가 먼저 한나라를 공격하는 대신 조나라를 공격해야 한다고 진시황을 설득한다. 그는 진시황에게 글을 올려 이렇게 말한다. "한나라는 30여 년 동안 진나라를 섬기면

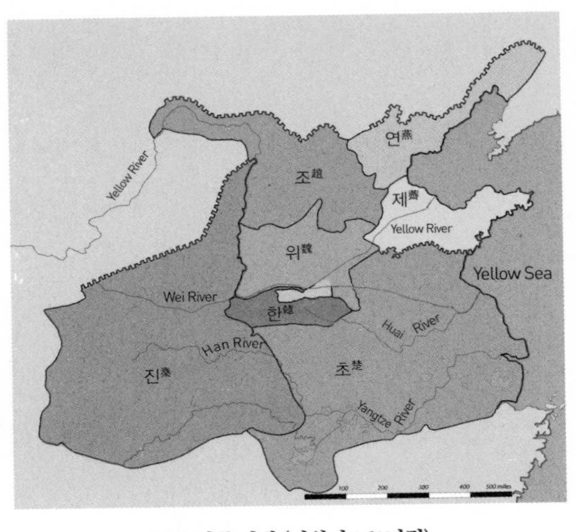

중국 전국 시대 (기원전 260년경)

서 진나라의 방패 역할을 해 왔습니다. 진나라가 다른 제후국들을 공격하여 취할 때마다 한나라가 늘 그 뒤를 따르며 도왔습니다. 그러면서 온갖 나라로부터 원망의 대상이 된 것은 한나라였고 공적이 돌아간 것은 진나라였습니다. 그런데 지금 진나라는 군대를 일으켜서 한나라를 치려고 합니다. 지금 다른 나라들을 설득해 진나라에 맞서려 하는 것은 저 강대한 조나라입니다. 그런데 만일 한나라를 공격하셔서 한나라가 진나라에 등을 돌리게 된다면 조나라를 도와주는 꼴이 될 것입니다. 왕께서는 먼저 조나라를 공격하여 정복하셔야 합니다. 강한 조나라를 정복하고 나면 한나라는 편지 한 장으로도 평정하실 수 있을 것입니다. 계책이란 일의 성패를 결정하는 것이니 폐하께서는 신중하게 살피셔야만 합니다!"

진시황은 이사에게 한비가 올린 글을 검토하게 한다. 그러자 이사는 진시황에게 글을 올려 이렇게 답한다. "한나라를 공격해서는 안 된다고 주장하는 글에 대해 저는 매우 옳지 못하다고 생각합니다. 진나라에게 한나라라는 존재는 마치 사람의 몸속 깊은 곳에 생긴 병과 것과 같습니다. 지금 한나라가 진나라의 신하 노릇을 하고 있기는 하지만 결코 믿어서는 안 될 것입니다. 한나라는 진나라의 의리에 복종하는 것이 아니라 진나라의 강대함에 굴복하고 있을 뿐이니, 만일 진나라가 조나라 같은 강대국에 힘을 쏟아붓게 되면 한나라는 반드시 뱃속의 병이 되어 발작할 것입니다. 한나라가 그 틈에 초나라와 손을 잡고 진나라를 공격하기라도 하면 어찌하시렵니까? 제후국들이 여기에 호응하기라도 한다면 어찌하시렵니까? 한비가 진나라에 온 것이 한나라를 존속시킨 공으로 다시 한나라에서 중용되기 위함이 아니라고 누가 장담하겠습니까. 한비는 음흉한 논리를 꾸며 내고 포장하는 재주가 뛰어나니 폐하께서 그의 변설辯舌에 빠져들어 버리실까 두렵습니다."

한나라는 진나라의 방패이니 다른 강대국인 조나라를 먼저 공격해야 한다고 주장하는 한비의 논리와 한나라는 진나라의 고질병이니 한나라야말로 먼저 공격해야 한다고 주장하는 이사의 논리. 그들은 전국시대 여러 나라의 운명을 결정하게 될 각자의 논리로 팽팽하게 맞섰고 결국 진시황이 받아들인 것은 이사의 주장이었다. 그 뒤에 이어지게 될 이들의 이야기를 우리는 앞서 함께 살펴보았다.

우리의 이야기를 읽고 있을 미래의 당신에게

'후견지명 효과hindsight bias', 혹은 '사후확증편향'이라고 불리는 개념이 있다. 과거를 회상할 때 우리는 언제나 어떤 사건의 결말이 그렇게 될 것이라는 점을 처음부터 알고 있었던 것 같은 착각에 빠지게 된다. 그러나 과거는 현재의 눈으로 볼 때만 질서정연하고 예측 가능하다. 이사와 한비의 이야기를 보고 있는 지금 우리의 눈에는 그들이 내린 선택의 잘잘못도, 그들이 앞으로 맞이하게 될 각자의 결말도, 불 보듯 훤한 듯하다. 우리의 눈에 진시황은 얼마 지나지 않아 한비를 가둔 자신의 선택을 후회할 것이 뻔해 보인다. 또 우리의 눈에는 결국 전국 통일을 이룬 진시황과 이사 역시 잠깐의 영화를 누리다가 곧 생을 마감하게 될 것이라는 점이 이미 분명해 보이는 듯하다.

그러나 그것은 우리가 그들의 먼 미래를 살고 있어서 가지게 되는 착각일 것이다. 사람들이 이야기하는 것처럼 동문수학한 친구를 죽음에 이르게 한 이사의 행동은 어느 정도 그의 마음속 깊은 곳에 자리한 한비에 대한 질투에서 비롯되었을지도 모른다. 하지만 잊지 말아야 할 것은 그들이 무려 일곱 개 나라가 복잡하게 얽혀 팽팽하게 대립하는 시대를 살았다는 사실이다. 그런 시대를 살며 그들은 그 이전의 어느 시대보다도 정교하고 섬세한 각자의 논리를 발전시켰고, 그 논리를 통해 최종 결정권을 가진 군주를 설득하고자 노력했다. 그것은 한비도 이사도 예외가 아니었다.

누가 선택받고 누가 버려질 것인가. 전국시대가 끝나갈 무렵, 그 선택의 열쇠를 쥐었던 것은 강력한 진나라의 군주, 영정이었고, 그의 선택은 나머지 여섯 나라의 운명의 무게를 저울질하고 있었다. 한나라를 지키고자 했던 한비와 진나라에 의한 전국 통일을 이루고자 했던 이사. 이사의 주장으로 무게추가 기울던 순간, 한나라의 운명도, 한비의 운명도 함께 스러져 가게 된 것이다.

그로부터 수십 년 후, 이사 역시 버림받게 되는 순간이 온다. 사형을 당하기 전 마지막으로 글을 남길 수 있었다면 그는 이렇게 말하고 싶었을지 모른다는 상상으로 이 글을 마무리하려 한다.

"오래전 내 친구였던 한비는 용의 비늘에 비유해 유세의 어려움을 이야기한 적이 있다. 한비의 말에 따르면 용이라는 동물은 목 아래 거꾸로 난 비늘을 가지고 있다. 용을 잘 길들인 사람은 그 위에 올라탈 수도 있지만, 거꾸로 난 비늘을 건드리게 된다면 용은 반드시 그 사람을 죽일 것이다. 군주 역시 거꾸로 난 비늘을 가지고 있다. 유세하는 사람은 군주의 그 비늘을 건드리지 않아야만 성공할 수 있다. 유세의 어려움을 이렇게나 잘 알고 있던 한비였지만, 그런 그도 결국 유세의 과정에서 죽게 되었다. 나에게도 그 책임이 있다는 것을 모르지 않는다. 나는 한비의 주장이 오히려 진나라에 위협이 될 것이라는 이유를 들어 그를 죽음에 이르게 했다. 그러나 그런 나 역시 지금 진나라에 모반을 꾀했다는 혐의를 쓰고 죽게 되었다. 이런 나를 보며 질투에 눈이 멀어 친구를 죽게 했지만, 결국은 자신도 같은 운명에 처한 어리석은 인간이라고 생각하는가? 그렇다면 나는 나의 이야기를 보고 있을 당신에게 말하고 싶다. 나도 한비도 말과 글로 설득하고 설득당하는 치열한 시대를 살았던 것뿐이다. 그리고 아주 오랜 시간이 흘러 그런 우리의 이야기가 역사의 한 자락이 되어 여러분 앞에 놓이게 되었을 뿐이다."

9장

친애하는 나의 그림자 라이벌에게

— 절망을 끝까지 밀고 나간 이릉, 소무, 사마천의 싸움

손애리

여기 세 사람이 있다. 한 사람은 흉노와의 전투에 패배해 포로가 되었고, 다른 한 사람은 흉노에 사신으로 갔다가 예기치 않은 사건에 연루되어 포로가 되었다. 포로가 된 배경은 다르지만, 적진에 억류되어 고국으로 돌아갈 일이 요원한 절망적 상황에 부닥쳤다는 점에서는 비슷하다. 또 다른 한 사람은 포로가 된 사람을 비난하던 한나라 조정에서 홀로 그를 위해 변명하다가 궁형宮刑[1]에 처해졌다. 각자 군인으로서, 사신으로서, 사관으로서 자기 일을 충실히 수행하면서 건국 이래 전례 없는 부국강병의 시대를 연 한漢 무제를 위해 일하던 사람들이다. 『한서 열전』「이광·소건전」에 기록된 이들의 공통분모는 한 무제와 흉노이다. 한나라 북방을 어지럽히던 흉노에 대해 한 무제가 벌인 전쟁이

1 중국에서 행하던 오형伍刑 가운데 하나. 죄인의 생식기를 없애는 형벌.

이들의 운명을 바꾸었다.

그들은 절망의 상황에서 각자 고투했다. 그런 점에서 세 사람은 한정된 자원과 목표를 향해 경쟁하는 전형적인 라이벌 관계가 아니다. 그들의 싸움은 한계 상황을 돌파하는 사람들이 갖춰야 하는 태도에 대한 것이다. 자신과의 싸움이지만, 싸움의 정당성과 규범성은 비슷한 처지의 상대가 참조점이 된다. 요컨대 이들을 라이벌이라고 부를 수 있는 것은 각자는 자신의 상황을 선택해 홀로 싸우고 있지만, 비슷한 상황에 부닥친 서로의 존재를 확인하게 된 이후부터는 서로의 선택을 의식할 수밖에 없기 때문이다. 한 사람은 자신의 선택에 후회가 없지만, 상대의 선택과 견주어 보았을 때 왠지 초라한 느낌을 지울 수가 없다. 다른 한 사람에게 상대의 존재는 자신의 선택을 그만두고 싶을 때 반면교사로서 포기하지 않고 끝까지 밀고 나가게 해 주는 힘이다. 또 다른 사람은 상대로 인해 자신의 삶이 나락으로 떨어졌지만, 그를 탓하는 대신 자신을 벼리고 단련시키는 방식으로 절망에서 빠져나온다. 거리감을 유지하면서 자신의 선택을 뒤돌아보게 만들거나 채찍질하게 만드는 사람, 그는 나와 직접 싸운 적은 없지만, 항상 내 옆에 붙어 다니는 그림자 라이벌이다.

이릉 – 차라리 오랑캐 옷을 입겠소

기원전 99년 이사장군 이광리와 인우장군 공손오가 이끄는 흉노 정벌에서 이릉李陵은 물자를 수송하는 부대에 배속되었다. 그는 자신이 전투부대에 속하지 못한 것에 실망하여 한 무제에게 오천 보병으로 흉노의 본진인 선우정을 공격하겠다고 약속하고 전투에 참여하는 것을 허락받는다. 그러나 이것은 무모한 계획이었다. 선우정 본진을 곧장 공격하는 일은 흉노 정벌에서 한 번도 시도된 적이 없었으며 더구나 고비사막을 종단해야 하는 일이었다. 게다가 출정하고 나서는 지원군의 부대장이 보낸 편지로 인해 이릉을 오해한 무제로부터 무리한 작전을 요구받았다. 어쨌든 악전고투의 상황에서도 이릉은 오천 병사를 가지고 고비사막 깊숙이 진군하여 자신이 맡은 임무를 수행했다.

임무를 마치고 돌아오는 길에 이릉의 군대는 흉노의 선우[2]가 이끄는 3만 기병에 포위되다가 가까스로 포위망을 뚫고 나와 남쪽으로 퇴각했다. 이때 한나라 병사가 죄를 짓고 흉노로 도망하는 사건이 발생하고 흉노는 이릉의 부대가 식량도 지원군도 없는 상황인 것을 알게 된다. 흉노는 곧 총공격을 개시했다. 이릉의 군대는 무기도 없이 산으로 숨어들고 막다른 궁지에 몰렸다. 패배를 예감한 이릉이 자결을 시도했지만 부대원들에게 저지당했다. 그는 군대를 해산하고 각개 탈출을 명한 후, 자신은 흉노군과 교전하다가 끝내 생포되었다. 생포된 후에는 투항을 거부하고 포로 생활을 했다.

이릉의 애초 계획이 무리라는 것을 알면서도 허락하고, 또 지원군 부대의 장군이 보낸 편지 때문에 그를 오해하여 지원병도 없이 이릉의 군

2 흉노의 왕을 이르는 말.

대를 적진 깊숙이 들어가게 한 것에 대해 양심의 가책을 느꼈는지, 무제는 이릉이 포로로 잡힌 지 한 해 남짓 되었을 때 공손오 장군에게 이릉을 구출해 오라는 임무를 맡겼다. 그러나 공손오는 이릉을 구하지 못하고, 원정도 실패한 채 돌아왔다. 변명으로 그는 이릉이 선우에게 한나라의 용병술을 가르쳐 성공하지 못했다고 거짓말을 한다. 이릉이 배신했다고 믿은 무제는 크게 분노하고 이릉의 어머니와 동생, 처자식 등 이릉 일가를 몰살시켰다. 이릉의 고향 사람들도 이릉이 절의를 지키지 못했다고 부끄러워했다.

얼마 후 이릉은 한나라에서 온 사신으로부터 자신의 일가가 멸족되었으며, 그것이 자신이 흉노에게 군사 전술을 전해 주었다는 오해 때문에 생겨났다는 것을 듣게 된다. 포로 생활을 하면서 흉노에 타격을 입히고 한나라로 도망갈 기회를 엿보던 이릉에게 청천벽력과 같은 소식이었다. 그리고 그런 오해가 생긴 이유가 오래전에 흉노에 투항한 한나라 출신의 이서 때문임을 알게 된다. 이서는 일찍부터 선우에게 이런저런 정보를 제공하면서 흉노인으로 살아가고 있었으며, 선우의 모친과도 사적인 친분을 맺고 있었기에 함부로 하기 어려웠다. 그러나 자기 집안의 비극이 이서에게서 발단했다고 생각한 이릉은 주저 없이 그를 죽인다. 이제 이릉은 더는 지킬 것도, 잃을 것도 없는 최악의 상황을 맞이했다. 곧 죽임을 당해도 이상할 것이 없는 상황이었다. 이때 선우가 이릉을 비호하여 멀리 보내고 상황이 수습된 후에 다시 불러들인다.

이릉의 태도가 조금씩 변하기 시작한 것은 이즈음이었다. 일차적 이유는 무제가 자기 일족을 멸한 것에 대한 분노에서 비롯되었을 것이다.

이릉의 할아버지는 자결로 생을 마감하기는 했지만, 수십 차례의 흉노 전쟁에 참여하여 크고 작은 공을 세운 이광 장군이다. 이릉 자신도 수송 부대 참여에 만족하지 않고 자원하여 오천 보병으로 고비사막을 건너 원정을 감행했고, 몇 배나 많은 선우의 부대와 맞서 싸우며 승리를 거두었다. 마지막에 밀고자가 생겨나고 지원군이 제대로 오지 않아 패배했지만, 이릉은 누구보다도 열심히 흉노와 싸우고 전쟁을 승리로 이끌고 싶어 했다. 그런 자신을 믿지 못하고 흉노에게 한군의 기밀과 전술을 가르쳐 주었다고 오해하고 자신의 가족을 몰살한 한 무제를 용서할 수 없었을 것이다.

오천 보병을 이끌다가 포로가 되어 버린 절망적인 상황에서도 한나라 군인으로서 품위를 잃지 않으려고 했지만, 가족 몰살이라는 비극 앞에서는 어찌할 수 없었다. 이제 이릉은 돌아갈 곳이 없다. 오랑캐에 회유되지 않고 기회를 틈타 한나라로 탈출하고자 노력했지만, 이릉이 자기 일가를 몰살한 한나라로 돌아갈 수는 없었다. 이런 절망적인 상황에서 선우의 도움을 받은 이릉이 선우에게 마음을 열고 전향하는 것은 어찌 보면 자연스러운 일이다. 연속되는 절망의 상황에서 이릉은 결국 한나라를 버리고 흉노를 택했다. 그 계기는 한 무제에 대한 서운함과 복수의 마음에서 비롯되었을지 모르지만, 선우의 호의와 믿음, 그리고 몇 년간 살면서 자연스럽게 익숙해진 흉노 생활이 이릉의 마음을 서서히 움직였을 것이다.

소무 - 바이칼호에 유배되면서도 지키고자 했던 것

소무蘇武가 흉노에 사신으로 간 것은 이릉이 전투에 패하여 흉노에 포로로 잡히기 한 해 전인 기원전 100년이었다. 흉노와 한나라가 전쟁과 화친을 반복하던 즈음에 소무는 한나라와 흉노의 포로 교환 특사로 임명되어 흉노를 방문한다. 이때 흉노 내부의 반란 음모에 소무의 아랫사람이 예기치 않게 연루되면서 사신단 모두 위기에 처한다. 소무는 자신에게 위험이 닥칠 것을 예상하고 자결을 시도하지만, 부하들이 이를 저지했다. 흉노의 선우는 소무와 한인 사신단을 죽이려다가 마음을 바꿔 이들에게 항복을 받아 내기로 한다. 앞서 흉노로 투항한 한인 위율이 소무를 만나 회유했지만, 소무는 순식간에 자신을 찔러 다시 자결을 시도했다.

흉노 의원의 신묘한 치료법을 통해 소무가 살아나자 그의 기개를 높이 산 선우는 다시 위율을 보내 설득한다. 위율은 한나라를 배신하고 흉노에 전향하여 부귀를 누리고 왕도 되었다고 말하며, 소무에게 전향을 건의한다. 한나라를 위해 죽어도 누가 그것을 알아주겠느냐는 말도 덧붙인다. 흉노인이 한인을 직접 설득하는 것보다는 한인이 설득하는 것이 더 효과적이라고 생각하여 선우는 위율에게 소무의 회유를 부탁했을 것이다. 그러나 위율의 설득은 소무에게 소용이 없었다. 소무는 그의 언변의 설득에도, 칼의 위협에도 꿈쩍도 하지 않았다. 소무에게 위율은 "한 나라의 신하가 되어서 은혜와 의리는 돌보지 않은 채 주군을 배반하고 부모를 등진" 사람일 뿐이었다.

설득과 회유가 통하지 않으면 강압과 공포의 방법을 써서라도 선우는 소무를 자신의 사람으로 만들고 싶어 했다. 소무를 굴에 가두고 먹을 것을 주지 않았다. 소무는 옷의 털을 눈에 굴려 먹으면서 한참을 버텼다. 강하고 힘 센 것이 최고의 가치인 흉노인의 세계에서 소무의 행동은 도무지 이해하기 어려웠다. 그렇지만 지금 당장 눈에 보이는 권력의 힘에 압도되지 않고, 멀리 떨어진 한나라 군주에 대해 신의를 지키는 소무의 행동은 고결해 보였을 것이다.

그를 회유할 수 없다고 판단한 선우는 소무를 아무도 살지 않는 땅인 북해변, 지금의 바이칼호숫가로 보내고는 숫양을 쳐서 그 숫양이 새끼를 낳아야 돌아올 수 있다고 하였다. 숫양이 새끼를 낳을 일은 없을 터이니, 결국 소무가 굴복하지 않는 이상 사람이 살지 않는 추운 땅에 홀로 버려질 것이라는 말이다. 소무는 들쥐를 잡아먹거나 그것들이 숨겨둔 열매를 먹고 굶주림을 견뎠다. 그러면서도 흉노에 사신으로 올 때 한나라 조정에서 준 부절[3]을 양을 치는 지팡이에 매어 달고 손에서 떼지 않았다. 얼마나 그것을 꼭 쥐고 있었는지 거기에 달린 술 장식이 다 떨어져 없어져 버릴 정도였다.

소무는 무엇 때문에 선우의 지극한 회유를 거부했을까? 한 무제로부터 받은 은혜가 너무 커서였을까? 언젠가는 한나라로 돌아갈 것이니 그때를 위해서 자신을 더럽히지 말아야겠다고 다짐한 것일까? 그렇지

---

3 돌이나 대나무, 옥 따위로 만들어 뒷날에 보고 증거가 될 수 있게 서로 주고받는 물건으로, 주로 사신들이 가지고 다녔으며 둘로 갈라서 하나는 조정에 보관하고 하나는 본인이 가지고 다니면서 신분의 증거로 사용하였다.

만 한나라에서 자신을 구출할 기미도 없고, 더구나 자신이 이곳에 살고 있다는 사실도 알지 못할 터이다. 계속 버텨야 하는 것일까? 한나라로 돌아가는 길이 요원하다면, 이곳에서 자신의 삶을 사는 길을 도모해야 하는 것이 아닐까? 한나라를 위험에 빠뜨리는 일에는 참여하지 않고, 대신 적당히 처신하면서 사는 방법도 있을 것이다. 흉노의 군주는 소무 자신에게 매료된 상태이지 않은가!

우리 역사에도 비근한 사례가 있다. 한국전쟁 이후 어떤 이유에서든 남에서 북으로, 북에서 남으로 와서 수감된 사람들이 있었다. 이들 중 일부는 전향서를 쓰면 감옥에서 나올 수 있었지만 끝내 전향서를 쓰지 않았다. 일제 강점기 때에도 독립운동을 하다가 체포된 사람들이 일제의 고문을 받으면서 서약서를 쓰고 일제에 협력하면 고문과 감금이 중단되지만, 그렇게 하지 않았다. 이들이 전향서를 쓰든 쓰지 않든 현실은 크게 바뀌지 않았을 것이다. 그럼에도 불구하고 이들이 버틴 이유는 무엇일까? 실은 역사책의 이야기만은 아니다. 우리의 일상에서도 종종 부딪치는 문제이다. 크든 작든 내가 지키고 싶은 것들을 지키지 못하게 되었을 때, 나는 어떻게 행동할까? 현실의 삶이 소중하므로, 이념이나 감정 같은 것들은 가뿐히 넘어설 것인가? 아니면 현실과 유리된 것에 몰두하여 현실의 삶을 포기할 것인가? 이천 년도 더 된 소무의 이야기가 그리 먼 이야기가 아닌 이유이다.

이릉과 소무의 만남

한 무제 시대에 태어나 한나라와 흉노의 전쟁에 직간접적으로 참여하며 한나라 조정의 녹을 먹던 이릉과 소무는 이제 흉노에서 살고 있다. 한나라에 있을 때 둘은 알고 지내던 사이였다. 자신들이 흉노에서 포로 생활을 하게 될 것이라고는 한 번도 생각하지 못했다. 흉노에 억류된 처음에는 둘 다 선우의 회유를 거부했지만, 이릉은 이제 흉노의 아내를 얻고 우교왕에 봉해졌다. 이에 반해 소무는 아무도 살지 않는 바이칼호숫가에서 양을 치며 유형[4] 생활하고 있었다. 소무가 계속 마음에 걸리던 선우는 이릉에게 소무를 만나보도록 했다.

이릉의 심정은 착잡했을 것이다. 자신이 처음부터 흉노에 협력한 것은 아니었다. 그의 집안은 할아버지 때부터 흉노와의 전쟁에 참여해 공을 세웠고 자신은 흉노를 척결하기 위해 무모한 작전도 불사했다. 전투에 졌을 때 자결하고자 했고, 포로가 되어서도 선우에게 마음을 열지 않았다. 이릉 자신은 사적인 이익에 따라 움직이는 사람이 아니었다. 그런 그가 한나라를 '배신'하게 된 것은 가족의 몰살 소식을 듣고 난 이후였다. 비록 '배신'을 했지만, 자신의 행동에 명확한 이유를 제시할 수 있었다. 자신의 일가를 죽인 한 무제에 대한 충성은 불가능한 일이었고, 다른 사람도 자신과 같은 상황에 부닥쳤다면 자신과 같은 결단을 했을 것이라고 확신했다.

---

4 죄인을 귀양 보내던 형벌.

그렇지만 소무를 생각하면 왠지 자신이 초라해지는 느낌이 들었다. 그래서인지 선우가 소무를 만나 보라고 하기 전까지 한나라에서부터 아는 사이였던 소무를 만나지 않았다. 결국 소무를 만난 이릉은 자신도 선우의 회유 노력에 저항하고 버텼지만, 한 무제의 행동을 보고는 그를 위해 충성을 바칠 이유가 사라졌다고 말한다. 소무에게도 자신의 길을 따르라며 간곡히 부탁한다. 그러나 소무는 충성을 다할 수만 있다면 자신은 도끼에 목이 베이거나 끓는 솥에 삶아지더라도 기쁘게 죽을 것이라고 말한다. 충성의 대상이 어떤 사람이든 간에 신하의 의무를 충실히 수행할 뿐이다. 이런 절대 신념의 경지 앞에서는 그 누구도 작아지고 움츠러들 수밖에 없다.

이릉은 소무가 미련하게 보이다가도 그에 대한 존경과 부러움이 생겨나는 것은 어찌할 수 없었다. 자신의 선택이 부끄럽다고 생각하지 않았지만, 오랑캐의 옷을 입고 소무를 설득하는 자신은 문득 부끄러웠을 것이다. 그가 소무를 부러워했다면 소무가 한나라를 배신하지 않고 신념을 지켰다는 사실 때문이 아닐 것이다. 소무는 자신과 같은 경험, 즉 무제를 위해 악전고투했지만, 신뢰를 받지 못하고 또 일가가 몰살되는 일을 겪지 않았다. 그래서 비록 몸은 힘들지만, 자신의 신념대로 살 수 있었다.

며칠간의 노력에도 설득되지 않는 소무를 남겨 두고 그는 떠나왔다. 떠나오면서 힘겹게 살아가는 소무를 위해 수십 마리의 소와 양을 선물하지만, 차마 자신이 주는 것으로 하지 않았다. 선우는 이릉에게 우교왕의 자리를 주었기 때문에 이릉이 소무에게 뭔가를 준다면 그것은 하사하는 것이어서 그랬을 것으로 추측할 수 있겠다. 혹은 그의 궁핍한 삶에 얼마의 부를 손쉽게 더해 주는 것이 오히려 그의 삶을 모욕하는 것으로 생각했을지도 모른다. 소무는 이런 극한의 삶도 가능하다는 것을 자신의 삶을 갈아서 몸소 보여 주었다. 이릉도 그와 같은 삶을 추구했다가 이유야 어떠했든 중도에 그만두었다. 그런 점에서 소무는 현재 이릉의 삶의 근거를 무너뜨리는 사람이다. 그래서 불편하고 어렵다. 그와의 대면을 피할 수 있으면 피하고 싶은 존재이다. 그렇지만 결국에는 대면했고, 자신이 선택한 두 번째 삶에 충실하고자 소무를 설득했다. 소무가 거절했지만, 끝까지 소무에 대한 예의를 잃지 않았다.

이후 이릉은 소무를 두 번 더 만났다. 한 번은 한 무제가 죽었을 때이다. 한 무제에 대한 소무의 충성을 알기에 이 사실을 전해 주어야 한다는 책무를 느꼈다. 마지막 한 번은 소무가 귀국할 때였다. 흉노가 한나라와의 친교를 회복하기 위해 소무를 귀환시키기로 하여 소무는 19년 만에 고국으로 돌아갈 수 있게 되었다. 귀국을 앞둔 소무를 만나 송별연을 마련하였다. 『한서열전』의 기록에 따르면, 이때 이릉이 일어나 춤을 추며 시를 읊조렸다.

> 만 리를 달리고 사막을 넘어
> 군대의 장수가 되어 흉노를 떨게 했네.
> 길이 막히고 화살과 칼이 부러져
> 군사는 다 없어지고 이름은 더럽혀졌네.
> 노모는 이미 돌아가셨으니

은혜를 갚고자 해도 장차 어디로 돌아갈 것인가.

19년을 버틴 소무는 충성과 절의의 상징이 되어 명예롭게 고국으로 돌아간다.

사마천 – 나에게는 할 일이 있소

이릉과 끝끝내 평행선을 걸은 소무와 달리 이릉과 우연히 교차함으로써 삶이 한순간에 변해 버린 사람도 있다.

호기롭게 오천 보병을 가지고 흉노를 공격하러 출병한 이릉의 패배는 어찌 보면 자명한 일이었다. 출병 초기의 승리와 성과가 이상한 일이었다. 전쟁의 주력 부대였던 이광리 장군의 대군도 참패했는데, 오천 보병의 작은 부대인 이릉의 군대가 승리를 얻어 오는 것은 애초 불가능한 일이었다. 패배 소식이 한나라 조정에 전해졌을 때 무제는 이릉의 부대가 패했지만, 선전했다고 여겼고 이릉이 전사했거나 자결했을 것으로 생각했다. 그런데 얼마 뒤 들려온 소식은 이릉이 포로가 되었다는 것이다. 패배한 장수가 자결하는 일도 있었지만, 그것이 불문율은 아니었다. 패배의 분심을 이용해 이후 더 큰 승리가 기대되기도 한다. 그러나 무제는 크게 노하였고, 주위의 신하들도 모두 이릉의 죄를 물어야 한다고 거들었다. 이들은 이릉의 부대가 선전하고 또 흉노의 정보를 탐문해 보냈을 때는 이릉을 추켜세우던 사람들이었다. 이때 의견을 달리

하는 사람이 있었다.

이릉은 오천 명도 안 되는 보병을 데리고 전투마로 싸우는 흉노인의 땅에 깊숙이 들어가 흉노 기병 수만 명을 짓밟았으나, 그들은 사망자와 부상자를 돌볼 겨를도 없이 활시위를 당길 줄 아는 자들이면 모두 동원하여 이릉의 군대를 포위하고 공격했습니다. 천 리를 옮겨 다니며 싸우다가 화살이 떨어지고 길이 막히자 군사들은 활과 쇠뇌[5]에 화살을 겨누지 못한 채 시퍼런 칼날의 세례를 받았지만, 그래도 후퇴하지 않고 북쪽에 있는 적과 죽을 각오로 싸웠습니다. 사력을 다하는 군사들이 있었지만, 옛날의 명장이라도 어찌할 수는 없었을 것입니다. 이릉이 비록 패배했지만, 앞서 수많은 흉노 군대를 무찌른 일은 천하에 드러내어 표창할 만합니다. 그가 죽지 않았으니 적당한 시기에 공을 세워 자신의 죄를 씻고 한나라 조정에 보답하려고 할 것입니다.

전장에서 들어오는 정보들을 모두 수집하여 이릉의 공과를 사실에 입각해 제시한 의견이다. 무제를 비롯해 모든 이들이 놀랐다. 전장이 아닌 조정에서 입으로만 싸우고 있던 이들은 궁색해졌다. 그러나 이릉을 위한 변호는 이릉에 앞서 수만 명의 대부대를 이끌고 출정해 성과를 내지 못한 이광리 장군에 대한 모함으로 간주하고, 무제는 그를 무망誣罔죄로 다스리고 부형腐刑을 명했다. 그는 바로 『사기』를 쓴 사마천司馬遷

5 쇠로 된 발사 장치가 달린 활.

이다. 부형은 궁형으로 남자의 생식기를 잘라내는 치욕스러운 형벌이다. 옛날 중국에서 신체에 해를 입히던 형별로는 얼굴에 죄명을 새기는 경黥이나 묵墨, 발꿈치를 자르는 비剕, 코를 베는 의劓, 생식기를 자르는 궁宮이 있었다. 앞의 세 개는 무제의 조부인 문제 때 폐지되었으나, 궁형은 그대로 유지되고 있었다. 인간으로서 가장 수치스러운 형벌을 받은 사마천은 어떻게 그 모욕감을 견딜 수 있었을까?

당시는 사마천이 40대 후반의 나이로, 아버지의 유지를 받들어 『사기』 편찬에 착수한 지 5~6년이 지난 시점이었다. 어느 날 갑자기 한 번도 생각해 본 적이 없는 무자비한 일이 자신에게 일어났다. 적어도 조정에 앉아서 오랑캐 땅에서 죽을 고비를 넘기며 싸우다가 패전한 장수와 병사들을 가볍게 논해서는 안 되고, 논하더라도 사실에 입각해야 한다는 생각에서 자신의 의견을 말한 것뿐인데, 그 결과는 헤어 나올 수 없는 절망의 나락이었다. 사마천은 자결을 생각했을지도 모른다. 이대로 치욕을 안고 죽을 것인가, 살아갈 것인가? 산다면 도대체 어떻게 살아갈 수 있을까?

한동안 경황이 없어 잊고 있었지만, 사마천에게는 역사를 짓는 일이 필생의 과제였다. 가야 할 길은 아직 멀다는 것을 알지만, 힘써 매진하는 중이었다. 사명감을 가지고 일했고 한창 역사 쓰기의 묘미에 빠져 있었다. 이 작업을 마무리해야 하지 않을까? 살고 죽는 문제는 이 일을 끝마치고 난 후에 생각하기로 마음먹은 듯하다. 더는 현실의 사람들과 웃고 떠들고 정을 나누며 살아갈 수 없다면, 역사 속의 인물들과 희로애락을 함께하고 그들의 일을 기록으로 남겨야겠다고 생각했을 것이다. 그런 점에서 『사기』는 사마천이 궁형에도 불구하고 살아남아서 쓴 책이며, 동시에 쓰고 또 쓰다 보니 살아남은 자신을 발견하게 해 준 책이다.

『사기』에서 사마천은 이릉의 일을 그의 할아버지 이광에 대해 기록한 「이장군열전」의 말미에서 간략히 다루었다. 그의 출전과 패전을 객관적으로 기술하고 말미에 이릉이 흉노에 투항했으며, 한 무제가 그의 일가를 처형했다는 사실을 덧붙였다. 동시대인이기 때문에 이후의 전개 과정을 알기 어려운 점도 있었을 터이다. 또 이릉 사건이 『사기』가 서술한 우레 같은 역사적 사건들에 견주었을 때 이 이상의 비중을 갖는 것도 이상하다. 「태사공자서」에서 쓰인 것처럼 이릉이 화를 당했을 때 절망에 빠져 "이것이 내 죄란 말인가! 이것이 내 죄란 말인가! 몸은 망가져 이제는 쓸모가 없어졌구나!"라고 울부짖어야 했던 사건이 역사의 큰 수레바퀴에 비춰 보면 기껏해야 그 정도의 일이었던 셈이다.

자신의 죄가 아니지만, 운이 나빠 예기치 않은 일에 휘말려 인생이 망가졌을 때, 그 배경을 제공한 사람과 사건에 대해 원망과 비난으로 일관할 것인가, 아니면 그 사건을 역사 서술의 대상으로 삼고 발생한 사실에 입각해 엄격하게 기술할 것인가? 이릉이 자신에 이런 시련을 안길 만큼 중요한 사람일까 하는 의문이 들었을 것이다. 흉노에 있는 이릉은 사마천의 소식을 듣지 못했을 수도 있다. 이릉이 들었다 하더라도 딱히 어떻게 해 줄 수도 없다. 사마천이 이 실체 없는 '가해자'와 겨뤄야 할 때 그가 지지 않는 방법은 아마도 그를 최대한 객관적으로 서술하는 것, 그리고 그 사건으로 인해서 자신의 인생이 좌지우지되어 망가지게 두지 않는 것으로 생각하지 않았을까?

라이벌 - 자신과의 싸움에 함께하는 그림자

세 사람의 뒷이야기를 간단히 살펴보자. 무제의 뒤를 이어 소제가 즉위하자 대사면령과 함께 이릉을 귀환시키려는 한나라 조정의 움직임이 있었다. 흉노를 방문한 사신단이 은밀히 이릉에게 귀국을 제안했지만, 이릉은 거절한다. 두 번 능욕을 당할 수는 없다는 이유에서였다. 이후 이릉은 흉노의 전투도 주도하면서 흉노인으로 살았고, 그 땅에서 죽었다. 소무는 앞서 보았듯이 한나라로 금의환향했다. 혹한의 땅에서 굶어 죽을지언정 임금에 대한 절의를 버리지 않은 충절의 신하라는 타이틀의 위력은 대단했다. 그렇지만 한나라에서 소무의 말년은 썩 좋지 않게 끝났다. 그의 아들이 정변에 가담하여 죽었고, 소무는 가까스로 처벌을 면했지만, 벼슬에서 물러나야 했다. 사마천은 알다시피 『사기』의 저술을 완수한다.

한 사람은 현실에 충실하고 삶의 지평을 넓히는 것을 소중히 여겼다. 또 한 사람은 신념에 충실하고 자신을 지키는 것을 소중히 여겼다. 또 다른 한 사람은 임무와 소명에 충실하고 사실의 기록을 소중히 여겼다. 세 사람은 삶의 지향점도 결도 제각기 달랐다. 서로를 좋아하거나 미워하지도 않았고, 표면적으로는 경쟁하지 않았다. 그렇지만 그들은 라이벌 관계였다. 그것은 누가 더 자신이 선택한 삶에 최선을 다했는가를 겨루는 싸움이었고, 중요한 순간마다 상대방을 곁눈질하거나 떠올리며 자신을 채찍질했다.

지금 혼자 고투하고 있다고 생각하는가? 지금 당장은 나와 함께 겨루고 있는 사람이 없더라도 동서고금 어디에서든 나의 라이벌이 고투한 흔적을 찾을 수 있으니 일단 가장 멋진 이를 고르시길. 나의 선택을 그의 선택에 비추어 보고, 그라면 이런 상황에서 어떤 선택을 했을까를 미루어 짐작해 보시길. 선택의 방향이 다르다면 그의 고투에 비해 나의 고투가 모자라지 않는지 가늠해 보시길. 그가 나의 앞선 그림자인지, 내가 그의 뒤선 그림자인지 분간이 어려울 때 나는 이미 그의 멋진 라이벌이 되어 있을 터이다.

10장

좋은 벗에서 착한 라이벌로
— 한시의 양대 산맥, 이백 대 두보

김월회

라이벌 구도는 사후에 형성되기도 한다. 당사자들이 살아 있을 때는 라이벌 관계가 전혀 아니었지만, 그들이 세상을 떠난 후 이러저러한 필요로 라이벌로 묶이기도 한다. 한자권에서는 한시의 양대 산맥으로 꼽혀 온 이백과 두보가 그러한 예의 대표 격이다.

해와 달이 만나다

한시는 한문으로 쓴 시를 말한다. 디지털 대전환이 사회 전반에 걸쳐 추동되고 있는 지금이지만, 여기 우리나라에서도 한시를 쓰는 이들이 적지 않다. 우리뿐만이 아니다. 중국이나 대만, 일본 등지에서도 마찬가지다. 한시를 꼭 '과거-중국' 내지 '과거-한자권'에서 쓰인 시라고 한

정할 이유는 없다는 뜻이다.

그럼에도 한시를 대표하는 대가를 둘만 꼽으라고 하면 단연 1,300여 년 전 당 제국 시절의 시인 이백과 두보이다. 이백은 두보보다 열한 살 많았고 살아생전에 이미 대시인으로서 문명文名이 전 중원에 꽉 차 있었다. 반면에 두보는 시적 성취와 무관하게 문명이 이백에 비해 한참 못 미쳤다. 이백이 두보를 라이벌로 여겼을 가능성이 거의 없었던 셈이다. 이는 이백과 두보가 서로를 읊었던 시의 수량을 봐도 알 수 있다. 이백이 두보를 제재로 하여 쓴 시는 두보와 처음 만나 짧지만, 함께 산동 일대를 여행했던 시기에 지은 네 수에 불과하다. 이백이 두보를 무시했다는 뜻이 아니다. 호탕하고 자유분방한 성품의 소유자답게 그저 '쿨'했을 따름이다. 반면에 두보는 이별 후에도 이백을 늘 흠모했고 그를 참된 벗으로 여기며 식지 않은 우정을 20수에 가까운 시로 노래했다. 물론 성품만 놓고 보면 두보가 이백을 라이벌로 여겼을 여지가 없지는 않다. 그러나 그가 읊은 시 어디에도 라이벌 의식은 전혀 나타나 있지 않다.

사실 두보와 이백은 무척 막역했다. "취한 가을날에는 한 이불 덮었고, 손잡고 날마다 함께 다녔다"[1]라는 두보의 회고가 이를 잘 말해 준다. 산동 일대를 함께 여행하다 헤어진 후로도 마찬가지였다. 두보의 "사흘 밤 내리 꾼 그대 꿈은 정 깊어 보고픈 제 마음입니다"[2] 하는 고백을 봐도 그렇고, "언제나 술 한 동이 마주하고 더불어 글 다시 꼼꼼히

1 두보, 「이백과 은사 범씨를 방문하다(與李十二白同尋範十隱居)」.

2 두보, 「이백 꿈을 꾸다(夢李白)」.

논해 볼까"[3]라는 소망을 봐도 그러하다. 때로는 "또다시 양 땅과 송 땅을 함께 유람하며 선계의 기화요초를 줍고 싶습니다"[4]라며 유가에 치우친 자신의 이념을 초월할 정도로 이백을 그리워했고, "호탕하게 마시고 미친 듯 노래 부르며 허허롭게 세월 보낸다. 얽매임 없이 자유분방하나니 누구에게 영웅이었던가!"[5] 하며 이백을 자신의 영웅으로 꼽기도 했다. 이백과 두보가 살아생전에 서로를 라이벌로 여겼을 가능성은 이처럼 하나도 없었음이다.

라이벌 제조법

이백과 두보를 한시 세계의 영원한 라이벌로 짝지은 것은 후인들이었다. 이백은 중원에 자자한 문명을 누리면서 삶을 마감했지만, 두보는 그렇지 못했다. 두보 시의 수준이 이백 시보다 떨어졌기 때문이 아니었다. 동서고금을 막론하고 예술적 성취와 무관하게 시대나 지역이 선호하는 작품이 따로 있게 마련이다. 두보의 시풍보다는 이백의 시풍이 당대의 시대정신이나 사회 분위기에 더 어울렸다는 얘기다. 당시 전 지구 차원에서 절정의 문명과 부강함을 구가하던 당은 기풍이 호쾌하고 분방하며 낭만적이었던 이백 시와 더 잘 맞았던 것이다.

---

3 두보, 「봄날에 이백을 생각하다(春日憶李白)」.
4 「이백에게(贈李白)」.
5 「이백에게(贈李白)」.

두보는 전성기를 누리던 당이 급격히 쇠퇴하면서 주목받았다. 그의 가지런하고 딴딴한 짜임새에 깊이 배인 우수와 섬세하고도 이지적인 시선이 기울어 가는 세상을 걱정하는 시대 기풍과 한층 잘 어울렸다. 게다가 당을 이은 송은 사뭇 현실적이고 이지적인 시대였다. 이백보다는 두보의 시가 한층 잘 어울릴 수 있었던 시절이다. 아니나 다를까, 두보가 재평가되면서 시단의 맹주로 떠올랐고 송대의 시단은 두보 시를 표방한 시풍이 주류가 되었다. 근대 이전의 중국에서는 한 왕조의 시단을 어느 시풍이 주름잡았는지는 무척 중요한 일이었다. 근대 이전의 중국은 '시의 나라'였기 때문이다. 1905년 폐지되기까지 천 년 넘게 시행된 과거에서 시 짓기 역량이 꾸준히 평가되었음이 이를 잘 말해준다. 주지하듯 과거는 관리 임용 시험이었다. 곧 시 짓기 역량을 갖춤은 좋은 시를 쓸 수 있는 예술적 역량을 기본으로 갖춤과 동시에 국가를 경영할 수 있는 역량을 갖추는 행위였다. 시는 이처럼 문학 장르의 하나에 불과했던 게 아니라 국가 통치에 필요한 자질과 역량을 가늠할 수 있는 중요한 문명 장치였다. 그러니 탈속적이고 낭만적 세계를 호탕하고 자유롭게 펼쳐 낸 이백의 시풍을 따르는지, 있는 그대로의 현실을 비장하고 꼼꼼하게 서술해 낸 두보의 시풍을 따르는지는 단지 시단에 국한된 시풍의 문제가 아니라 국가 경영과 직결된 정치와 문화의 문제였다. 송대에 들어 두보의 시가 주류를 점했다는 사실은 따라서 두보시에 구현된 정신과 지향, 감성, 기질 등이 송대가 선택한 정치적, 문화적 지향이자 기풍이었다는 뜻이 된다.

이렇게 두보의 시가 재평가됨으로써 송시라는 당시에 맞먹는 새로운 시풍이 형성되었다. 당시가 낭만적이고 이상 지향적이며 정감이 풍부하고 감성이 다채롭다면, 송시는 사실적이고 현실 지향적이며 지성이 풍부하고 사유가 다채로웠다. 문체도 아주 달랐다. 당시가 함축과 비유 중심의 예술적 시 쓰기를 지향했다면 송시는 직서와 묘사 중심의 서술적 시 쓰기를 지향했다. 하여 당시가 이백으로 대표되고 송시가 두보로 대표되는 건 하등 이상할 바 없었다. 이백과 두보의 시풍이 각각 딱 그러하였다. 물론 두보는 당대의 인물이다. 그의 시는 따라서 어디까지나 당시에 속한다. 다만 그의 시에는 이백으로 대표되는 당시의 풍격에 비해 훗날 송시로 구현되는 요소가 상대적으로 풍부하게 담겨 있었다. 이 점에서 두보가 당시 속에서 송시를 예비했다는, 달리 말해 송시가 두보로부터 연원했다는 평가를 받았던 것이다.

한시의 역사에서 당시 대 송시의 대립 구도, 곧 이백과 두보의 라이벌 구도는 이렇게 형성되었다. '이두우열론'이라고 하는, 이백과 두보 중 누가 더 나은지에 대한 논쟁이 벌어지기도 했다. 사람에 따라, 지역에 따라 또 시대에 따라 이 둘에 대한 선호가 달라졌다. 두보가 재평가되고 주류를 점했던 송대에도 대문호 소동파처럼 이백의 시를 선호하는 이들도 다수 존재했다. 몽골제국 원에 의해 파괴된 전통문화를 복원하기에 바빴던 명대에는 당시 추종파와 송시 추종파가 나란히 출현하여 시단의 주도권을 놓고 엎치락뒤치락하기도 했다. 전근대 시기의 일만은 아니었다. 현대 중국을 일구어 냈던 사회주의자 모택동은 자기 이념을 거슬러 현실적이고 사실적인 두보 시를 깎아내리고 낭만적이고 탈속적인 이백 시를 높게 평가하기도 했다.

사실 이백과 두보, 나아가 당시와 송시 가운데 어느 하나에 선호를 지님은 취향의 문제이지 우열의 문제는 아니다. '시선詩仙'과 '시성詩聖'이라는 이백과 두보의 별호가 이를 잘 말해 준다. 시선은 '시 세계의 신선'이라는 뜻이고, 시성은 '시 세계의 성인'이라는 뜻이다. 이백 시의 탈속적이고 낭만적 시풍이 신선이라는 말로, 두보 시의 현실적이고 사실적 시풍이 성인이라는 말로 대변되었음이다. 그런데 이들을 두고, 그러니까 신선과 성인을 두고 어느 쪽이 더 나은지를 따짐은 그야말로 어불성설이다. 비유컨대 이는 봉황이 더 상서로운가, 용이 더 상서로운가를 따지는 일과 마찬가지로 정답이란 있을 수 없는 성격의 문제이다. 어디까지나 개인적 지향과 취향의 문제라는 뜻이다.

그럼에도 살았을 때는 라이벌과 전혀 무관했던 이백과 두보는 후대의 역사 속에서 영원한 라이벌이 되었다. 언뜻 사실 왜곡으로도 보일 수 있다. 반면에 역사 자체가 실은 후인들이 행한 재해석의 산물인 만큼 충분히 가능한 재구성이라고 볼 수도 있다. 다만 재해석이나 재구성은 객관적 설득력이 있어야 한다. 한시의 역사는 '이백과 두보 라이벌 만들기'가 성공적이었다고 말해 준다. 이는 천 년이 넘는 세월 동안 한자권 언중이 그 둘을 한시 세계의 영원한 라이벌로 기꺼이 받아들였음의 반증이다. 사후에 이루어진 라이벌 구도이지만, 그 둘을 라이벌 구도로 엮을 만한 근거가 있었다는 얘기다.

그 근거는 누군가를 라이벌 관계로 묶기 위한 조건이기도 하다. 첫째는 기반을 공유하고 있어야 한다는 점이다. 이백과 두보는 시를 공통의 기반으로 삼고 있었기에 라이벌 관계로 엮일 수 있었다. 둘째는 서로 확실히 달라야 한다는 점이다. 자기 세계가 확고해야 한다는 뜻이다. 상술했듯이 이백과 두보의 시 세계는 확고했고 서로에 대해 확연하게 달랐다. 셋째는 수준이 막상막하여야 한다는 점이다. 이백과 두보는 각각 시 세계의 신선과 성인으로 불리며 우열을 가릴 수 없었다. 넷째, 라이벌 구도의 형성이 의미 있어야 한다는 점이다. 물론 유희나 사고실험 삼아 라이벌이 아니었던 이들을 라이벌로 엮을 수도 있다. 그러나 이것이 객관의 힘을 지니기 위해서는 그렇게 재구성하는 작업에 실질이 있어야 한다. 의미나 가치가 그러한 실질로부터 비롯되기에 그러하다.

단적으로 '같음 속에서의 다름' 관계여야 하고, 각기 '다름의 영역에서 차지하는 위상이나 비중이 동급'이어야 하며, 이를 뒷받침할 수 있는 실질과 의미가 있을 때 비로소 의미 있는 라이벌 구도를 형성할 수 있다는 얘기다. 살아생전에 당사자들끼리 형성된 라이벌이 아니라 사후에 인위적으로 구성된 라이벌 관계는 이러한 조건이 충족되었기에 가능했던 것이다.

거대한 포부, 초라한 현실

라이벌이 이렇게 사후적으로 형성되기도 한다는 점은 우리도 얼마든지 라이벌을 만들어 낼 수 있다는 의미이기도 하다. 예컨대 이백과 두보는 '고독의 세계'에서의 영원한 라이벌로 엮어 낼 수도 있다.

고독은 영혼에, 정신에, 마음에 품은 것과 정비례한다. 품은 바가 클

수록 고독도 커진다는 얘기다. 물론 항상 그러하지만은 않다. 자신이 품은 바를 다 펼쳐 낼 수만 있다면 위의 진술은 잘못이다. 그런데 역사를 보면 품은 바가 큰 인물일수록 때를 못 만나 불우하게 보낸 예가 적지 않다. "내 뜻대로 안 되네"라는 중얼거림은 그저 탄식에 머무는 게 아니라 사람이 사회를 이루고 사는 한 피하기 힘든 공리였던 셈이다. 이백과 두보도 딱 그러했다. 표현하는 방식이 달랐을 뿐, 이 둘이 품은 바는 참으로 대단했고 웅장했다. 예컨대 이런 식이었다.

> 예부터 동정호 얘기 들려왔건만, 오늘에야 악양루에 오른다.
> 동남으로 탁 갈린 오와 초, 밤낮으로 떠 있는 하늘과 땅.

> 태산은 어떠한가? 제와 노 지역으로 푸르름 끝 간데없다.
> 조물주는 신령하고 빼어난 기운 한데 모아 놓았고, 산의 앞뒤로는 밤과 새벽이 갈렸다.

1,400여 수가 전하는 두보 시 중 명편 중의 명편으로 꼽히는 구절이다. 순서대로 「악양루에 오르다(登岳陽樓)」, 「태산을 우러르다(望嶽)」는 시의 전반부이다. 이 둘에는 공통점이 있다. 전문적으로 들어가면 형식의 동일함 등 공통점이 한둘이 아니지만, 품은 바의 큼이라는 각도에서 봤을 때의 공통점을 찾는다면, 두 시 모두 시인의 영혼에 우주 전체가 담겨 있다는 점이 그것이다. 악양루는 동정호라는 드넓은 호수를 휘둘러 볼 수 있는 최고의 전망대다. 동정호는 파도가 크게 일렁이고 수평

선이 보일 정도로 넓어 호연지기를 제대로 느낄 수 있는, 하여 자고로 시인 묵객이라면 반드시 직접 가 봐야 할 명소로 우선하여 꼽혀 왔던 기막힌 명승지였다.

전부터 그 명성을 익히 들어 왔던 두보가 드디어 악양루에 올랐다. 오 지역과 초 지역은 한반도의 몇 배나 되는 넓은 지역으로 이 둘이 인간의 시야에 한꺼번에 잡힐 리 만무하다. 그럼에도 두보는 동정호의 엄청남을 환기하기 위해 동정호가 그 넓은 지역을 양분하고 있다고 노래한다. 그러더니 그것만으로 부족했는지 이번에는 아예 동정호에 하늘과 땅, 밤과 낮이 다 떠 있다고 한다. 동정호에 온 천지가, 우주가 담겨 있고 그러한 동정호가 시인의 시야 가득 펼쳐져 있다는 시적 고백이다. 태산의 크기를 노래함도 마찬가지다. 드넓은 제 지역과 노 지역이 한눈에 들어올 리 만무하건만, 태산이 그 둘을 가르고 있고 그 위용이 얼마나 대단한지 밤낮도 가르고 있다고 고백한다. 시인의 시야 가득 태산이 가르고 있는 우주가 자리 잡고 있음이다.

이백도 못지않았다.

그대 못 보았는가?
황하 물 하늘서부터 내려와, 세차게 바다로 흘러들어 다시 돌아오지 않음을!

날듯 흘러 삼천 척 곧추 떨어지니, 은하수가 하늘로부터 쏟아져 내린 듯.

각각 「술 권하다(將進酒)」, 「여산폭포를 바라보다(望廬山瀑布)」의 한 대목이다. 황하는 중국의 서쪽 끝, 하늘과 맞닿은 천산산맥에서 발원하여 드넓은 황토고원을 가로질러 장장 오천여 킬로미터를 흐르고 또 흘러 황해로 짓쳐 든다. 이 장대한 대자연의 용틀임을 시인은 한눈에 보는 듯, 한 장면에다 거침없는 한 호흡으로 읊어 냈다. 고래로부터 중국의 5대 명산으로 이름 높은 여산, 그 명산을 대표하는 여산폭포를 찾아가다 드디어 폭포의 전경을 마주하게 된 순간 시인은 하늘을 가로질러 흐르는 은하수가 삼천 척 아래 지상으로 곧추 떨어진다며 격하게 흥분한다. 그의 정신은 하늘부터 지상까지, 지상의 저 끝부터 이 끝까지보다 더 크고 거침없으며 호탕했음이다.

품은 바가 대단하고 웅장했기에 펼쳐 낸 바도 성대하고 장쾌했다. 그들의 영혼에는 늘 "드넓게 펼쳐진 별빛 가득 드리운 평야"가 담겨 있고 "달빛 휘감으며 짓쳐 흐르는 강물"의 세고 격한 기세가 담겨 있었다.[6] 하여 좌절감도 클 수밖에 없었다. 앞서 소개한 두보의 「악양루에 오르다」 후반부이다.

> 친척과 벗들에겐 소식 한 자 없고, 늙고 병든 몸엔 외로운 배 한 척만.
> 관산 북쪽에는 여전한 전쟁, 난간에 기댄 채 눈물 콧물 훌쩍인다.

늙고 병든 데다 전쟁으로 가족, 친지와 소식이 끊겨 심적으로도 초췌

6 "별빛 드리워진 평야 드넓게 펼쳐져 있고, 달빛 솟구치며 큰 강물 짓쳐 흐른다."-두보, 「떠도는 밤, 회포를 쓰다(旅夜書懷)」.

해진 어떤 노인이 악양루 난간에 기댄 채 눈물 콧물 짜고 있는 초라한 정경이 그려진다. 처량하기 그지없는 시적 고백이다. 그런데 이를 전반부와 붙여 읽어 보자.

> 예부터 동정호 얘기 들려왔건만, 오늘에야 악양루에 오른다.
> 동남으로 탁 갈린 오와 초, 밤낮으로 떠 있는 하늘과 땅.
> 친척과 벗들에겐 소식 한 자 없고, 늙고 병든 몸엔 외로운 배 한 척만.
> 관산 북쪽에는 여전한 전쟁, 난간에 기댄 채 눈물 콧물 훌쩍인다.

전반부의 온 우주를 한눈에 담아 낸 호기로운 기세와 극적으로 대비되면서 후반부의 처량함이 극대화된다. 한 편에 함께 담긴 내용이 맞나 싶을 정도로 전반부와 후반부의 분위기가 극적으로 대조된다. 이백은 아예 인간을, 세상을 등진다. "마주 보아도 물리지 않음은 오로지 경정산뿐"[7]이라며 산을 벗하고, 왜 푸른 산에 사느냐는 물음에 "별천지로다, 인간 세상 아니로다!"[8] 답한다. 사실적이고 현실적인 두보의 정신이 좌절로 인한 거대한 상실을 있는 그대로 드러냈다면, 탈속적이고 낭만적인 이백은 좌절을 무시함으로써 상실의 거대함을 역설적으로 드러냈던 것이다.

---

7 「홀로 경정산에 앉아[獨坐敬亭山]」.
8 「산속에서 묻고 답하다[山中問答]」.

그러나 이 점 때문에 이백과 두보를 고독계의 라이벌로 묶을 수 있는 건 아니다. 웅대한 포부와 거대한 상실은 이들을 고독으로 이끄는 계기였을 따름이다. 그 고독 속에서도 이백과 두보는 시를 계속 썼다. 고독과 마주하면서 심연으로 가라앉은 게 아니라 그 속에서도 삶을 살아 냈음이다. 고독에 영혼과 육신이, 또 삶이 뜯겨 소멸한 게 아니라 고독조차 시 쓰기의, 살아 내기의 자양분이 됐던 것이다. 두보와 이백을 '고독계의 영원한 라이벌'로 엮어 낼 수 있는 근거가 여기에 있다.

갓 돋은 풀 위로 실바람 이는 둔덕, 높이 곧추세운 돛 단 외로운 밤배. 별빛 드리워진 평야 드넓게 펼쳐져 있고, 달빛 솟구치며 큰 강물 짓쳐 흐른다.

이름을 어찌 글로 드날리겠나, 벼슬도 늙고 병들었으니 그만둘 수밖에. 떠돌고 떠돎은 무엇에 비길꼬, 천지간 한 마리 모래톱에 갈매기.

두보의 「떠도는 밤, 회포를 쓰다[旅夜書懷]」라는 시다. 두보는 강가 선박에 몸을 맡긴 채 지친 밤을 달래던 중이었다. 문득 침소로 불어 드는 실바람에 시선이 끌려 눈앞 광경이 시야로 들어왔다. 고요하고 차분하다. 시선은 미풍을 타고 자연스레 더 먼 곳으로 옮겨지고 드넓게 펼쳐진 평야와 용솟음치는 강물과 만난다. 순간 가슴에 품었던바 웅장한 기세가 장쾌하게 펼쳐진다. 그러더니 그 기세가 갑자기 촉급하고도 가파르게 꺾이고 시인은 자신을 어딘가에 있을 모래톱에 덩그러니 내려앉은 갈매기에 비유한다. 앞서 살펴본 「악양루에 오르다」처럼 전반부의 웅장한 스케일과 후반부의 잔뜩 쪼그라든 초라함이 극명하게 대비되어 있다. 왜 굳이 이러한 방식으로 구성했던 것일까? 품은 바의 좌절로 인한 상실을 꼭 두보처럼 자신의 초라함, 왜소함, 병약함, 무기력함 등을 극단으로 몰아가고, 그것을 극한으로 표출된 웅장한 포부와 극명하게 대조하는 방식으로 읊어야 하는 건 아니다. 첫 구부터 좌절로 상처 입은 자아를 담담하게 토로하며 상실감을 점층적으로 쌓아 가는 길도 있고, 웅대한 포부와 대조한다고 해도 상실을 극대화해야만 하는 것도 아니다. 달리 말해 극한의 발산과 극한의 위축이라는 극명한 대비를 꼭 채택해야 하는 건 아니다.

다른 길들이 있음에도 두보가 굳이 이러한 방식을 주로 채택했음은 이것이 두보의 '의도의 산물'임을 말해 준다. 이것이 두보만의 고독 활용법일 수 있다는 뜻이다. 여기서 두보의 결연함을 읽어 낼 수 있기 때문이다. 포부든 상실이든 굳이 극한으로까지 몰고 가는 그 정신에서 말이다. 적어도 천지, 더 넓게는 우주와 초라하기 그지없는 자신을 마주 세우는 시인의 '끝장 전술'에는 더는 물러설 수 없다는 좌절에 대한 저항이 오롯이 배어 있다. 이는 위 시의 마지막 구절에서 정점으로 치닫는다. 가슴에 웅장한 포부를 품었음에도 떠돌고 또 떠도는 자신의 신세를 극단적으로 위축시킨 다음 불현듯 천지와 마주 세운다. 하늘과 자신을 마주 세웠음이다. 인간 세상의 시비와 무관하게 만물을 운행하는 천지에 자신을 견주었음이다. 현실의 자아는 극단적 위축과 시커먼 침울 속에 가까스로 탄식이나 내뱉는 미약한 존재이지만, 그러한 자신을 하늘과 마주 세움으로써 자아를 우주적 존재로 격상시켰다. 거대한 상실로 마주하게 된 고독을 '하늘과 마주하는 존재로서의 자아'라는 자신의 존재론적 위상을 깨닫는 계기로 삼았던 것이다.

그럼으로써 두보는 하늘에서 존재 이유를, 삶을 지속해 내는 동력을 확보할 수 있었다. 이것이 두보가 고독과 마주하는 방식이었다. 하여 두보에게는 자신의 고달픈 처지가 자신의 웅대한 포부를 갉아먹지 못한다. 쌀쌀한 가을날, 문득 불어 닥친 추풍에 그나마 장만한 초가집 지붕이 날아가 밤새 한기에 시달린 아침, 그는 자신의 서글픈 신세를 한탄하고 한탄한다. 그러나 한탄의 끝은 "어떻게 천만 칸 넓은 집 마련하여, 온 천하 빈한한 이들 도와 다 함께 기쁜 얼굴로, 비바람에도 산처럼 미동 없이 편안케 할 수 있을까? 언제나 눈앞서 이런 집 우뚝 마주할까나, 그러면 내 집 홀로 부서져 얼어 죽어도 괜찮으련만!"[9]이었다. 그의 천지와 마주한 자아가 궁색한 처지와 무관하게 꿋꿋이 작동되었음이다. 두보에게 고독은 이렇게 '위대한 고독'으로 승화된다. 이는 거대한 상실에 매몰되지 않은 시인의 결기 어린 정신의 표출이다. 또한 두보 시에 서려 있는 비장미의 원천이기도 하다. 그것은 아무리 애써도 도무지 성취할 수 없는 현실로 인한 시련, 좌절 등에 굴하지 않고 치열하게 저항하고 부딪히며 도전하는 시인의 정신에서 야기되는 미감이다.

이백도 두보처럼 그 영혼에, 또 정신과 가슴에 천지를 품고 있었다.

9 두보, 「초가집이 추풍에 부서진 것을 노래하다〔茅屋爲秋風所破歌〕」.

그도 호방하게 노래한다. "하늘이 날 낳음은 필시 쓸 데가 있어서였을 터, 천금을 다 쓰면 다시 돌아올 걸세."[10] 자신을 낳은 건 하늘이라 호언한다. 그 또한 자아를 우주적 존재로 키웠음이다. 아니 우주가 그를 주시하며 그에 호응한다. "둘이서 술잔 기울이니 산꽃이 핀다"[11]라고 노래했듯이, 그가 산속 은자를 찾아 더불어 술잔 기울이니 주위의 산꽃들이 호응하여 만개한다. 그가 술 한 동이 들고 너울너울 춤추며 노래하면 달이 그를 따라 감돈다. '나'가 세상에, 천지에, 우주에 덩그렇게 놓인 n개의 존재 중 그저 하나가 아니라, '나'가 세상을, 천지를, 우주를 마주 대하는 근거가 되고 시원이 되는 경지로 자아를 상승시켰음이다. 하여 자신이 있는 곳을 우주 자체로 만든다. "달 아래 홀로 마시다"라는 뜻의 「월하독작月下獨酌」이라는 시다.

꽃 사이에 한 병 술 놓고, 홀로 마시나니 벗 하나 없네.
잔 들어 달 부르고, 그림자 마주하니 세 사람.
달은 술 마실 줄 모르고, 그림자는 공연히 내 몸만 따라다녀.
잠시라도 달과 그림자 짝 삼아, 이 봄을 마땅하게 즐기리.
내 노래하니 달은 내 주위 감돌고, 내 춤추니 그림자는 너울너울 어지러이.
깨어 있으면 함께 즐기고, 취하면 각기 흩어진다.
길이 무정한 사귐 맺어, 먼 은하를 기약하나니.

---

10 「술 권하다(將進酒)」.
11 「산속 은사와 대작하다(山中與幽人對酌)」.

이백은 자신이 한 동이 술과 함께 찾은 곳을 '꽃 사이'부터 '은하수'까지가 하나로 어우러지는 공간으로 빚어낸다. 달 뜨기 전부터 달 지는 새벽녘까지의 시간도 한 흐름에 담아낸다. 그렇게 빚은 시공간에서 이백이 달을 부르자 달은 달려가 그에게 벗이 되고 그림자에 눈길 주자 그림자가 나타나 그에게 짝이 된다. 고독은 그렇게 이백에게서 무화無化된다. 이는 애초부터 이백에게 '고독 대 비고독(고독하지 않음)'이라는 구도가 무의미했기에 가능한 경지였다. 그는 흐드러진 꽃 사이에 있다 보니 고독이 문득 느껴져 달도 부르고 그림자도 찾은 것이 아니었다. 달과 그림자는 '나'가 존재하는 한 늘 거기에 그렇게 있는 존재이기에 술 한 동이 들고 찾은 꽃 사이는 처음부터 고독의 공간이 아니었다. "한 잔에 한 잔에 또 한 잔, 내 취하여 잠들거든 그대 또한 가시게나. 내일 아침 생각 있으면 거문고 안고 오시게나"[12]라는 읊조림처럼 언제부터인가 이백에게 사람 벗은 있어도 그만, 없어도 그만이었다. 사람 벗이 떠나도 또 찾아와도 그는 그저 한 잔, 한 잔 들이켤 따름이었다. 함께하는 사람이 있으면 고독하지 않고, 없으면 고독하다는 세속의 시선 따위는 진즉부터 안중에 없었다. 세속의 "고독 대 비고독" 구도를 이백은 늘 초극해 있었음이다.

문제는 그가 인간이라는 존재 자체를 초월하지 못했다는 점이었다. 예컨대 신선 같은 존재가 되지 못했다. 정신은 고독 대 비고독의 구도를 넘어섰지만, 육신은 여전히 인간이었다. 고양된 정신과 오욕칠정에

12 「산속 은사와 대작하다[山中與幽人對酌]」.

서 벗어나지 못한 육신 사이의 간극, 비유컨대 정신은 신선이건만 육신은 인간인 데서 오는 괴리가 늘 그를 공허하게 했다. 먼 은하에서의 만남을 기약하며 인간의 감정이 개입되지 않는 사귐을 길이 맺기 바라는 그의 모습에서 느껴지는 쓸쓸함은 이러한 그의 상황에서 나오는 허허로운 숨결이었다. 그것은 이백이 웅대한 포부를 마음껏 실현했다고 해도 틀림없이 묻어 있었을 허허로움이다. 육신의 틀에 머무르는 한 지닐 수밖에 없었던 절대적인 공허이자 그로 인한 고독이었다. 거대한 상실 속에서도 그에게 시를 계속 쓰게 한 고독은 성대한 성공이나 참담한 좌절과 무관하게 이백이 인간으로 살아가는 한 소거할 수 없었던, "고독 대 비고독"이란 구도와 무관하게 주어졌던 '절대적 고독'이었던 것이다.

고독계의 양대 거장

이렇게 두보와 이백은 고독 세계의 두 지존으로 마주 세워질 수 있다. 이는 둘 모두 시 쓰기를 통해 고독의 새로운 경지를 빚어낸 결과였다. 두보는 자신의 불우함과 무관한 위대한 고독에 섬으로써 일반적 고독을 승화시켰고, 이백은 고독 대 비고독이라는 세속의 이분법을 초극한 절대적 고독에 섬으로써 일반적 고독을 무화시켰다. 이들의 고독은 정신과 육신, 영혼을 피폐케 하여 마침내 삶을, 생명을 온통 파괴하는 고독과는 질적으로 달랐다. 그것은 거대한 상실 속에서도 끊임없이 시를 써내게 하는, 곧 삶을 살아 내게 하는 그러한 창조의, 건설의 고독이었다.

위대한 고독이든 절대적 고독이든 모두 삶의 여건과 무관하게, 포부가 뜻대로 실현되어도 반대로 그것이 늘 꺾여 상실이 삶의 일상이어도 항상 작동되는 고독이다. 맹자가 학인이라면 일조지우一朝之憂, 그러니까 "하루아침이면 해소될 걱정"이 아니라 "평생토록 끌어안고 가는 근심", 곧 종신지우終身之憂와 늘 마주할 수 있어야 한다고 한 것처럼, 두보의 위대한 고독도 시인으로서 삶의 조건이 어떠하든 간에 끌어안고서 항상 씨름해야 할 대상이었다. 이백의 절대적 고독도 처한 삶의 형편이 어떠한지와 무관하다. 상술했듯이 이백은 자신이 있는 곳이 어디든 그곳을 "별유천지비인간別有天地非人間", 그러니까 인간들의 세속과는 다른 세상으로 빚어냈다. 비록 범인凡人의 눈에는 이백이 그곳에 홀로 있어 고독한 상태로 포착되지만, 그러한 시선과 무관하게 그곳은 인간 세상의 온갖 잣대가 전혀 힘을 못 쓰는 세계이다. 그곳에서 이백은 인간인 한 지닐 수밖에 없었던 절대적 고독과 벗했으니, 그것은 세상사 희비, 세속의 시비나 호오好惡, 미추와는 무관한, 일반적 고독을 넘어선 고독이었다.

물론 이백과 두보 모두 파괴적 고독에 시달리곤 했다. 아무리 위대한 고독을 품었어도 두보 또한 가족을 둔 가장이자 추우면 시리고 아프면 고통스러워하는 인간이었다. 세속의 잣대가 무화된 세계를 딛고 서 있었지만, 이백은 엄연히 신선이 아니라 인간이었다. 위대한 고독, 절대적 고독을 노래했어도 그들의 시에서 우리네 평범한 이들의 고독감이

절절히 느껴지는 까닭이다. 그래서 그들이 딛고 서 있던 고독이 우리네 평범한 인간이 지니고 느끼는 고독과 차원을 달리했음에도 그들의 시는 천여 년이 넘는 성상星霜 동안 지역을 넘어 많은 사람에게 위로가 되고 도전이 될 수 있었다.

11장

존재와 변화를 둘러싼 두 가지 시선
— 헤라클레이토스와 파르메니데스

안상욱

Ⅰ. 이런 거로도 싸운다! 헤라클레이토스와 파르메니데스

헤라클레이토스와 파르메니데스는 이 세상에 진짜로 '있다'고 말할 수 있는 것이 어떤 것인지 그리고 그러한 '존재'가 변화를 실제로 겪을 수 있는지에 대해서 의견을 달리했다. '눈에 훤히 보이는데 어떻게 이런 뻔한 거로 싸우지?' 하는 생각이 들 텐데, 이해를 위해서 잠시 한 가지 상상을 해 보자. 여기에 물을 넣어 둔 투명한 유리병이 있고 우리는 병 속의 상태를 관찰할 수 있다. 유리병 속의 물은 날씨에 따라서 꽁꽁 얼어 얼음이 되기도 하고, 기체로 변해 증기가 되었다가 유리병에 달라붙어 다시 액체가 되어 물방울로 맺히기도 한다. 어쩌면 그 세 가지 상태가 한 번에 나타날 수도 있다. 그럼 우리는 이 유리병 속에 무엇이

'있다'고 말해야 할까? 첫째로 병 속에는 여러 가지가, 즉 얼음과 물 그리고 수증기가 '있다'고 이야기할 수 있다. 물론 그것들은 모두 물이라는 하나의 요소에서 비롯된 것이기는 하다. 그렇다고 얼음과 수증기가 헛것은 아니다. 그러므로 우리는 얼음이나 수증기의 존재를 부인할 필요 없이 물의 변화를 통해서 그것들을 설명하면 된다. 이것은 헤라클레이토스의 입장과 가깝다. 하지만 다른 길도 있다. 병 안에는 오직 한 가지, 즉 물만 들어 있고 얼음이나 수증기는 우리의 감각이 물을 포착하는 다른 방식일 뿐, 결국 물이기 때문에 변화는 논리적으로 불가능하며 단지 감각에 의한 오해에 지나지 않는다고 할 수도 있다. 이것은 파르메니데스의 입장이었다. 이처럼 헤라클레이토스와 파르메니데스는 존재와 변화를 어떻게 설명할 것인가를 두고서 서로 팽팽하게 대립했다. 이제 그들이 대립한 문제가 불거진 배경을 살펴보고, 두 사람의 상반된 생각을 들어보도록 하자.

Ⅱ. 언어는 사고를 지배하고 사고는 문제를 포함한다

한국인의 눈에는 '무엇이 진짜로 존재하는가'라거나 '존재가 변화를 겪는가'와 같은 물음이 도대체 문젯거리나 되는지부터 의아한 일로 보인다. 하지만 여기에는 나름대로 사정이 숨어 있다. 사피어-워프 가설Sapir-Whorf hypothesis에 따르면 "언어가 사고를 지배한다"라고 하는데

이 문제가 딱 그런 경우가 아닌가 한다. 우리말은 존재사 '있다'와 계사 '…이다'를 구분되어 있으므로 혼동할 일이 없다. 그러나 희랍어의 경우는 그렇지가 못하다. 희랍어의 동사 '에이미εἰμί'는 영어의 Be 동사에 해당하는데, 이 말에는 존재사와 계사의 의미가 모두 포함되어 있어서 혼동의 여지가 있다. 무엇이 문제인지 낯선 희랍어 대신 영어의 Be 동사를 예로 들어 살펴보자.

존재사로서의 Be 동사는 어떤 것의 존재, 즉 '있음'을 의미한다. 그렇다면 Be 동사는 있다가도 쉽게 사라지고, 없다가도 쉽게 생겨나는 것을 대상으로 삼기는 곤란해 보인다. '존재'라는 의미에서는 아무래도 있을 수도 있고 없을 수도 있는 것이 변화의 여지 없이 언제나 있는 것보다는 '짝퉁'의 여지가 크기 때문이다. Be 동사가 존재사로 사용된 'The sky is above the ground.'에서 하늘이 대지 위에 있다고 단언할 수 있는 이유는 그것이 불변의 절대적 사실이기 때문이 아닌가. 반면 '…이다/…임'을 의미하는 계사로서의 Be 동사는 주어의 속성과 주로 연결된다. 그런데 계사로서의 Be 동사는 자신이 주어와 연결시키는 속성의 변화에 구애받지 않는 것처럼 보인다. 'The sky was bright yesterday. But the sky is dark today.'에서 계사로 사용된 Be 동사는 어제와 오늘의 하늘을 밝음에 이어 어둠에 연결함으로써 주어가 변화를 겪도록 만들지만, 아무런 문제가 없지 않나. 이렇게 하여 변화를 배척하는 존재의 측면과 그것을 배척하지 않는 속성의 측면이 Be 동사에 해당하는 에이미 동사에서 그만 대책 없이 뒤섞여 버린 것이다.

그렇다면 하나의 말 속에서 충돌하는 존재와 속성의 변화 문제를 어떻게 정리해야 하나? 아직 언어나 철학의 체계가 미비했던 옛사람들로서는 한 단어가 지닌 모호성에서 비롯되는 이러한 말장난 같은 문젯거리를 쉽게 털어 낼 방법이 없었다. 그래도 대체 무슨 문제가 있는 것인지 좀 더 구체적인 예시가 필요하다면 거칠지만 이런 사례를 들 수도 있겠다. 'Socrates is at Athens.'에서 'is'가 존재사로서 '있다'는 의미로 쓰였다면, 'Socrates is not a sophist.'에서 'is not'은 '있지 않다' 혹은 '없다'는 뜻인가?

헤라클레이토스와 파르메니데스는 이러한 상황에 등장하여 존재와 변화를 어떻게 조화시키고 설명할 수 있는가에 대해 서로 팽팽하게 대립했다.

Ⅲ. 헤라클레이토스: 존재는 하나이면서 여럿이며 변화는 현실이다

헤라클레이토스는 에페소스 출신의 철학자다. 그는 기원전 540년 무렵 에페소스의 고귀한 가문에서 태어났다고 전해진다. 헤라클레이토스의 생애에 관해서는 알려진 바가 많지 않지만, 전해지는 바에 의하면 그는 왕위를 물려받았지만, 스스로 포기하고 산에 들어가 혼자 풀만 뜯어 먹는 '자연인' 생활을 하다가 병이 나면 내려와 치료하곤 했으며 에페소스의 시민들과 지식인들을 향해 욕설을 퍼붓는 등 종잡을 수 없는 사람이었다고 한다.

라파엘로의 「아테네 학당」에 그려진 헤라클레이토스

헤라클레이토스가 등장하기에 앞서 지리적으로 매우 가까운 항구도시 밀레토스에서 최초의 철학자 집단이 등장했다. 그들은 자연의 궁극적 구성 요소가 무엇인지 탐구하는 자연 철학자들로서 탈레스를 필두로 하는 '밀레토스학파'였다. 이들의 핵심 사상은 세상이 어떤 궁극의 원소나 원리에서 비롯되었다는 것이다. 그들은 그것을 '아르케ἀρχή'라고 불렀고 주로 만물을 구성하는 질료(재질)의 측면에서 접근했다. 밀레토스학파의 철학자들은 물이나 공기 등을 아르케로 각기 주장했지만, 처음부터 경험과 직관에 의존했고 과학적 도구도 없었기 때문에 의견의 일치나 검증에 도달할 수는 없었다. 더욱이 단순히 사물의 근본 질료를 밝히는 것만으로는 세계 전체는커녕 개별 사물 하나에 대해서도 충분한 설명을 하는 데 한계가 있다. 예를 들어, 종이컵을 설명해야 하는데 할 때, "이건 종이예요!"라고만 이야기한다면 충분한 설명이 될 수 있을까? 재료만 가지고는 종이컵을 적절하게 설명할 수 없다. 재료로 만든 컵의 형상(모양새)에 대해서도 설명이 주어져야 한다.

여기서 헤라클레이토스는 관심을 세계의 궁극적 구성 요소가 무엇인가 하는 정태적인 문제에서 그것으로부터 온갖 사물들이 어떻게 생겨날 수 있는가 하는 동태적인 문제로 옮겨 놓는다. 그것은 '존재'에 이어 '변화'를 어떻게 설명할 것인가 하는 문제였다.

헤라클레이토스는 이 세계가 수없이 다양한 것들로 이루어져 있다는 점을 인정하는 동시에 밀레토스학파의 선배들처럼 그 모든 것들을 관통하여 흐르는 하나의 본질적인 원리가 있다고 주장한다. 만물의 원리란 바로 운동과 변화다. 세상에 자리 잡은 모든 것들 가운데 변화하지 않는 것은 없다. 흐르지 않는 강은 더는 강이 아니라 호수가 되듯이, 변화는 한 사물의 정체성을 해치는 것이 아니라 오히려 그것의 정체성을 형성한다. 모든 것은 변화를 통해서 다른 것이 아닌 자기 자신으로 있을 수 있다. 그에 관해서 조금 더 알아보도록 하자.

모든 것으로부터의 하나, 하나로부터의 모든 것

헤라클레이토스는 『자연에 관하여』라는 책을 썼다고 전해지는데, 현재는 소실되어 다른 사람의 책 속에서 단편들만이 전해지고 있다. 그런데 헤라클레이토스는 그 책을 산문이 아니라 운문으로 썼고 암시적인 은유를 즐겨 사용했기 때문에 그의 사상은 그의 성격만큼이나 다소 난해하게 느껴진다. 예컨대 "반대되는 것들 사이에는 항상 공통의 요소가 있다"라는 말을 "동그라미에서 시작점과 끝점은 동일하다"거나 "올라가는 길과 내려가는 길은 하나이고 같은 길"이라고 이야기하는 식이다. 그래서 누군가 "헤라클레이토스 선생, 이 세상에 진짜로 있는 것은 어떤 겁니까?" 하고 물으면 그는 아마 이렇게 대답할 것이다.

"이 모든 것들은 전부 존재하지요. 동시에 만물은 하나입니다. 모든 것으로부터 하나가 있고, 그 하나로부터 모든 것이 있게 됩니다."

무슨 뚱딴지같은 소리일까? 진짜로 있는 것이 하나면 하나고 여럿이면 여럿이지 어떻게 하나이면서 여럿일 수 있단 말인가? 논리적으로는 말이 되지 않는다. 이번에도 헤라클레이토스는 특유의 암시적인 은유를 사용하는 것일까? 헤라클레이토스는 밀레토스의 선배들을 뒤따라 자연을 탐구하는 자연 철학자였고 만물을 지배하는 궁극의 제1원소 혹은 원리의 존재를 부정하지 않는다.

"나에게 귀를 기울이지 말고 로고스[1]에 귀를 기울여, '만물은 하나'라는 데 동의하는 편이 지혜롭다."

– 히폴뤼토스, 『모든 이교적 학설들에 대한 논박』, IX, 9

위 단편에서 헤라클레이토스는 분명히 만물이 하나라고 말한다. 하지만 반대로 그 하나의 어떤 것으로부터 우리 주변의 모든 것들이 갈라져 나온다. '모든 것으로부터의 하나'로서 제1원리가 있을 수 있는 것처럼, '그 하나로부터 모든 것'이 있는 것도 사실이다.[2]

---

1 본래 희랍어 로고스는 '이성', '추론', '합리', '설명' 등을 폭넓게 가리키는 말이다. 그러나 헤라클레이토스가 말하는 로고스는 그러한 의미들 가운데 어느 한 가지로 좀처럼 좁혀지지 않는다. 헤라클레이토스의 로고스는 '모든 것에 공통으로 적용되는 규범이나 본성'으로서 자신이 깨달은바 정도를 가리킨다.

2 위-아리스토텔레스, 『우주에 관하여』, 376b22.

그래서 헤라클레이토스에게 이 세상에 진짜로 있는 참된 존재는 하나이면서 동시에 여럿이었다.

변화는 만물의 본질이다

그럼 변화에 관한 헤라클레이토스의 생각은 어떤 것이었을까. 헤라클레이토스의 암시적 경구들이 보여 주는 그의 대표적인 사상은 이른바 '만물 유전설'이다. 이를 잘 보여 주는 경구들 가운데 하나는 아래와 같다.

> "모든 것은 흐른다(나아간다). 그리고 어떤 것도 머물러 있지 않다."
>
> – 플라톤, 『크라틸로스』, 402a

만물 유전론은 모든 사물이 변화하며 고정된 것은 없다는 것이다. 헤라클레이토스가 보기에 만물은 하나도 빠짐없이 변화하고 있었고, 생성하고 소멸하는 세계야말로 허상이 아니라 실재하는 현실이었다. 그는 이를 다른 방식으로도 표현한다.

> "당신은 같은 강물에 두 번 들어갈 수 없다."
>
> – 플라톤, 『크라틸로스』, 402a

만물 유전설이 사실이라면, 우리는 같은 강물에 두 번 들어갈 수 없다. 조금 전에 내가 접촉했던 강물은 이미 흘러가 버렸고, 지금 내 몸에 닿고 있는 물결은 새로운 것이기 때문이다. 강은 그 자리에 있지만, 그 안에서는 끊임없이 운동과 변화를 일으키고 있다. 그리고 이것은 강을 포함해 이 세상 모든 것들의 공통점이다. 이 세계에 있는 모든 존재하는 것들은 변화에 참여한다. 그럼 세계 전체가 참여하고 있다는 그 변화를 어떻게 규정할 수 있을까? 헤라클레이토스는 그것을 가리켜 '대립자들 사이의 투쟁'이라고 말한다. 대립자란 말 그대로 '어떤 것(A)'과 '그 어떤 것이 아닌 것(~A)'을 가리킨다.[3] 그러니까 변화란 'A'와 '~A' 사이에서 벌어지는 갈등인 셈인데, 여기에는 A에서 ~A로의 운동과 ~A에서 A로의 운동이라는 두 방향의 운동이 있을 수 있겠다. 헤라클레이토스는 이러한 대립자들 사이의 투쟁이 궁극적 실재를 훼손하기는커녕 만물의 참된 본질이라고 주장한다.

히폴뤼토스(DK22B51)

"그것이 어떻게 자신과 불화하면서도 그 자신과 일치하는지를 사람들은 이해하지 못한다. 그것은 마치 활과 뤼라(수금)의 경우처럼, 반대로 당기는 조화이다."

–『모든 이교적 학설들에 대한 논박』 IX. 9

대립자들 사이의 투쟁으로서 변화는 생동하는 우주의 본질이며 만물의 파괴가 아니라 존재의 근거가 된다. 세계 속에 존재하는 모든 것은

3 대립에는 모순 대립(홀과 짝)과 반대 대립(흑과 백) 그리고 관계 대립(남과 여)과 소유-결여(유능과 무능) 대립이 있는데, 네 경우 모두 'A'와 '~A'의 형식으로 나타낼 수 있다.

변화를 겪는데, 각각의 사물은 그러한 변화를 통해서 다른 것이 아닌 자기 자신으로서 존재할 수 있기 때문이다. 강은 고정된 것 같이 보이지만, 항상 흐르고 있으므로, 조금 전에 들어갔던 강물과 지금 들어와 있는 강물은 다르다. 이처럼 강물은 항상 변화라는 운동 중에 있으며, 이러한 운동을 중단할 경우, 강은 더는 강으로 존재할 수가 없다. 흐르지 않는 강은 강이 아니라 호수일 테니까. 활과 수금도 마찬가지다. 활은 원래 모양대로 고정되어 있으려는 활대와 그러한 고정 상태를 무너뜨리려는 시위 사이의 투쟁을 통해서 비로소 화살을 날릴 수 있는 활로서 존재하며, 수금 또한 고정되어 있으려는 몸체와 운동하려는 현 사이의 투쟁을 통해서 소리를 낼 수 있는 악기로서 존재할 수 있다. 이렇듯 모든 사물은 대립자들 사이의 투쟁을 통해서 다른 것이 아닌 자기 자신으로서 존재하므로, 변화는 현실이며 만물의 본질이라는 것이 헤라클레이토스의 생각이다. 그러나 헤라클레이토스의 이러한 주장은 세계의 본질이 변화에 있다는 그의 전제를 정면으로 부정하는 파르메니데스에 의해서 위기를 맞는다.

Ⅳ. 파르메니데스: 존재는 오직 하나뿐이고 변화는 허상이다

파르메니데스는 헤라클레이토스와 동시대 인물이었지만, 그보다 조금 젊었다. 그는 그리스 서부에 있던 이탈리아 서남부의 그리스 식민

라파엘로의 「아테네 학당」에 그려진 파르메니데스

지 엘레아에서 태어났다. 그가 태어난 엘레아 부근에는 수학 교과서를 통해 우리에게도 잘 알려진 피타고라스학파가 자리 잡고 있었고 파르메니데스도 그들과 교류했다고 한다.[4] 헤라클레이토스의 배후에 밀레토스학파가 있었다면, 파르메니데스에게는 피타고라스학파가 있었던 셈이다. 피타고라스학파는 수數의 질서가 우주 전체의 지배 원리라는 생각을 하고 있었다. 우주가 수적 비례에 의한 여러 조화와 화음을 따라서 운행된다는 것이었다. 음악은 이런 생각을 뒷받침하는 결정적 증거였다. 현의 길이와 음정의 높낮이는 정수의 비례 관계에 놓여 있기 때문이다. 예를 들어 악기의 음정은 현을 그냥 튕겼을 때보다 그 현을 1/2로 줄였을 때 정확히 한 옥타브 높아진다. 밀레토스학파가 세계의 제1원리에 대해 물질적 구성 요소를 중심으로 접근했던 것과는 다르게, 피타고라스학파는 관념적 측면을 중시했다. 하지만 파르메니데스는 피타고라스학파에 머물지 않고 독자적인 철학을 발전시켜 엘레아학파의 실질적인 수장이 된다.

기존의 철학자들은 하나의 아르케로부터 다양한 사물이 생겨나고 그것들이 다시 본래의 상태로 돌아가는 과정을 반복하면서 세계가 작동

4 디오게네스 라에르티오스, 『그리스 철학자 열전』, 9. 21. '… 그는 디오카이타스의 아들이며 피타고라스학파였던 아메이니아스와도 교류했는데….'

한다고 생각했다. 달리 말해서 우주는 하나에서 여럿이 생겨나고 다시 여럿이 하나가 되는 과정의 반복적인 순환이고 그 속에서 변화는 아주 자연스럽고 필수적인 프로세스였다. 그런데 그들은 자연 세계를 오직 감각 경험에 의지해서 탐구하려고 했다. 하지만 파르메니데스가 볼 때, 이것은 탐구의 대상도 방법도 모두 확실한 앎을 가져오기 힘든 것이었다. 확실한 앎의 대상은 언제나 확고하게 존재하는 것이어야만 하지, 감각 사물들처럼 있었다가도 사라지고 없었다가도 생겨나는 것들에 대해서는 불가능했다. 그리고 진리는 감각이나 직관이 아니라 지성적 사고에 의해서만 안전하게 다가갈 수 있었다. 그래서 파르메니데스는 문제가 점점 어려워지는 한이 있더라도 감각과 상식이 아니라 이성과 추론에 입각하고자 했다. 그리하여 파르메니데스는 존재와 변화에 관한 아주 대담한 주장을 펼치게 된다.

존재는 오직 하나뿐이다

파르메니데스는 "이 세상에 진짜로 있는 것은 어떤 것인가?" 하는 질문에 대해서 자신이 생각하는 답을 다음과 같이 내놓는다.

> 심플리키오스(DK28B8)
>
> … 존재는 생성되는 것도 아니고 소멸할 수도 없으며 완성되어 있고 견고하며 확고·불변하고 완전하다. 그리고 그것은 예전에 그랬던 것도 아니고 앞으로 그러할 것도 아니다. 존재는 통틀어 하나로 연속되어 있기 때문이다.

–『아리스토텔레스 「자연학」 주석』, 145, 1–5

파르메니데스가 생각하는 존재는 영원·불변하며 단일한 어떤 것이다. 아니, 사람 한 명, 개미 한 마리까지 모두 엄연히 따로 존재하는 것이 아니었나? 파르메니데스 눈에는 세상 전체가 무슨 반죽 덩어리처럼 보였던 걸까? 하긴 그는 애초에 세상을 눈으로 보려고 들지도 않았다. 그는 오로지 이성과 추론으로만 세상을 파악하려고 했다. 아무리 그렇다고 해도 존재가 여럿일 수 없다는 신박한 주장을 그는 어떻게 정당화할 수 있었던 것일까?

파르메니데스는 생각했다. 존재가 분할된다면 그것은 존재에 의해서 분할되거나 비존재에 의해서 분할되거나 둘 중 하나여야 한다. 그런데 비존재로 무엇을 분할하는 것이 가능한가? 비존재는 말 그대로 '존재하지 않는 것'이다. 0으로는 나누기를 할 수 없듯이, 비존재로는 그 무엇도 분할할 수 없다. 그렇다면 비존재가 아니라 존재에 의해서는 분할이 가능할까. 파르메니데스는 아니라고 말한다. 왜 그랬을까? 우리는 분리될 수 없는 것을 나누려고 애쓰는 것을 두고 "칼로 물 베기"라고 한다. 칼로 물을 베어 봤자 갈라놓은 물과 물은 계속 물로 연속되기 때문에 떼어 놓을 수가 없다는 뜻이다. 그런데 존재를 존재로 분할하면 어떻게 되나? 존재가 존재에 의해 여전히 연속되고 만다. 파르메니데스는 이처럼 존재는 무엇으로도 분할될 수 없고 하나일 수밖에 없다고 결론을 내린다.

변화는 환상이며 착각에 불과하다

그렇다면 변화는 어떠한가? 우리의 일상에서 변화를 목격하는 것은 어려운 일이 결코 아니다. 물을 데우면 온도가 변하고 한 걸음만 내디디면 장소가 변하고 시간이 지나면 계절이 변한다. 이렇게 자명한 것을 어떻게 부정할 수 있을까? 그는 아마도 이렇게 대답했을 것이다.

"존재가 어떻게 영원·불변할 수 있냐고? 그것은 존재가 생성과 소멸을 겪지 않기 때문이야. 만약 존재가 한시적이어서 운동이나 변화가 진짜이고 현실이라고 한다면, 어떤 것이 생겨나는 것, 다시 말해서 생성도 가능하겠지? 그런데 생성이 있다면 여기에는 두 가지 가능성이 있어. 어떤 존재가 생겨난다면, 그것은 비존재로부터 생성되거나 존재로부터 생성될 것이기 때문이지. 그런데 비존재로부터 존재가 생성되는 것은 불가능해. 아무것도 없는 곳에서 무엇이 생길 수 있겠나? 반대로 존재로부터 존재가 생성되는 경우라면, 이게 무슨 생성이란 말인가! 이 경우는 그저 기존부터 그저 있었던 것이지 생성되는 것이 아니야! 결국 존재의 생성은 비존재로부터든 존재로부터든 불가능해. 소멸도 마찬가지 논리에 의해서 불가능하고 말이지."

이처럼 존재는 생겨날 수도 없고 사라질 수도 없다. 파르메니데스는 이를 통해서 존재가 처음부터 있었고, 앞으로도 영원히 그리고 그 상태 그대로 변화 없이 있을 거라고 주장한다. 오늘날의 우리라면 파르메니데스를 향해 '당신은 지금 존재와 속성의 의미를 혼동하여 언어의 질서를 어지럽히고 있다'거나 '종과 유의 차이를 무시하고 있다'는 식으로 대응할 수 있을지 모른다. 하지만 언어 논리의 체계가 마련되지 않았던 당시 사람들에게 파르메니데스의 도발적인 주장은 굉장히 골치 아픈 문제였다.

잘 키운 제자 하나, 열 자식 안 부럽다

비록 파르메니데스의 주장이 논변에 토대를 두고 있기는 하지만, 그의 사상이 그렇게 선뜻 받아들여지지는 않는다. 그것은 아직 언어 논리가 무르익지 않은 시절에 고안된 논변들인 탓에 그 자체로서 결함을 가지고 있었던 이유도 있지만, 무엇보다 곤란한 점은 헤라클레이토스를 비롯한 기존의 철학자들은 물론이고 당시 대중의 일반적인 상식과 직관에 너무나도 크게 벗어나 있다는 점이었다. 파르메니데스의 주장이 얼마나 황당한 것이냐면, 이 책과 책을 읽는 내가 사실은 같은 존재이고 하늘과 땅이 다르지 않으며 나는 살아 있는 모든 인간은 물론이고 살다 간 옛사람들과 앞으로 살게 될 미래의 인간들과도 한몸이라는 소리다. 이에 따라 파르메니데스의 학설에는 의심과 반박이 뒤따르곤 했는데, 그런 스승을 위해 파르메니데스의 제자였던 제논은 운동과 변화를 받아들일 경우, 오히려 현실을 이해하는 데 더욱 어려움을 겪게 된다는 점을 보여 주는 역설을 40가지나 고안하여 스승을 지원하는데 이를 '제논의 역설[5]'이라고 부른다. 제논은 이를 통해서 스승의 주장을 거

5 제논의 역설은 외형적으로 귀류법의 형식을 취하고 있는데, 그것은 하나의 조건문(A→B)을 대전제로 제시한 다음, 그것의 후건을 부정(~B)함으로써 전건의 거짓(~A)을 증명하는 연역적 방법이다. 귀류법의 한 사례로 다음의 예를 소개한다. 구름이 아니라 제우스가 비를 내리게 한다고 주장하는 사람에게 "좋아, 네 말이 옳다고 해 보자. 비를 내리게 하는 것은 구름이 아니라 제우스라고 말이야. 하지만 그렇다면 제우스는 구름 없이도 비를 내리게 할 수 있어야 할 게 아니야? 하지만 그런 풍경을 너는 본 적이 있니? 그러니 제우스가 아닌 구름이 비의 원인이야."

부하고 운동과 변화를 수용할 경우, 파르메니데스의 주장보다 더욱 우스꽝스러운 결론에 도달하고 만다는 것을 보여 주려 했다. 제논의 역설 가운데 재치가 돋보이는 두 가지를 그의 목소리를 흉내 내어 소개해 본다. 먼저 이른바 아킬레우스와 거북이의 역설이다.

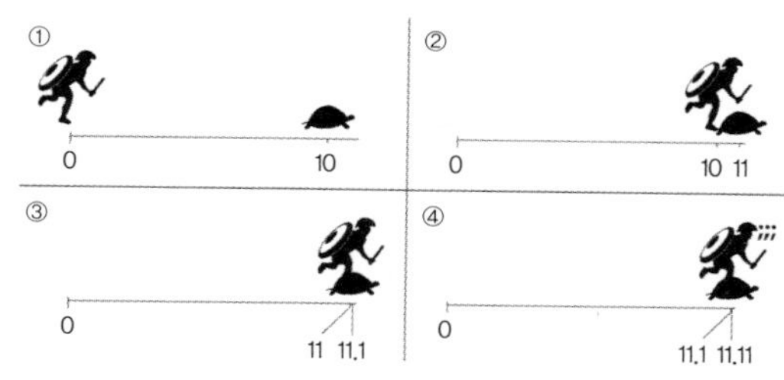

"자, 헤라클레이토스 선생, 선생은 존재가 분리될 수 있고 변화가 현실이며 만물의 본질이라고 주장하시죠? 사실 저는 선생의 생각에 의구심을 가지고 있습니다! 왜냐하면 선생의 말씀이 사실이라면 제 스승이신 파르메니데스 님의 주장보다 더 우스꽝스러운 결론으로 우리를 이끌고 말 것처럼 보이거든요. 그래서 제가 파르메니데스 님을 대신해서 존재가 분할 가능하다는 선생의 주장이 얼마나 이상한 것인지 말해 보려고 합니다.

만약 선생 말씀대로 존재가 분리될 수 있고 운동과 변화가 진짜라면, 발이 빠른 영웅 아킬레우스는 자기보다 약간 앞서 출발한 거북이를 달리기 경주에서 절대 따라잡을 수 없을 겁니다. 왜냐고요? 잘 들어보세요. 선생 주장대로 존재가 분리될 수 있다면, 아킬레우스와 거북이 사이의 공간도 무한하게 분할될 수 있을 겁니다. 이에 따라 아킬레우스는 거북이에게 도달하기까지 무한하게 많은 지점을 통과해야 하는 셈이죠. 하지만 무한한 수의 지점을 통과하는 것은 불가능합니다. 인간이 어떻게 무한한 수의 작업을 수행할 수 있단 말인가요? 아무리 여신의 아들이라고 해도 그건 불가능합니다. 더욱이, 아킬레우스가 거북이가 출발한 자리에 도달하더라도, 그 사이 거북이 역시 조금은 전진했을 테지요? 그런데 점차 좁혀지는 아킬레우스와 거북이 사이의 공간마저도 무한히 분할될 수 있습니다. 결국 경주가 계속될수록 아킬레우스와 거북이의 격차는 0에 수렴하겠지만 아킬레우스는 결코 거북이를 추월할 수는 없게 되겠죠. 하지만 저는 아킬레우스가 거북이를 역전하지 못할 리는 없다고 생각하는데요. 그럼 우리는 무엇을 포기해야 할까요? 아킬레우스가 경주에서 거북이를 이길 수 있다는 점을 포기해야 할까요 아니면 존재가 분할될 수 있다는 점을 포기해야 할까요?"

다음은 날아가는 화살의 역설이다.

"그리고 존재의 여럿이라는 것이 얼마나 이상한가를 보여 주는 이야기가 한 가지 더 있어요. 제 생각에는 선생 말씀대로 존재가 분할될 수 있고 운동과 변화도 실재한다면, 빠르게 날아가는 화살도 날아가는 동안 시종 운동 상태에 놓여 있어야 할 것 같은데요. 하지만 날아가는 화살조차 그것이 날아가는 사이 시종일관 운동 상태에 놓여 있는지 저는 정말 의심스럽습니다. 선생은 존재가 분할될 수 있다고 믿고 계시니까 화살이 날아가는 동안 시간도 분할될 수 있다는 데 동의하시겠죠? 그럼 화살이 날아가는 시간을 아주 짧은 간격으로 무수하게 끊어서 정지된 그림으로 만들었다고 해 보시죠. 그러면 그 그림마다 화살들은 모두 멈춰 있는 상태가 아니겠습니까? 시점마 다 화살은 자기와 같은 공간만큼만 점유하고 있을 테니까요.

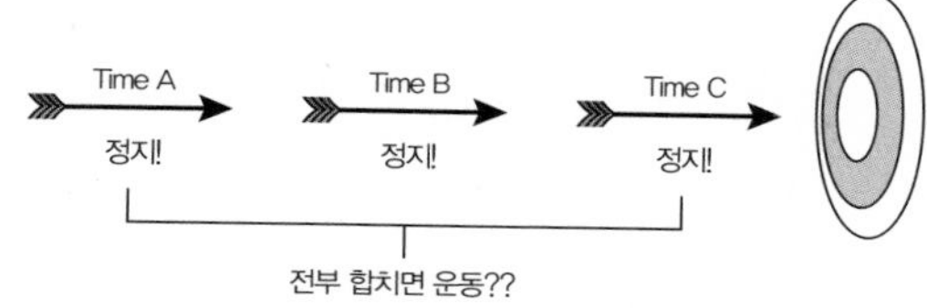

(마치 디지털카메라로 찍은 동영상의 프레임마다 사물이 정지되어 있듯이, 화살도 시점마다 항상 정지되어 있다.) 자, 이렇게 화살들이 시점마다 정지되어 있는데 이것들을 모두 모아 놓으면 운동하는 화살이 된다고요? 저는 잘 이해가 가지 않네요."

제논의 역설은 그 역설 자체의 타당성을 주장하기 위해 고안된 것이 아니다. 제논의 역설은 그 자체로 논리적 오류를 포함하고 있다. 그것은 역설 속의 내용이 옳다고 주장하기 위한 것이 아니라 헤라클레이토스의 주장이 옳다고 가정할 경우, 파르메니데스가 지적받고 있는 상식에 위배되는 결과를 마찬가지로 또는 그 이상으로 초래하게 된다는 점을 보여 줌으로써 스승을 옹호하려는, 말하자면 '너희 말이 더 웃겨' 전략이었다.

Ⅴ. 초창기 그리스 철학의 밑그림이 되어 준 헤라클레이토스와 파르메니데스

헤라클레이토스와 파르메니데스는 같은 세상을 바라보면서 살았지만, 완전히 다른 방식으로 그것을 해석했다. 헤라클레이토스는 만물의 본질을 변화에 두는 동태적인 철학을 주장했다. 존재하는 모든 것은 예외 없이 변화의 과정에 놓여 있고 변화 때문에 자신의 정체성을 상실하는 것이 아니라 오히려 그것을 통해 다른 것이 아닌 자기 자신으로서 존재하므로 세상에 존재하는 수없이 많은 존재에게는 변화와 운동이 필수적이라는 것이 그의 생각이었다. 반면, 파르메니데스는 상식적으로 명백한 변화의 현상을 배제하면서까지 존재 자체를 강조하는 정태적인 철학을 주장했다. 존재에 관한 참된 진실은 감각으로 포착할 수 있는 사물들의 차원에서는 기대할 수 없고 오직 추론을 따라 파악해야 하는데, 그에 의하면 존재는 여럿일 수도 없고 변화할 수도 없다는 것이 파르메니데스의 결론이었다. 이후 그리스 철학은 소크라테스가 등장하기 전까지 두 사람의 입장을 양극단으로 삼아 둘 사이의 갈등과 대립을 조화시키려는 방향으로 나아간다. 헤라클레이토스와 파르메니데스가 플라톤이나 아리스토텔레스 같은 고대 철학의 슈퍼스타는 아니지만, 초창기 그리스 철학에 남긴 반향이 작다고 할 수 없는 이유다.

12장

경쟁 사이에서 선악 구도로, '이순신 vs 원균'상像의 형성

윤광언

1. 양장良將의 경쟁자에서 악역 담당 겁장怯將으로

오늘날 '한국사 속 라이벌'을 거론하는 여러 콘텐츠에서는 경쟁자와 숙적을 세밀히 구분하지 않고 김춘추 vs 연개소문, 정도전 vs 정몽주, 이황 vs 조식, 이순신 vs 원균, 송시열 vs 윤증 등을 통틀어 라이벌로 소개하고 있다. 언급한 사례를 가볍게 살펴보아도 느껴지겠지만, 이 중에는 대립항의 익히 알려진 공적, 혹은 역량이 균형이 맞지 않는 듯하면서도 라이벌로 칭해지는 쌍이 하나 있다. 각 정치 세력, 혹은 시대정신을 대표하여 격돌한 여타 사례의 인물들과 달리, 성웅과 겁장으로 각각 기억되는 '이순신 vs 원균'의 경우가 바로 그것이다.

오늘날 사람들이 구조화한 '라이벌, 이순신 vs 원균'이라는 구도에는 맞수나 경쟁자, 숙적 등의 개념에 내재하는, 속칭 '급'이 맞아야 한다는 전제가 함께하지 않는다. 라이벌로 소개된 이 책의 여러 사례와 달리, 세간에 알려진 역량이나 공훈 측면에서 한 편이 다른 한 편을 일방적으로 압도하는 만큼 이 두 인물은 분명 오늘날의 시각에서 보면 라이벌이라고 칭하기 어려운 부분이 있다. 근본적으로 원균이 완패하고 조선 수군 대다수를 잃었던 '사실 그 자체'가 실존하는 만큼, '이순신 vs 원균' 구도는 인물들이 대등한 위치에 선 경쟁 혹은 대립 구도라고 말할 수 없다. 두 인물이 살아 활동하던 때에도, 사망한 후 공과를 비교하며 평가할 때에도 이들의 역량이 서로 견줄 만하다거나, 이들이 시대를 대표하는 쌍벽으로 여겨졌다고 명확히 지적한 서술은 전하지 않는다. 오히려 당시에도, 이후에도 원균은 이순신과의 잦은 충돌, 칠천량에서의 대패 후 괴멸이 주로 부각되었다.

그동안 원균은 장수로서의 역량이 부족하고, 인격적으로도 지휘관으로 적당하지 않으며 붕당 간의 대립을 틈타 능력 있는 상관을 몰아내고 그 자리를 차지한 인물로 여겨져 왔다. 이와 같은 인상이 전해지게 된 이유 중에는 이 무렵에 살았던 인물들이 다른 장수들을 위해 지은 제문祭文, 전기傳記 같은 글에서 원균을 부정적으로 묘사한 영향도 컸다. 원균이 비겁하고 질투심이 많았다거나, 작전을 수행할 때 다른 장수들과 의논하지도 않는 한편으로 주색잡기에 빠졌다거나 하는 비난은 류성룡(1542~1607)의 『징비록』에서부터 확인되며, 원균의 탐욕스러움과 음흉하고 포학함은 이식(1584~1647)이 지은 이순신을 위한 「시장諡狀」에서도 언급된다. 병법과 지휘에 능통하지 않으며, 진중에서 술을 마시고 횡포를 부린다는 서술은 이순신(1545~1598)의 『난중일기』에 전한다.

그런데, 『조선왕조실록』과 『승정원일기』를 살펴보면 사신이 나중에 덧붙인 논평을 제외하면, 원균에 대한 이러한 지적 중 다수는 18세기 후반에 이르기까지 왕의 앞에서 직접 언급된 적은 없다. 그럼에도 불구하고 이러한 기술들은 원균을 직접 접했던 동시대 인물들이 남긴 글에 전해져온 서술이라는 특징이 강조되며, 후대인들이 공식적이지는 않아도 보편적으로 공유하려고 했던 원균에 대한 상식과 원균상像을 만드는 데 결정적으로 영향을 미쳤다.

상像은, 그리고 상식은 만들어지는 것이다. 특히 17세기 초에는 전쟁으로 무수히 많은 기록이 소실된 데다가, 공식 역사기록을 남길 때 유독 특정 당색의 이해관계가 적나라하게 투영되었다고 서로 비난하며 실록이 수정되어 다시 만들어지는 사상 초유의 사태도 발생했다. 이렇게 혼란스러운 시절에, 원균 자신이나 친인척, 지인이 그의 관점에서 지은 글은 남겨지지 못했다. 심지어 원균 그 자신은 나라를 망하게 할 정도로 큰 과오를 범했던, 살아남은 관계자라면 당색을 막론하고 누구나 거리를 두고 싶어 했을 인물이었다. 필자는 이런 유형의 인물이 실제 어떤 인물이었을지 추적하기 위해 개인이 조정 밖에서 다른 사람들과 교유하며 남긴 글에 의존하기보다는, 왕을 동반하는 공식적인 자리에서 이 인물에 대해 어떤 이야기가 오갔는지를 살펴보는 것이 더 도움이 될 것으로 생각하였다.

오늘날에는 약간의 수고를 들여 정보를 폭넓게 구할 수 있게 되면서, 혹은 순수하지 않은 목적으로 원균이 재조명되기도 하면서 '한국의 수전 역사상 최악의 패전을 지휘한 장수는 사실 어떤 인물이었을까' 하는 순수한 의문조차 의도를 의심받고 조롱과 비난의 대상이 되기도 한다. 하지만 근래 발표된 연구들에 따르면, 이순신조차도 17세기까지만 해도 지휘 능력이 주로 호평을 받았으나 18세기 이후에 들어 충의의 아이콘으로 자리매김하고, 19세기 이후가 되어서야 국난 극복과 애국(순국)의 상징인 성웅으로 우리의 인식에 자리 잡았다고 한다. 그리고 특이하게도 이 과정에서, 이순신을 좋게 평가할수록 원균에 대한 인식에는 부정적인 수식어가 추가되었다고 한다.

필자는 원균을 위해 변명을 하려는 마음도 없고, 원균을 위한 변명의 문제점을 지적하려는 의도도 없다. 마찬가지로 이순신의 공을 깎고자 하는 것도 아니며, 이순신의 결점을 지적하려는 생각도 없다. 한국인이라면 누구나 한 번쯤은 검색해 보았을 만한 두 인물의 생애와 인적 정보, 주요 사건을 이 글에서 다시 서술하기에는, 연구자들뿐만 아니라 전문가 못지않게 깊은 관심을 가지고 공력을 들인 재야의 고수들이 남겨 온 자료가 너무나 많다.

그 때문에 이 글에서는 먼저 칠천량전투 이전까지 조정에서 원균의 역량과 품성이 언급되었던 사례를 간략하게 소개한 후, 원균을 평가할 때 주로 인용되어 온, 양장良將의 라이벌이 겁장怯將으로 남게 된 발단이 된 대표적인 자료 일부를 함께 살펴보고자 한다. 라이벌이라고 쓰지만 악역이라고 원균을 읽는 현대인들에게, 서로 비교할 만한 사료를 소개함으로써 악역 원균을 만들어 낸 시초가 되는 사료도 조금 다르게 볼 수 있음을 보여 주는 것이 우선 목표이다. 나아가, 두 인물을 선악 구도라는 정형화된 틀 속에서만 이해하기보다는, 이들 또한 다투고 갈등하면서도 조선의 승리를 위해 나름대로 힘썼던 경쟁자들로 볼 수 있음 또한 보이고자 한다.

2. 패망의 아이콘이 된 지휘관, 원균

조정 밖에서 작성된 원균에 관한 부정적인 기록 중에는 실록에, 특히 왕 앞에서 묘사되는 원균의 이미지와 일치하지 않는 점이 몇 가지 있다. 특히 실록에 실린 대신들의 언설 중 그의 역량, 통솔, 청렴함에 대한 결이 다른 서술은 후술할 『징비록』에서 문제로 삼은 원균의 품성에 대한 기술과도 비교되는 만큼 눈여겨볼 만하다.

실록에 전하는 원균에 대한 서술 중 가장 최초의 것은 선조 24년(1591) 2월 4일, 원균의 체직遞職을 청하는 사간원의 건의를 기록한 것이다. 실록의 이 기사는 주로 원균이 전투뿐만 아니라 행정 업무도 잘 못 보았다는, 역량이 부족했다고 비판하는 근거로 주로 거론됐다. 그런데 실록의 기사를 자세히 검토하고, 또 원균이 임하기 전 전라 좌수사들의 교체 사유를 보면 사간원이 원균의 교체를 건의한 이유가 원균이 역량이 부족하기 때문이었을지 재고해보게 된다.

사간원이 계를 올려 아뢰기를, "전라 좌수사 원균은 전에 수령을 지내며 고적考績이 거하居下였습니다. 겨우 반년이 지나서 변방을 지키는 큰 장수閫帥에 벼슬을 건너뛰어 제수超授하시면 뛰어난 자를 승진시키고 모자란 자를 쫓아내어 권면하고 징계하는 뜻이 전혀 없으므로 물정物情에 마땅치 않습니다. 체차를 명하시고 젊고 무략武略이 있는 사람을 각별히 가려내어 보내소서."

–『선조실록』 선조 24년 2월 4일

사간원에서 주장한 내용을 요약하면, 얼마 전 다른 곳에서 근무 고과가 좋지 못했던 원균을 전라 좌수사로 임명하면 안 된다는 것이다. 그런데 사간원에서는 원균을 임명하면 안 되는 이유로, 원균이 임지에 가서 근무를 잘 돌보지 못할 것으로 예상하기 때문이라고 한 것이 아니라, 고과에 따라 상을 주고 징계하는 뜻이 드러나지 않기 때문임을 들었다. 사실, 이 무렵 실록에 남은 전라 좌수사의 면직 사유를 보면, 원균의 면직 사유보다 심한 경우들을 쉽게 찾을 수 있다. 이경(?~?)은 선조 19년(1586)에 근무 태만과 방비 소홀로 약탈당했다는 사유로 파직되었고, 이천(?~?)은 선조 20년(1587)에 군사작전 중 휘하 장병이 늦게 도착했다는 이유를 들어 매질해 죽게 했다는 이유로 자리에서 물러난 적이 있었다. 면직 사유의 심각성 정도를 차치하더라도, 이유의(?~?)가 선조 24년(1591) 1월 4일에 전라 좌수사에 임명되었는데 같은 해 2월 4일에 전라 좌수사 원균을 교체하라고 사간원에서 청을 올린 것을 보면, 이유의 또한 원균처럼 임명되고 1달이 지나기 전에 다른 사람으로 교체되었던 것으로 보인다. 원균 다음으로 전라 좌수사에 임명되었던 유극량(?~1592)도 미처 임지에 부임하기 전에 교체되었다. 이경이나 이천의 체직 사유, 조선 시대에 관직 임면任免이 문무관을 막론하고 여러 명목으로 갖았던 점, 그리고 이 건의가 있고 불과 1년 후 전쟁이 발발했을 때 원균이 경상 우수사를 맡고 있었던 점을 염두에 두면, 사간원에서 원균을 물러나게 하고 다른 사람으로 교체하라고 올린 건의는 초점이 원균의 역량 부족에 있었다기보다는, 현대인의 감성에 맞게 표현하자면 징계나 경고에 있었다고 볼 수 있다.

이어서 실록에 실린 원균 관련 기록은 실제로 전투가 있었는지 판단이 어려운 5월 10일 실록 기사에 소개된 전투를 제외하면, 원균이 오늘날까지도 비판받는 주요 이유 중 하나인 경상 우수영에서의 퇴각에 대한 선조 25년(1592) 6월 28일 자 기사이다. 보고를 올린 김성일과 김수 모두 원균이 경상 우수영에서 물러나며 전선과 병력, 물자를 잃어버리고 말았음을 지적하였으며, 후술하겠지만 류성룡은 원균이 이런 과실을 범한 것은 그의 사람됨부터 장수를 맡기에 어울리지 않기 때문이라고 기록하였다. 이 이후 실록에 남아 있는 원균에 관한 기사는 조정에서 이순신과 원균의 충돌이 논의될 때까지, 원균에 대한 포폄보다는 전장에서의 활동과 원균이 올린 보고 기술이 중심이 되었다.

원균과 이순신의 불화가 조정에서 논의되기 시작할 무렵의 실록 기사에서 주목할 만한 부분은, 이원익을 제외하면 원균이 관료들에게 격렬하게 비난을 받은 기록을 실록에서 찾을 수 없다는 점이다. 류성룡이 원균을 서인西人 계열 관료들의 비호를 받은 인물로 서술한 이래로, 원균은 동인계열 관료들의 지지를 받던 이순신의 대척점에 서서 이순신을 모함했다고 알려져 왔다. 그런데 서인과 남인南人의 주도로 편찬된 『선조수정실록』에서 원균의 결점을 부각한 것과 달리, 광해군 재위 중

편찬된 『선조실록』에는 오히려 동인계열 관료들이 원균을 비난만 한 것이 아니라 긍정적으로 평가하기도 했음을 보여 주는 기록들이 전한다. 예를 들어, 이황, 조식의 문인으로 동인 계열의 인사 중 한 명이었던 정탁(1526~1605)은 선조 27년(1594) 11월 12일, 조정에서 자신이 남쪽 지역들을 다니며 들은 이야기를 전하며, "원균은 사졸들이 따르니 매우 쓸만한 장수이며, 이순신도 비상한 장수"라고 하였다. 늘 원균이 장수 될 만한 인물이 아니라고 역설했던 이원익마저도, 칠천량 전투가 일어나기 전까지는 전투에 있어서 원균이 뛰어나다는 점, 그동안 그가 공훈을 세워왔다는 점을 부정할 수는 없었다.

이순신과의 불화로 충청 병사로 옮겨진 후인 선조 28년(1595) 8월 15일, 사헌부에서 원균이 탐욕스럽고 포학하니 파직해야 한다고 건의한 적이 있었다. 그리고 약 1년 후, 선조가 대신들과 회의 중 원균의 인품이 화제가 되어 전해에 있었던 사헌부에서의 건의의 정당함에 의문을 제시하며 원균이 재물을 탐하는 인물인지 물었다. 실록에는 3건의 답변이 전한다. 잘은 몰라도 지극히 청렴하지는 않을 것이라는 이원익의 의견이 1건, 원균이 용기가 있으며 병력이 이동할 때 질서정연했다는 건 알지만, 탐욕스러운지는 모르겠다는 의견이 1건, 청빈한 생활로 유명했던 동인계열 관료가 십여 년 전에 어사로 활동할 때 원균을 표창해야 한다고 보고한 일이 있었다는 답변이 1건씩 있었다.

그럼에도 불구하고, 패전 이후 원균이 조정의 논의에서 무능한 장수의 대표 격으로 자리매김하기까지는 오래 걸리지 않았다. 현전하는 관官에 의한 기록상 원균이 능력 없는 패망의 아이콘으로 국왕이 임하는 조정에서 거론되기 시작한 것은 인조 9년(1631) 4월 이후부터였다. 이때 승정원일기에 처음 기록된 이래로, 아무리 많은 병력을 이끌더라도, 병사들이 날래고 용맹하더라도 지휘관이 무능하면 패할 수밖에 없다는 이야기가 나올 때면 늘 원균이 언급되었다. 다만 몇몇 연구자들이 밝혔듯이 겁이 많은 장수로서의 이미지는 18세기 후반에 이르러서야 조정에서 확인되기 시작하였다. 직접적인 계기가 이인좌의 난에서 두 장수의 후손들이 보인 대조적인 거취 때문인지, 혹은 충신을 현창하는 당시 분위기 속에서 『이충무공전서』를 편찬하는 과정에서, 민간에서의 원균 관련해 여러 기록을 종합하며 조정에서보다 적극적으로 민간에 전하던 원균의 인격적 결함을 말할 수 있게 되었기 때문인지는 더 검토가 필요할 것이다. 다만, 18세기 전반까지만 해도 전쟁 중 변방을 담당했던 고위 지휘관, 혹은 군사적 능력이 부족했던 패장 정도로 조정에서 언급되던 원균은 이제 조정 안팎에서 모두, 역량과 인격 모든 측면에서 결함이 있는 장수로 기억에 남게 되었다.

3. 패배한 장수, 패할 수밖에 없었던 장수가 되다

전쟁 수행 중 다양한 배경을 가진 대신들이 조정에서 남긴 여러 발언을 고려하면, 원균은 흔히 무능하고 인격적으로도 결함이 있었다고 알려져 왔지만, 언제, 누가 평가하느냐에 따라 인물평이 크게 달라지는 인물이라고도 할 수 있을 것이다. 정유재란 중 의병장으로 활동했고,

전후 여러 인물이 남긴 기록 중 시각이 공정하다고 평가되는 조경남(1570-1641)의 『난중잡록』에는 아래와 같은 구절이 실려 있다.

원균이 비록 패하여 죽었지만, 불충불의한 무리는 아닌 듯하다. 하지만 후대에 조롱하는 이가 심히 많고 달천達川[1]의 기록에는 빼고 함께 두지 않았다. 그 기록에 든 사람들은 과연 모두 충의를 다한 사람이며 원균이 그들의 만분의 1도 흉내 낼 수 없는 것인지 나는 잘 모르겠다. 어떻게 그렇게 취하고 버리는 것이 공변되지 못할 수 있는지! 당시에 장수 된 자 중 원균보다 빼어난 자가 몇 명이나 있었는고! 그 뒤에 전공을 논할 때 원균도 선무공신 중 으뜸의 반열에 함께 하게 되었으니, 아! 여기에서 왕법의 공변됨을 볼 수 있을 것이다. 만약 원균을 불충하다 하며 적에게 죽었던 일 때문에 벌을 준다면 저 관망하고 달아나서 구차하고 욕되게 목숨만 아끼는 자는 장차 무슨 벌을 더 주어야 할꼬.

– 『난중잡록』

이 글에서 조경남은 패전한 책임과 조선을 위했던 원균의 의도를 구분함으로써 원균을 위한 양해의 실마리를 남겼지만, 조경남과 같은 인물은 많지 않았다. 오히려, 원균과 충돌했던 사람들뿐만 아니라 원균과 조금이라도 엮일 여지가 있는 사람들도 앞다투어 나서서 원균과의 거리 두기에 힘썼는데, 이는 원균의 역량과 인격에서 결함이 있었다고 성

1 조헌의 문인 윤계선(1577~1604)이 지은 달천몽유록. 전사한 인물들의 충정을 기리고 원혼을 위로하며, 용렬한 장수를 기롱하는 내용이 담겨 있다.

토하는 모습으로 드러났다. 그중에서도 상술했듯이 『징비록』과 『난중일기』는 당시 전쟁을 이끌어나갔으며, 또 원균을 직접 접하기도 했던 동시대 인물들이 남긴 기록이라는 점에서, 그리고 당시 시대를 대표하는 인물들이 남긴 기록임에도 부정적으로 원균이 서술되었다는 점에서 당시에도, 후대에도 원균상 형성에 많은 영향을 미쳤던 사료들이다.

원균의 무능함은 전쟁 발발 직후 적에게 큰 타격을 주지도 못한 채 경상 우수영의 전선 대다수를 잃고 이순신에게 구원을 청했다는 점, 수군 지휘 역량이 부족한데 통제사가 되기 전에는 이순신이 못 하겠다고 했던 부산포 진격을 자신은 할 수 있다고 만용을 부리다가 통제사가 된 후에는 자신도 못 하겠다고 한 점, 끝내 대패하고 조선 수군의 전력 대다수를 잃어버린 점 등으로 묘사되었다. 이 글에서는 위에서 지적한 각 특징을 보여 주는 『징비록』과 『난중일기』에서의 유명한 대목을 옮겼다.

전라 수군절도사 이순신이 경상 우수사 원균, 전라 우수사 이억기 등과 함께 거제 앞바다에서 적의 병력을 대파했다. 처음에 적이 상륙했을 때, 원균은 적의 군세가 큰 것을 보고 감히 나가 공격하지 못했는데, 그 자신의 전선 백여 척과 화포, 군의 기물을 모두 바다에 가라앉히고 오직 수하인 비장[2] 이영남, 이운룡 등과 배 네 척에 타고 급히 사천 곤양의 바다 어귀로 달아난 다음, 뭍으로 올라가 적을 피하려고 했다. 이에 수군 만여 명이 모두 무너져 흩어지게 되었다. 이영남이 간하여 말하기를 "공께

2 조선 시대에, 감사(監司)·유수(留守)·병사(兵使)·수사(水使) 등을 수행하며 막료로서 업무를 보조하던 무관 벼슬.

서 명을 받아 수군절도사가 되었는데, 지금 군을 버리고 육지로 피했으니, 후일 조정에서 죄를 정할 때 공께서는 무엇으로 면하시겠습니까. 전라도에 병력을 청하는 것만 못합니다. 적과 싸워 이기지 못한 후에 도주해도 늦지 않습니다." 하니 원균이 그럴듯하게 여기고 이영남으로 하여금 이순신에게 가 구원을 청하게 하였다. 이순신은 각자 나누어 맡은 영역이 있는데, 조정의 명령이 아닌데 어찌 멋대로 영역을 넘어갈 수 있겠냐는 이유로 거절했다. 원균은 다시 이영남을 보내 구원을 청했는데, 오간 횟수가 대여섯 차례에 이르러도 그치지 않았다. 매번 이영남이 돌아올 때마다 원균은 뱃머리에 앉아서 바라보며 통곡했다.

–『징비록』

위의 인용문은 류성룡이 한산도에서의 대승을 기록하며 전쟁 발발 후 수군 정비 과정을 정리한 대목 중 앞부분이다. 원균이 적의 병력이 많은 것을 알고, 본영을 버리고 퇴각하며 본영에 구비해 두었던 군수물자를 없애고 이순신에게 도와주기를 청했다는 내용인데, 이 부분에서 류성룡이 부각한 원균의 무능함은 세 가지로 요약된다. 주장主將으로서 적의 병력을 살피고 아군을 지휘하는 것은 둘째치고 대군과 싸워 보지도 않고 겁에 질려 퇴각하다가 수하의 조언을 들은 후에야 그친 점, 적지 않은 물자를 버리고 달아나 버려서 경상 우수영의 병력과 물자가 그대로 망실되었던 점, 도움받기만을 기다리며 통곡하기만 한 점이 그것이다. 특히, 원균의 도주와 이순신에게의 구원 요청, 앉은 자리에서의 통곡만 했다는 점이 원균의 행적으로 강조되었다는 면에서 앞서 원균에 관한 실록 기사를 소개하며 언급했던, 김수와 김성일의 보고와 차이가 있다.

그런데 류성룡이 지탄한 이 사항에 대해 나름대로 평가하기 전에, 당시의 전황을 잠시 고려할 필요가 있다. 널리 알려져 있듯이 당시 조선의 수군은 경상, 전라도의 좌·우수영이 주력이었다. 부산에 본영을 두고 있었던 경상 좌수영은 개전과 함께 부산진, 동래성 등이 함락되며 붕괴했다. 원균이 경상 우수영의 병력을 모으지 못한 것은 그의 잘못이었으나, 만일 적 함대가 대규모로 진격해 오면 경상 우수영의 모든 물자가 약탈당할 것은 분명했다. 오늘날에야 당시 일본의 군선이 수송선으로서 주로 기능했음을 알지만, 당시에는 조선과 일본이 함대 간 전투를 치러 본 적도 없었고, 지휘관으로서는 처음 보는 적선이 수송선인지 전선인지 모르는 상황이었다. 수백 척의 적선과 해전을 벌이면 자멸할 뿐이었다. 누가 20여 일간 적이 진격하기는커녕 경상남도 해안가에서 약탈만 할 줄 알았을까. 원균의 자질을 논했던 당시 대신들이 원균의 성품은 차치하더라도 그의 용맹함과 과감함만큼은 인정했음을 고려하면, 그의 통곡에는 최악을 염려해 병력 소집과 물자를 포기했는데도 오히려 적은 군선을 움직이지 않고 해안가에서 약탈만 계속한다는 보고를 들었던 그의 후회와 비탄이 담겨 있지 않았을까.

수전 중 이순신이 종종 원균의 지휘에 불만을 표한 것도 원균의 무능함을 보여 주는 사례로 꼽힌다. 아래의 인용문은 1594년 음력 2월 웅포해전을 치를 당시, 아군의 위험을 보고도 지원하지 않았던 원균의 행태에 이순신이 분통을 터뜨리며 사연을 일기에 남긴 대목이다.

(…) 왜적이 어쩔 줄 몰라 허둥거릴 때, 전선을 모아 곧바로 뚫고 들어가니, 적의 세력이 나뉘어 힘이 약해져서 거의 다 섬멸할 지경이었다. 하지만 발포鉢浦[3]의 전선 2척과 가리포加里浦[4]의 전선 2척이 명령도 안 했는데 갑자기 치고 들어가다가 얕고 좁은 곳에 걸려서 적이 올라탄 것은 무척 안타깝고 분하여 가슴이 찢어지는 듯했다. 얼마 후 진도 군수 성언길의 지휘선이 적에게 포위되어 구할 수 없을 지경이 되자, 우후虞候(이몽구)가 곧장 들어가 구해냈다. 경상 좌위장과 우부장은 보고도 못 본 듯이 하여 끝내 돌아가 구하지 않았으니, 그 하는 짓을 말로 할 수가 없다. 무척 안타깝고 분하다. 이 일 때문에 우수사에게 따졌는데, 한탄스럽다. 오늘의 분함을 어찌 다 말할 수 있을까. 모두 경상 수사 때문이다. (…)

–『난중일기』 계사년(1593) 2월 22일

칠천량 전투는 원균의 지휘관으로서의 역량을 거론하며 빠질 수 없는 전투이다. 전후 류성룡은 이순신의 면직을 전후한 당시 수군 지휘부의 정황을 서술하며, 개전 초 원균의 무능한 행적을 다시 환기하는 동시에 원균이 전공을 탐하고 때와 장소를 가리지 않고 폭음까지 하는 무절제한 인물이라며 인격적인 결점을 더하였다. 이로써 류성룡은 '능력도 없는 자가 인간도 덜된 자였는데 적의 정세를 살피지 않기까지 하는 인물이 통제사가 되었으니 패할 수밖에 없었다'는 자기 나름의 교훈을 후대에 전할 수 있었다.

3 현재 전라남도 고흥.
4 현재 전라남도 완도.

수군통제사 이순신을 잡아서 옥에 가두었다. 처음에는 원균은 이순신이 와서 구해 준 것을 고맙게 여겨 서로 대할 때 사이가 매우 좋았으나, 시간이 지나며 공을 다투면서 점점 사이가 나빠졌다. 원균은 타고난 성품이 음험하고 교활하며, (…) 처음에 이순신을 천거한 사람은 나였는데, 나를 좋아하지 않는 사람은 원균과 합하여 이순신을 공격하는 데 매우 힘썼다. 오직 우상右相 이원익만이 그렇지 않음을 밝히고 또 말하기를, (…) 원균은 애첩을 끌어들여서 운주당에서 함께 지내며 여러 겹으로 울타리를 둘러 안팎을 나눠서 여러 장수들은 그의 얼굴을 본 것이 드물었다. 또 술을 좋아해서 날마다 술에 취해 화를 내기를 일삼으며, 형과 벌을 내림에 법도가 없었기에, (…) 원균은 또 늘 말하기를, "이순신은 적을 보고도 나아가지 않는다"라고 했는데, 이로써 이순신을 모함하고 자신이 그 직임을 대신할 수 있었다. 이때 이르러 그 형세가 어려운 줄 알았으나 부끄러워 변명으로 할 것이 없어서 그저 선단을 모두 거느리고 나아갈 수밖에 없었다.

—『징비록』

화친 교섭이 결렬되고 전운이 고조되던 중, 조선 정부는 일본에 귀국했던 가토 기요마사가 조선으로 건너오니, 도중에 제거하라는 첩보를 고니시 유키나가의 심복 요시라를 통해 전달받았다. 두 장수의 사이가 좋지 않았음을 알고 있었던 조선 조정은 이 정보를 진실로 판단하고, 이순신에게 바다 한가운데에서, 혹은 부산에서라도 공격해 가토 기요마사가 병력을 거느리기 전에 먼저 죽이라고 명했지만, 이순신은 첩보의 진위를 의심하여 응하지 않았다. 이 사건이 단초가 되어 이순신이 면직, 하옥되고 원균이 통제사 자리를 이어받게 되었다. 이때 조선에서는 전쟁 내내 적장 고니시 유키나가와 가토 기요마사의 사이를 악화시키기 위해 이간계를 써 왔음에도, 일본에서 이순신과 원균의 불화를 이용한 이간계를 쓸 것은 예상하지 못했던 것으로 보인다.

원균이 이순신을 모함하여 통제사가 되었다는 소문은 사실 여부가 확인되지 않는다. 옥에 갇힌 당사자였던 이순신이 당시 원균이 후임 통제사가 되었다는 소식을 들은 후, 옛 부하들의 원균에 대한 원망을 주로 들으며 원균의 모함이 있었다는 소문을 사실로 판단해 일기에 적었을 가능성은 있다. 다만 전후의 류성룡은 당시 이순신과의 불화 때문에 충청도 병사로 이직되었던 원균이 통제사로 부임하게 된 것을 모두 원균이 로비를 하고 뒷공작을 벌였기 때문인 것처럼 묘사함으로써, 배은망덕하고 간사하며 줄타기의 명수에다 장수로서 능력도 없고 주색에만 몰두하는 원균의 이미지를 만들었다. 그 최후는 당시 사람들이 상상할 수 있는 장수로서 가장 불명예스러운 죽음에 가까울 수밖에 없었다.

원균은 군중으로 돌아와 더욱 화를 내며 술을 마시고 취해 누웠는데, 여러 장수가 원균을 보고 군사軍事를 의논하고자 했지만 그러지 못했다. 밤중에 왜선이 와서 습격하자 아군은 크게 무너졌다. 원균은 달아나다가 바닷가에 이르러 배를 버리고 언덕에 올라 달아나려 했으나 몸집이 살쪄서 둔하여 소나무 아래에 앉았는데, 좌우의 사람들은 모두 흩어졌다. 어떤 이는 원균이 적에게 해를 입었다고 하고, 또 어떤 이는 달아나서 면했다고 하는데, 끝내 실상을 알 수 없었다. (…)

– 『징비록』

칠천량 전투 직후 이순신이 일기에 남긴 패잔병들의 감정은 문장은 간결하지만 묵직하다. "사람들은 모두 울면서 말하기를, 대장 원균이 적을 보고 먼저 달아나 육지로 올라가자, 여러 장수도 모두 그를 따라 육지로 올라가서 이 지경에 이르렀다고 하였다. 그들은 대장의 잘못을 입으로 표현할 수는 없고 그의 살점이라도 뜯어먹고 싶다고 하였다." 이는 후대인의 원균에 대한 이미지가 『징비록』에서의 서술과 어울려 무수히 많은 조선 수군을 잡아먹은 용장庸將으로 조선을 구한 양장良將 이순신에 의해 확정되는 순간이기도 했다.

그런데 조경남(1570~1641)이 당시 칠천량에서의 싸움, 특히 원균의 최후에 대해 전해 듣고 남긴 기술은 류성룡이 묘사한 것과 다소간의 차이가 있다. 조경남에 따르면, 원균이 권율에게 장형을 맞고 난 후에 수군을 움직인 것은 사실이지만, 적을 쫓다가 매복을 염려한 수하들의 조언에 따라 뒤늦게나마 후퇴를 지시하였다고 한다. 그러나 후퇴하던 조선의 수군은 식수와 땔감을 구하려 상륙할 때마다 연이어 적의 습격을 받으며 쫓기게 되었다. 간신히 추격을 뿌리친 원균은 지친 병사들과 온라도溫羅島에 이르렀지만, 이날 밤 원균은 전멸을 직감하고 최후의 군사회의를 열었다. 배설은 이 회의에서 전장 이탈을 권유하지만, 원균은 크게 노하여 배설의 권유를 거부하였다. 조선 수군은 이때 섬에 정박하며 근해에 적의 습격을 대비한 복병을 두었는데, 파수병들이 밤중에 정탐해 온 적의 접근을 인지하지 못해 복병은 괴멸하고 적에 의해 포위되었다. 칠천량 전투의 마지막을 전달하는 조경남의 서술은 아래와 같다. 『징비록』에서 원균이 술에 취한 채 적습을 받고 도주하다가 사망했다는 서술과 비교하면, 나이 든 지휘관으로서의 모습이 조금 더 부각된 것이라고 할 수 있겠다.

> 묘시에 적의 배가 포위해 압박해 오니, 고함과 비명이 하늘을 울리고 쏟아지는 총알은 비가 오는 듯하였다. 원균은 여러 장수와 닻을 내리고 접전하는데, 형세가 산이 무너지고 바닷물이 휘감는 듯하여 감히 적을 당해 낼 수가 없었다. 배설이 바라보다가 퇴각하자 원균은 군관을 시켜 잡아 오게 했는데, 배설은 항거하다가 싸움이 한창일 때에 자신이 지휘하던 12척과 함께 달아났다. 원균은 힘을 유지할 수 없어서 여러 장수와 더불어 닻을 올리니 (함대가) 무너졌다. 배를 버리고 언덕에 오르니, 적병이 추격해 와서 난전을 벌이며 죽여 대었다. 원균과 전라 우수사 이억기, 충청수사 최호 등이 죽었고, 여러 장수와 군사 중 죽은 자의 수를 헤아릴 수 없었다. 원균은 몸집이 있으면서도 건장하여 한 끼에 밥 한 말, 생선 5묶음, 닭과 꿩 3~4마리를 먹었다. 평소에도 배가 무거워서 잘 걸어 다니지 못했는데, 이때 이르러 싸움에 패하고는 앉은 채로 해를 입었으니 사람들이 모두 그를 비웃었다.
>
> – 『난중잡록』

후대인 중에는 원균을 공정하게 서술하려 했던 『난중잡록』에서마저 원균의 비대한 체구를 적어 두었음을 강조하며, 『징비록』에서 서술한 원균의 최후를 근거로, 원균이 술을 마시고 소란을 피웠다는 『난중일기』의 여러 기사를 더하여 '성웅 이순신이 문제적 인물로 보고 싶어했던 원균은 체구부터 장수로 적당하지 않았고, 자기 몸도 조절할 능력도 없는 인간이었다'고 풀이하는 경우가 적지 않았다. 사실 식사량이 많다거나, 거칠다거나, 하는 표현을 장수에게 쓸 때는 보통 체구가 큰 인물, 표현이 직설적인 인물을 비판할 때 쓰인 경우가 많았다. 그러나 시간이 흐르며 원균의 용력과 실제 성품은 그의 거대한 과오에 묻혀서 잊히고, 그의 체구와 식사량만을 회자하며 원균이 장수답지 않았다는 이미지를 더욱 강고하게 했다. 이는 원균의 결점을 묘사한 다른 서술들에서 비롯된 부정적인 인상과 함께 오늘날까지 '원균은 패할 수밖에 없었다'는 상식이 통용되는 결과로 이어졌다.

4. 패한 군대를 지휘한 장수는 용勇을 말하는 것이 가하지 않다

조선은 전쟁에 무지한 나라가 아니었다. 조선에 근대 서양 개념의 상비군은 없었을지 몰라도, 내외에 병란의 위협이 끊이지 않아 군사훈련은 꾸준히 시행되었다. 군을 위한 물자가 필요에 따라 국정 운영과 민생 안정을 위해 전용되고, 조정에서 끊임없이 군비 감축의 필요성이 제기되기는 했어도, 조선은 여러 경로를 통해 인접국의 동태에 촉각을 곤

두세우고 있었으며, 현장에서도 방어시설 정비와 수성을 위한 무기 점검은 잊히지 않았다. 만약 조선이 시스템적으로 문제가 있어서, 기초적인 전략도 세울 줄 모르면서 후배를 시기하는 마음이 가득하고 전공만 탐하는 겁쟁이가 전쟁 발발 직전에 최전선인 경상 우수영을 책임질 자리에 임하는 나라였다면, 조선은 진작에 병란으로 망하지 않았을까.

사실 칠천량 전투에서 일본이 감행한 작전의 개요는 전투 발생 반년 전 이미 첩보를 통해 조선의 조정에 알려져 있었다. 1596년, 강화 협상 과정에서 조선의 조정은 일본의 지휘부가 "어두운 밤에 습격해 판옥선 1척에 왜선 5~8척씩, 일시에 붙어 싸우면 격파할 수 있을 것"이라고 작전 계획을 세우고 있다는 첩보를 입수했다. 이 전술은 『간양록』, 그리고 위에서 인용한 『난중잡록』 등에서 볼 수 있듯이, 척후를 기습해 경보를 미리 차단한 일본군에 의해 원균이 최후를 맞은 싸움에서 거의 그대로 실현되었다.

이처럼 조선의 군사력과 전쟁 수행 능력에 대한 이해가 깊어지면서, 근래에는 조선의 관군과 장수들에게만 전쟁 중의 부진을 책임지게 할 수 없다는 인식이 학계에 퍼지고 있다. 이순신의 파직과 칠천량에서의 대패의 책임도 원균이 아니라 전쟁에 나선 장수의 면임과 진퇴의 결정 과정에 간섭한 선조와 도원수 권율, 도체찰사 이원익 등 당시 조정의 중진에 있다고 해석되기 시작했다. 이 외에도 원균이 권율, 이순신과 함께 선무공신[5] 중 으뜸으로 봉해진 것은 전후 수습 과정에서 공신 세력 견제 및 자신의 명령에 따랐으나 역사의 죄인으로 남게 된 원균에 대한 미안함의 표시 등 다양한 목적으로 선조가 강행한 것이었다는 연구도 다수 제출되었다. 선조의 의도와 다르게, 결과적으로 선조의 논공행상은 후대에 '감히 졸장 원균을 구국의 성웅 이순신 장군님과 같은 반열에 두었다'는 반발과 함께 원균의 이미지가 나락으로 떨어지는 또 하나의 요인이 되고 말았지만.

7년에 걸친 전쟁으로 전 국토가 황폐해진 가운데 지위 고하나 당색을 막론하고 책임을 져야 할 인물이 필요했다. 옥쇄[6]하며 미담을 남긴 정발, 송상현과 같은 인물은 내세우기에 적당하지 않았고, 살아남은 고위층으로서는 정적을 몰아내면 좋겠지만, 역풍 또한 부담되는 상황이었다. 누가 뭐래도 큰 실책을 저질렀으며, 이미 사망해서 반박할 수도 없고, 집안, 지인 중 고위층이 적어서 욕받이로 두어도 뒷일이 걱정되지 않았던 인물 누군가가 필요했을 것이다. 탁월한 전공을 세운 누군가와 지속적으로 충돌하며 여러 차례 비교의 대상이 되었고, 결국 나라를 위태롭게 하는 대형 사고를 쳐서 이루어 온 그간의 성취마저 날려 버린 전적이 있다면 원망과 경멸의 대상으로 세우기에 더욱 부담이 없었을 것이다. 실패의 여파가 워낙 커서 한때 그와 연대했던 집단마저 그와 선을 그어 책임을 면하려고 할 정도였으니 말이다.

앞서 살펴보았듯이 칠천량에서의 싸움 이전 시기의 이야기가 기록된 관찬[7] 사료에는 원균이 장수로서 전투를 치르지 못할 정도로 무능

---

5 7년에 걸친 전쟁 동안 적과 싸우거나 명나라에서 전쟁 수행을 위해 군사/군량 원조를 끌어낸 18명의 관료들에게 내린 공신 칭호. 1등에 권율, 이순신과 원균 3명이, 2등에 신점(申點)을 포함한 5명, 3등에 정기원(鄭期遠)을 포함한 10명이 봉해졌다.

6 옥처럼 아름답게 부서진다는 뜻으로, 명예나 충절을 위하여 깨끗이 죽음을 이르는 말.

7 관청에서 서적을 편찬함. 또는 그 서적.

하다거나 겁이 많거나 몸이 비대해서 전선에 나서지 못했다는 말은 없었다. 이때 원균의 단점으로 지적된 것은 성품이 폭력적이면서 급하다거나, 이순신에 비교하면 부하 장수를 잘 통솔하지 못한다, 이순신과 공을 다투어 전투 수행 중 문제가 많다 정도였다. 그중에서도 장수로서 지휘 능력에서는 병사들이 원균을 잘 따른다는 정탁의 보고에서도 볼 수 있듯이 이론의 가능성도 존재했다.

원균이 용장庸將이었을지, 용장勇將이었을지 이 글에서 든 인용만으로 판단하기에는 어려울 것이다. 원균이 실제로 『징비록』, 『난중일기』에서 묘사한 것처럼 열등감과 시기심에 가득 찬, 역량 이상의 지위를 원한 인물이었을 수도 있다. 전시에 왕 앞에서 지휘관들의 품성을 논하며 대신들이 거짓을 고했을지는 모르겠지만, 후대 사람들에게 교훈을 남긴다는 명목으로 전쟁이 장기간에 걸쳐 이어진 책임을 분산하려 했던 류성룡처럼 혹시 또 모를 일이다. 원균의 이미지가 충의는 있는 패장에서 무능한 장수, 도덕적 결함도 있는 장수, 장수 될 사람이 아닌데 장수가 된 장수로 시간이 흐를수록 악화되며 전쟁 지원에 미숙했던 조정의 잘못까지 떠안았다는 선행 연구의 지적은 바로 그렇기에 유의할 만하다. 만약 정말 원균이 전쟁 수행 능력이 떨어지는 인물이었다면, 이런 인물을 굳이, 희대의 전쟁 영웅과 함께 언급해 오다가 끝끝내 오늘날에 이르러서는 심지어 '라이벌'로 배치하는 이유는 무엇일까. 한때 감히 성웅과 경쟁 관계에 있다가, 사후에 같은 반열에 서게 되었다는 괘씸죄를 더하여, 또 다른 고전 속의 유명한 구절처럼 '패군지장[8]은 용勇을 말하

8 싸움에 진 장수.

는 것이 가하지 않다'는 것을 기화로 삼아 '라이벌' 겸 못난이로 배치한 것은 아닐까.

13장

한국, 1950년대, 역사의 진흙탕

— 한반도의 '미친 시대'와 대결한 「한씨연대기」의 한영덕

염동규

1. 이념 경쟁, 생존경쟁, 선과 악의 경쟁

돌이켜보면 한국의 1950년대만큼 '경쟁'이라는 단어가 잘 어울리는 시대도 없다. 민족의 분단만큼은 안 된다는 많은 이들의 부르짖음에도 불구하고, 한반도에는 이념의 차이에 따라 두 개의 정부가 들어섰고 1950년의 뜨거운 여름, 북한의 침공과 함께 이른바 '6.25 한국전쟁'이 발발했다. 전쟁 이후로도 40년이 넘는 시간 동안, 서로 다른 이념을 가진 한반도의 두 정부는 '이념 경쟁'을 계속했고, 비슷한 이유로 분단되었던 다른 나라들이 어떤 방식으로든 '통일'을 하는 동안 한반도만큼은 세계 유일의 분단국가로 아직 남아 있게 된다. 한국전쟁은 한반도에서, 한반도의 사람들끼리만 벌인 전쟁이었다고 보기 어렵다. 전 세계의 소위 '자유 진영'과 '공산 진영'이 '이념'이라는 것을 수호해야 한다는 이유로 사람과 자원을 남과 북에 투입했으니 한국전쟁은 제2차 세계 대전 이후 형성되고 있었던 국제적 냉전의 서막을 알리는 전쟁이자, 강대국들의 이념 경쟁에 한반도의 주민들이 동원된 대리전쟁이기도 했다.

전쟁이란 참혹한 것이다. "너는 누구 편이냐?"라는 질문에 잘 대답하지 않는다면 순식간에 적으로 몰려 총살될 수 있었다. 북한에서는 공산주의에 적극적으로 찬동하거나 그런 척하는 사람들만이 살아남을 수 있었고, 남한에서는 공산주의에 적극적으로 반대하거나 그런 척하는 사람들만이 살아남을 수 있었다. 1950년대 남한의 '사상 검사'로 유명했던 오제도가 남긴 다음의 문장은 어느 편에 서느냐에 따라 죽느냐 사느냐가 결정되는 아찔한 시대상을 잘 보여 준다. "공산주의를 용인하는 것은 곧 공산주의에 협력하는 것이고, 협력은 곧 반역이며 반역은 국가를 망친다. 공산주의에 반대하는 것은 그것과 싸우는 것이며, 싸우는 것은 공산주의를 멸하는 것이고 멸공이 국가를 흥하게 한다." 한국전쟁 시기, 북한군과 남한군에 의해 셀 수 없이 많은 민간인이 학살당했던 것도 이 같은 시대적 배경 위에서 이루어진 참극이었다.

또한 전쟁은 사람들을 '생존경쟁'의 상황에 놓이게 했다. 오늘날의 경쟁 사회에서도 내가 살자면 남을 난처하게 만들어야 하는 경우라는 게 있는 법이지만, 전쟁이라는 비상 상황은 '살아남기 위해 무슨 짓이든 할 수 있어야 한다'는 잔인한 주장이 인생의 중요한 '교훈'이기라도 한 것처럼 이해될 수 있게 만들었다. 게다가 일본 제국으로부터 갓 해방된 '신생 국가' 대한민국에는 인력, 자원 등 모든 것이 부족했으니, 사회 기능이 안 그래도 취약했던 나라가 전쟁이라는 상황 속에서는 그야말로 법도 치안도 없는 아수라장이나 다름없었을 것이다. 이런 세상에서는 자신과 가족들의 생존만을 위해 어떤 도덕도 윤리도 거침없이 버릴 수 있는 강자들이 활개 하게 된다. 물론 이런 세상에도 자기뿐만 아니라 남을 위해 주는 선한 마음이 어디든 있었고, 선한 마음의 힘으로 시대의 악과 경쟁해 보려는 사람들이 있었다는 점을, '악'과 싸워 보지는 못할지언정 최소한 자기 자신만큼은 나쁘게 살지 말아야겠다고 생각하는 선량한 마음들이 있었다는 사실을 내내 기억해야 하겠지만, 대체로 그 시절의 상황이란 도덕도 윤리도 없는 생존경쟁의 진흙탕, 바로 그것이었다.

여기서 우리는 작가 황석영이 『창작과비평』 1972년 봄호에 발표한 「한씨연대기」라는 소설의 주인공, 한영덕 씨의 이야기를 통해 이 시대의 선량한 개인이 어떻게 당대의 부조리와 대면하고 경쟁했으며, 어떻게 결국 패배하고 말았는지를 살펴보려 한다. 고집스러울 정도로 자신의 도덕을 지키려 했던 한영덕 씨의 사례는 흔히 '경쟁 사회'라고 불리는 오늘날의 세상에서 개인이 어떻게 처신해야 하는지에 대한 생각 또한 자극해 줄 수 있을 것이다.

2. 북한 전체주의의 논리에 맞서다

한영덕은 평양의학전문학교와 일본 교토대 의대를 마치고 해방 이후 김일성대학에서 산부인과 교수로서 일한다. 그러나 한국전쟁 발발 전후로 한영덕의 지위는 위태로워진다. 그는 북한의 소위 '공산주의' 이념이라는 것에 대해 미적지근한 사람이기 때문이다. 대부분의 동료가 거짓으로라도 당원 교육에 '열성적으로' 참여하는 데 반해, 한영덕을 비롯한 몇몇 의사들은 '공산주의' 이념이 별로 와닿지 않는 사람들이었다. 한영덕은 의사로서의 윤리와 '생명 존중'의 사상에는 헌신하려 하지만, '공산주의'를 표방하는 국가의 말에는 그다지 관심이 있지 않았다. 그러나 앞에서도 보았듯, 공산주의냐 자본주의냐를 놓고 경쟁하는 두 '진영'이 벌이는 '전쟁' 상황에서, 둘 중 어느 편에 설지에 대한 태도가 분명하지 않다면, 그것은 곧 '적성敵性', 즉 '적으로서의 성격'을 가진 것으로 간주되어 체제의 의심 대상이 될 수밖에 없었다.

한영덕의 동료들과 제자들이 대부분 북한의 군인 신분으로서 한국전쟁에 참전할 것을 명령받은 상황에서도 한영덕은 줄곧 후방에만 남게 된다. 전쟁 상황에서 후방에 남게 되면 좋은 게 아니냐고도 생각할 수 있겠지만, 한영덕이 말하듯 "경험으로 비추어 보아 언제나 수가 많은 편에 끼어 있는 게 유리"한 세상이었다. "제외된 소수를 언제나 폐품 처리하듯 다뤄 왔던 것"을 여러 번 보았기 때문이다. 아니나 다를까, 한영덕은 동료, 제자 대부분이 전선으로 내려가고 있던 즈음 학장실로 호출되어 사상을 의심받는다. 하지만 그렇다고 해서 한영덕과 같은 뛰어난 의사를 북한으로서도 그냥 내버릴 수는 없는 법. 한영덕은 '인민 병원'의 의사로서 후방에서 업을 이어가게 된다. 문제는 바로 여기서 발생한다.

안 그래도 사상을 의심받고 있던 한영덕은 당 간부인 병원장의 명령을 따르지 않는다. 한영덕이 일하던 '인민 병원'은 '당원과 그 가족들을 위한 특병동'과 무엇 하나 제대로 된 치료 설비가 마련되어 있지 않은 '보통병동', 이렇게 둘로 나뉘어 있었다. 한영덕은 뛰어난 의사였으므로 '특병동'에서 당 고위 간부를 치료하도록 명령받았지만, 그는 그 말을 제대로 따르지 않는다. 특병동에 있는 사람들은 긴급을 요할 정도로 아주 아픈 사람들도 아니었으니 의사의 손길이 절실하지 않지만, '보통병동'의 환자들은 지금 당장이라도 적절한 치료가 이루어지지 않으면 죽고 말 사람들이었으니까 말이다. 한영덕은 자신이 꼭 필요하지도 않은 '특병동'에 대기하기보다 "억지로라도 틈을 내어 의사의 손길이 거의 닿지 않는 보통병동에 나가 전염병 환자와 응급 환자를 돌보곤 했다." 병원장은 이를 매우 못마땅해한다. "정수의 애국 인민과 평양의 행정에 종사할 사람을 치료하기에도 일손이 모자"라는 상황에서 왜 아무것도 아닌 보통 사람들이나 돌보고 있냐는 논리였다.

그러던 어느 날 사건이 터졌다. 특병동에 관통상을 입은 경무원이 실려 왔던 것이다. 한영덕은 즉각 이 환자를 처리하도록 명령받지만, 한영덕이 보기에 "관통상은 압박 붕대 처리만 해 놓으면 몇 시간이라도 견딜 수 있"는 반면, 지금 한영덕 눈앞의 '복부 파편상'을 입은 소녀는 "수술하지 않고 버려두면 두 시간도 못 갈 만큼 위독"한 환자였다. 그래서 한영덕은 소녀의 수술을 먼저 집도하고 그 이후에 특병동의 환자를 보러 가야 한다고 주장한다. 병원장은 노발대발하며 말한다. "까짓, 애들은 또 낳는 거요. 지금 경무원이 기층소사의 관통상을 입구 피를 흘리는데, 이런 따위 일에 시간을 낭비하기요?"

보통병동의 어린 소녀를 위해 특병동의 진통제를 빼돌리기까지 하면서 수술을 감행한 한영덕은, 그러나 이 일로 인해 병원장에게 고발을 당하고 만다. 당의 명령에 불응한 불손한 사람이라는 것이다. 의사로서의 윤리와 생명 존중을 중시하는 한영덕의 입장이 벌이는 '경쟁'은 조사관의 심문 장면에서 다음과 같이 나타난다.

- 나는 의사다. 그래서 앓는 사람과 죽어가는 사람을 고친다. 이것이 내 개인적인 의무다. (…) 의사가 빈사의 환자에게 의술을 베푸는 때엔 이미 직업으로서의 기술이 아니라, 생명을 근거로 한 자유로운 사랑이다. 나는 이 사랑이 후방 전력의 보존에 사용되어지든 사회의 질서를 세우는 데 도움이 되든 아랑곳 없다. 그리고 이러한 관계를 지키겠다는 내 고집이 사회주의적 세계관에 대한 과오가 된다면, 나는 나의 천직을 버릴 수밖에 없다.
- 우리는 너의 의술을 필요로 했다. 너 자신이 우리의 이상에 어긋나는 사고를 갖고 있을 뿐이다.
- 사회의 이상이 진정 그렇다면 잘못된 것임에 틀림없다.
- 공산주의에는 과오가 있을 리 없다. 그것은 집단적 신념 그 자체이기 때문이다. (…) 너는 어리석은 자다. 개인의 사고는 국가적 조건에 의존하는 것이며, 너는 거기에 네 자신을 맞춰야 한다. (…) 국가가 너의 의술을 쓸 방도를 뚜렷한 목적 아래 제시했을 때에는, 네 의술은 너 개인의 것이 아니라 국가의 수단이 되어야 한다. 이것이 사회주의적 윤리의 질서다. 현재 국가는 열 살짜리 계집아이보다는 후방 치안

을 담당할 경무원을 더욱 필요로 한다. 그러므로 네 행위는 반역인 것이다.

* 소설이 처음으로 발표된 『창작과비평』 1972년 봄호에는 위 인용문이 실려 있으나, 이후 단행본으로 출판될 때 개작되었음.

하지만 1950년대, 한국전쟁이라는 상황 안에서 한영덕이 가진 의사로서의 윤리는 '당의 입장'과 경쟁할 수 있는 레벨이 못 되었다. 따라서 한영덕은 총살형에 처하지만, 천운이 따랐던 것인지 한영덕은 구사일생으로 목숨을 구한다. 하지만 일이 이렇게 되어 버렸으니 북한 체제하에 남아 있는 것은 한영덕에게 너무나 위험한 일이 되고 말았다.

가족들과 함께 피난을 갈 수 있었다면 좋았을 것이다. 그러나 상황이 그걸 허락하지 않았다. 거동이 불편한 노모를 데리고 폭격으로 다리까지 끊어져 버린 강을 어떻게 건널 수 있겠는가? 노모를 평양에 남겨 두고 떠난다면 그녀는 얼마 버티지도 못할 것인데, 어찌 그렇게 할 수 있었겠는가? 그래서 한영덕은 혼자서만이라도 잠시 떠나 있는 편을 선택했다. 금방 되돌아올 수 있을 줄 알았다. 강을 건너면서 한영덕은 뒤를 돌아보았다. 눈이 내리고 있었다. 자꾸 내리는 눈발이 아내의 머리 위로 쌓여 갔다. 앞으로 죽을 때까지 한영덕은 계속해서 이 장면을 기억하게 될 것이었다. 그렇게, 한영덕은 홀몸으로 남한에 내려와 살아가게 된다.

3. 선량한 개인 한영덕과 '빌런들'의 동업과 갈등

남한으로 내려온 한영덕의 삶은 첫 단추부터가 잘못 끼워진다. 가족들을 떼어 놓고 남쪽으로 내려오기 전, 한영덕의 아들 한창빈은 이렇게 말했다. "아부님 전 군관 훈련을 받구 있댔으니끼니, 저 사람들이 돌아오문 전장으로 나갈 거야요. 딸레가지 못하게 해두 전 홈자라두 가갔시요." 가족들과 이별한 채 남한으로 온 한영덕은 아들 창빈이 북한 군인으로 참전했다가 포로수용소에 갇혀 있을 것으로 생각했다. 동향 출신인 지인이 한창빈을 포로 수송 열차에서 본 것 같다는 말을 하기도 했으니, 아들이라도 만나보고 싶었던 마음에 한영덕은 포로수용소 앞을 기웃거리다가 군사 정보부에 체포되어 심문을 받게 된다. 이제 한영덕은 그저 한 사람의 개인이라기보다는 '간첩인지가 의심되는 용의자'가 되어 버렸다.

그렇지만 한영덕은 의사로서의 기술을 이용해 최대한 남한 사회에 정착하려고 노력한다. 쉽지는 않았다. 군사 정보부에 체포되었던 기록이 발목을 잡는 것도 있지만, 체포 사건이 아니더라도 북한에서 '교수'씩이나 했던 한영덕을 고용하고 싶어 하는 사람은 없었던 것이다. 그렇다고 해서 자기 마음속의 윤리에 대해서는 조금의 타협도 하지 않으려는 그의 성격상, 이력서를 적당히 속여 볼 수도 없는 노릇이었다. 이렇게 해서 한영덕은 동업자를 구한다. 의사 면허증은 없지만, 약간의 경험들을 통해 간단한 응급 처치나 수술을 눈대중으로 배워 봤던 사람들. 전쟁으로 혼란스러운 틈을 타 사람 없는 병원에서 의료 기자재들을 틈

틈이 모아 무려 병원을 차려 진료까지 하지만, 관청에서 조사를 나오면 조사 나온 공무원들에게 큰 뇌물을 줘야만 영업을 정지당하지 않을 수 있었던 그런 사람들. 따라서 한영덕과 같이 의사 면허증을 가진 사람을 앞세워 '동업'하는 것이 필요한 사람들. 이 소설의 빌런 "박가"와 "김가"가 바로 그런 이들이었다.

도저히 결이 맞지 않는 세 사람의 동업. 처음부터 잘 될 수가 없던 동업이었다. 박가와 김가가 어떤 사람인 줄 알면서도 동업을 할 수밖에 없는 처지에 있었던 한영덕이지만, 박가와 김가와 달리 한영덕은 자신만의 윤리적 원칙을 끝까지 지키려 했고, 이것이 박가, 김가와 한영덕이 갈등을 일으키는 원인이 된다. 한영덕은 의료 기술이 없는 박가가 절대로 수술을 맡아서는 안 된다고 말하지만, 박가는 한영덕이 병원에 없는 사이 낙태 수술을 하여 환자를 죽을 위험에 빠지게 만든다. 불법적인 일은 하지 않아야 한다는 한영덕의 말에도 아랑곳하지 않고 김가는 불법적으로 의약품을 구해 온다. 한영덕은 박가와 김가가 저지르는 불법 행위들을 그냥 놔두기보다는 관청에 신고하는 등 나름의 조처를 한다. 이뿐만이 아니다. 박가는 한영덕을 이용해 평양의전을 졸업한 양 행세함으로써 학력과 경력을 날조하려 하지만, 한영덕은 이러한 박가의 행동에 찬물을 끼얹는다.

박가와 김가가 벌이는 불법 행위들을 생각한다면 그들을 막으려 하고 신고하기까지도 하는 한영덕의 행동은 올바른 일임이 틀림없다. 하지만 1950년대라는 극심한 혼란의 시대에 한영덕의 고고한 윤리는, 지독히 현실적이고 지독히 이기적인 동기에 의해 세상을 살아가며 한밑

천 잡아 보려 하는 박가와 김가의 논리를 이기기가 쉽지 않았다. 무엇보다도 한영덕에게는 자신의 '윤리'를 관철할 수 있는 아무런 현실적 힘이 존재하지 않았다. 관청 공무원들이 불법 의료 행위를 단속하러 나오면 무엇 하는가? 어차피 박가와 김가는 수완과 뇌물로 공무원들을 매수해버린다. 국가가 공무원에게 최저의 생계조차 제대로 보장할 수 없었으므로, 공무원들은 뇌물을 받아서라도 생계를 유지하려 했던 시절이었다. 그러니 한영덕이 지키려 하는 '윤리'는 박가, 김가와의 경쟁에서 이길 수가 없었다.

낙태가 법적으로 엄격히 금지되어 있던 1950년대, "법적으루 지탄받는 짓"은 절대 못 하겠다는 한영덕의 말에 대해 박가는 이렇게 꼬집는다. "괘난한 결백성이시구만 거참. (...) 의술 개지구 전도 사업 하실라우?" 비밀 낙태 수술을 집도하기만 하면 "의사들은 수술 비용을 실비의 몇 배씩이나 받아"낼 수 있었던 시절이었으니, 불법이라고는 해도 시대상을 고려하면 도덕도 윤리도 없는 박가와 김가의 행동도 전혀 이해가 가지 않는 것만은 아닌, 그런 시대였다. 그래서일까. 한영덕에게도 고민이 없지는 않았던 듯하다. 다른 장면에서 한영덕은 이렇게도 말한다. "요즘 누구레 책임감을 갖구 제세할래는 마음으루 진료에 임하갔습네까. 모두 돈 벌자구 배운 기술루 생각하지 않습네까. 저 사람두 돈 벌어 먹구 살갔다구 의업을 택하는데 무슨 권리루 남에 업을 못 하게 말리갔시오. 난두 정 살기 힘들어 못 견디갔습네다."

게다가 한영덕이 박가와 김가와의 경쟁에서 이길 수가 없었던 또 다른 결정적인 이유도 있다. 돈 좀 벌고 출세 좀 하겠다는데 한영덕에게 번번이 가로막히는 박가와 김가의 입장에서는 기분이 상하는 것도 있지만, 괜히 의심스러운 것도 있다. 한 씨는 북한 출신인 데다가 '요시찰 인물'이기까지 했으니까 말이다. 김가는 말한다. "한 씨가 암만해두 수상한 게… 하찮은 걸 가지구두 벌벌 긴단 말야. 틀림없이 그 사람 무슨 큰 일을 저지르구 있는 게 분명해요. 아무래도 수상해."

4. "나는 피난민일 따름이오."

이렇게 해서 8할의 복수심과 2할의 의심으로, 박가와 김가는 한영덕에 대한 거짓 투서를 꾸며 정보당국에 접수한다. 모진 고문을 동반한 조사가 이뤄진다. 물론 증거는 없지만, 그림은 이미 충분하다. 북한에서 '김일성대학'의 '교수'라는 높은 직책까지 가지고 있었던 한영덕, "군인과 준 군인, 당원, 행정 요원과 그들의 가족", 즉 북한의 고위직들을 치료하는 "특병동 담당 의사"였던 한영덕. 심지어 남한에 내려와 포로수용소 앞을 어슬렁거리며 수상한 행적을 남겼던 한영덕. 그런 한영덕이 간첩이라는 투서가 접수되었으니 증거 없이도 한영덕을 간첩으로 몰아 버릴 여지는 차고도 넘쳤다. 시대가 시대였던 만큼 "국가 보안상 중대한 문제를 갖고 있다"라고 판단되는 간첩 사건에 대해서는 "무죄를 뻔히 알면서도 기소하는 검사들"이 있고, 합리적 이유 없이 가둬 두고 고문하는 일까지 가능한 시대였다. 이뿐만이 아니다. 원칙 없는 시스템에는 모리배들이 기승을 하는 법이니, "돈이면 사형두 면"할 수 있는 시대였다. 사실 한영덕의 관련자로서 체포되어 조사를 받은 다른 사람들은 뇌물을 주어서 겨우 빠져나올 수 있었다. 물론 우리의 한영덕에게는 뇌물로 줄 수 있는 돈조차도 없었지만 말이다.

죄도 없지만 돈도 없는, 하지만 출신 지방을 근거로 의심하려면 얼마든지 의심할 수 있는 사람. 한영덕. 증거가 없으니 자술서라도 받아 내야만 기소를 할 수 있었기에 조사관들은 한영덕을 집요하게 고문한다. 잠을 재우지 않고 콧구멍에 고춧가루 섞인 물을 들이붓는다. 한영덕은 끝끝내 허위로 작성된 자술서에 서명하지 않는다. 심문은 계속 이어진다. 한영덕의 심문 장면 일부를 살펴보자.

"야, 정신이 드나?"

한영덕 씨가 눈을 멀거니 뜨고 표정 없이 공허한 시선으로 조장을 바라보았다.

"아까 읽어 준 진술서에 서명날인을 하겠나?"

"나는 진술서를 쓰지도 않았소."

"이 악질…… 네가 말한 걸 우리가 받아 쓰지 않았나?"

"나는 피난민일 따름이오."

한 씨가 고개를 흔들었다. 그는 한사코 의식을 명확히 갖기 위해 애쓰는 듯이 보였다.

"그래 부산에서 아무도 안 만났다는 데까진 좋다. 북한 방송을 청취했구 왜 현 정부를 비난했나. 다 시인했잖나?"

"나는 살기 위해 월남했소."

"어라 이 새끼 인젠 등문서답까지…… 아주 죽여 버릴 테다. 너 자꾸 오리발 내밀다간 귀신두 모르게 죽어 없어진다."

조장이 벌떡 일어났다. 그는 가슴에 매달린 리볼버 권총을 뽑아 총열을 꺾고 탄환을 재었다. 그리고는 총구를 한영덕 씨의 관자놀이에 찰싹 갖다 붙이고 방아쇠에 손가락을 건 채 회전 탄창을 자르르 돌렸다.

"죽인다, 넌 간첩이야, 간첩. 네 따위 하나쯤 죽여 봤자 전시에 누가 알 상싶으냐. 쏜다…… 지금 당장!"

"나는 피난민이오……."

조사관은 1953년 4월 13일 한영덕 지인의 병원 개업식 행사를 집요하게 물고 늘어진다. 그 자리에서 "현 정부를 비판하고, 미국을 위시한 우방 연합국들을 비난하는 성질의 불법 집회를 가진" 게 아니냐는 것이다. 물론 이는 거의 거짓말이나 다름없다. 삼팔선이 애당초 왜 그어졌는가에 대한 탄식의 말들이 있었을지언정, 정부에 대한 직접적 비판도, 우방 연합국에 대한 비난 같은 것도 그 자리에는 존재하지 않았다. 그렇지만 조사관들은 있지도 않은 진실을 자백하라고 강요하고 있다. 탄식도 하면 안 된다는 말인가? 이 사건의 공범으로 잡혀 들어온 한영덕의 지인, 고 박사는 대질신문 자리에서 한영덕을 비롯하여 북한에서 월남한 사람들은 "고향을 떠나 가족하구두 생니별을 겪어야만" 했다고 말하며, 개업식 자리에서 이루어진 탄식의 말들을 나름대로 변호하려 하지만, 조사관은 '즉각' 말을 끊고 이렇게 대꾸한다. "아 알았어. 바로 그런 게 불순한 얘기라구." 한영덕을 비롯한 북한 출신 피난민들의 '한'

은 다 말해지지도 못한 채 '반역 행위'로 각색되고 마는 것이다.

한영덕은 쉽사리 지지 않는다. 그는 날조된 자술서에 서명하지 않는다. "광도 높은 백열전등을 한 씨의 머리 위 정면과 측면에 켜 놓고 세 사람의 심문자가 저쪽 어둠 속에서 번갈아 재빨리 질문"하는 "영원히 비정한 백주白晝"의 고문실. "콧구멍 속으로 고춧가루 섞인 물"을 들이붓는 고통 속에서 "미친 시대 위에 놓인 한갓 사물"이나 다름없게 되어 버리면서도 한영덕은 자신의 삶에 관한 오직 단 하나의 진실만을 말한다. "나는 피난민일 따름이오. 나는 살기 위해 월남했소."

5. 미친 세상에서 우리는 어떻게 시대의 어둠을 몰아낼 수 있는가

한영덕의 여동생인 한영숙과 몇몇 지인들의 헌신적인 도움 덕택에 한영덕은 겨우 빠져나올 수 있었다. 풀려난 이후에도 한영덕의 삶은 순탄치 않았다. 고문의 후유증으로 한영덕은 시름시름 허리를 앓았고, 술에 취해 헛소리하는 날이 많았다. 술이 깨면 한영덕은 "이상한 소리가 들린다며 손으로 두 귀를 꽉 막"기도 했다. 나중에는 고등학교 앞에서 작은 문구점을 열기도 하지만, 변변한 사업 수완이 없이 고지식한 한영덕의 성격에 장사가 잘될 리는 없었고 결국 망해 버리고 말았다. 몇 년간 친구들의 병원을 돌아다니며 시간제 의사를 하기도 하고, 지방 대학의 기숙사에서 관리인 노릇 등을 하며 곳곳을 전전하던 한영덕은 마지막으로는 모든 이들과의 연락을 끊고 시체를 염하는 일을 하다 쓸쓸히 세상을 떠났다. 한영덕의 오랜 친구 서학준은 한영덕의 장례식에 와서 이렇게 말한다. "영덕인 자기에게 너무 까다롭디요. 대범하게 잊어 두는 법이 없쇠다. 기렇다구 표현두 못하멘서 속으루만 괴로워합네다레. 모든 세상 불의를 자기 까탄으로 돌리는 거야요. 난두 답답할 때가 한두 번이 아녔대시요. 이리케 페로운 세상에 한 군은 꼼짝없이 손해 볼 처신으로 살아온 거야요."

정말로 그랬다. "이리케 폐로운 세상", 1950년대, 작중의 어느 대목에서는 "미친 시대"라고도 표현된 1950년대의 한반도는 자신의 양심을 완고하게 지키면서 살아가려 했던 한영덕에게는 너무나도 어울리지 않는 세상이었다. 북한의 전체주의 체제를 피해 남한으로 피난 왔지만, 그저 피난민일 뿐이었던 한영덕은 북에서도 남에서도 '잠재적인 적'으로 낙인찍혔을 따름이다. 미친 시대의 혼란을 틈타 잇속을 챙기며 살아가던 사람들에게 한영덕은 방해꾼이었다. 앞에서 살펴보았던 빌런들에게도 그랬지만, 한영덕처럼 북한에서 내려온 한영덕의 지인들 대부분도 그를 부담스럽게 여겼다. 한영덕의 무고함을 호소하는 진정서에 서명해 달라는 한영숙의 부탁에도 불구하고 "한 씨의 친구들은 거의 하나같이 다른 일은 몰라도 그런 문제엔 관여하고 싶지 않다며 발뺌을 했다". 그는 어디에도 속할 수 없었던 것이다.

미친 시대에 맞서 자신의 윤리를 지키며 살아가다 죽은 한영덕의 일대기를 보노라면 생각이 복잡해진다. 한영덕이 지키고자 하는 '윤리'에 고개를 끄덕이게 되면서도 조금의 타협도 하지 못하는 그의 성미가 답답하게 느껴지기도 한다. 일단 내가 살아야 가족도 살아남을 수 있는 세상에서 한영덕의 처세는 어리석게도 느껴진다. 결국 남한과 북한에서 한영덕과 가족이었던 모든 사람은 한영덕과는 또 다른 비극들을 감내해야 했으니 말이다.

우리가 살아가는 오늘날의 세상은 한영덕의 1950년대와 여러모로 다르지만, 비슷하다면 비슷한 점도 있다. 세상이 허락하지 않는 지식이나 정체성이 없다고 할 수도 없겠고, 엄혹한 경쟁이 지배하는 세상이기도 하니까 말이다. 그래서일까. 「한씨연대기」의 작가인 황석영이 한영덕의 시대를 "미친 시대"라고 표현했던 것과 마찬가지로, '브로콜리너마저'라는 독특한 이름의 한 인디밴드는 「졸업」이라는 노래에서 우리에게 이렇게 노래한다. "이 미친 세상에 어디에 있더라도 행복해야 해." 이 글을 읽는 당신이라면 이 미친 세상에서 어떻게 살아가겠는가? 세상을 현명하고 잇속 빠르게 살아가는 처세술과 '윤리적 가치'가 충돌하는 상황을 마주한다면 당신은 어떤 선택을 할 것인가?

「한씨연대기」의 종결부에는, 한영덕이 남한으로 내려와 만난 정미경과의 사이에서 낳은 딸 한혜자의 이야기가 잠시 나온다. 그녀는 자신의 별명을 "개똥참외"라고 짓는다. "인분에 섞여 싹이 트고 폐허의 잡초 사이에서 자라나 강인하게 성장하는 작고 단단한 열매"라는 뜻이라고 한다. 어떤 의미에서 1950년대 이래 한국의 현대사는 '미친 시대'라는 똥 밭에서 태어난 개인들이 강하게 자라나며 만들어 온 역사이기도 할 것 같다. 아마 앞으로의 현대사도 그럴 것이다. 한 시대를 건너 각각 '미친 시대'라고도 '미친 세상'이라고도 불리는 이 '삶'이라 하는 것 속에서 세상의 논리를 대면하며, 우리는 결국 "등불을 밝혀 어둠을 조금 내몰"(윤동주, 「쉽게 씌어진 시」)아야 할 것이다. 어떻게 그럴 수 있는지는 각자의 몫이겠다. 모두의 건투를 빈다.

14장

친구가 된 맞수
— 길가메쉬와 엔키두의 대결과 우정 그리고 절망

임형권

인간에겐 타인이 필요해

만일 어떤 인간이 혼자 섬에서 살아간다면, 그 사람에게는 문명사회가 요구하는 여러 가지 규범, 규칙들은 불필요할 것이다. 하지만 만일 그 섬에 다른 사람이 들어온다면 그 사람의 행동 방식은 매우 달라질 것이다. 상대방의 눈치를 봐야 하고, 내키지 않더라도 상대방과 공존하기 위해서 여러 규칙을 지켜야 할 것이다. 상대방에게 예의도 차려야 하고, 가끔은 선물도 주면서 관계를 매끄럽게 유지해야 한다. 요즈음 혼자 먹고, 혼자 여행 다니는 것을 좋아하는 사람들도 있지만, 로빈슨 크루소와 같은 강한 인물도 혼자 살아가기는 쉽지 않다. 타인은 우리를 불편하게 하기도 하고, 심지어 "타인은 지옥이다"라는 프랑스 작가 사르트르Sartre의 유명한 말도 있다. 하지만 타인과 더불어 사는 것은 인간의 운명이고, 사실 타인과 더불어서 함께할 때만큼 사람을 즐겁게 하는 순간도 없다. 게다가 우리는 타인을 통해서 부정적이든, 긍정적이든 인생의 지혜를 배우게 된다.

흔히 인류 최초의 서사시라고 불리는 『길가메쉬 서사시』의 영웅 길가메쉬는 가장 오래된 문명 중 하나인 메소포타미아의 수메르 문명의 한가운데 있었던 도시 국가 우르크의 왕이다. 이 왕은 3분의 2는 신이고, 3분의 1은 인간인 전형적인 고대의 영웅이다. 비할 데 없는 외모와 능력을 지니고 있었기 때문이었는지, 그는 타인의 입장이나 생각을 고려하면서 살아갈 필요가 없는 왕이었다. 그는 제멋대로 행동했고 백성들의 원성이 하늘에 다다랐다. 이에 신들은 엔키두라는 괴물 같은 존재를 창조하여 길가메쉬에 대항하게 했다. 둘은 격렬하게 싸웠지만, 이상하게도 그들은 서로에게 오히려 호감을 느끼게 되었고 둘도 없는 친구가 된다. 비로소 길가메쉬는 자신 외에 타인의 존재에 대해 진지하게 생각하게 된 것이다. 이 둘 사이의 경쟁, 사랑, 모험 그리고 절망의 이야기를 따라가 보자.

신들의 안하무인 폭군 길들이기

길가메쉬는 영웅이었지만, 고대의 영웅에게 기대되는 도덕적 자질들을 전혀 갖추고 있지 못했다. 그는 자신이 이끄는 공동체에 대해서 리더로서의 의무감이라곤 없었고, 오히려 오만방자하게 행동하는 폭군이었다. 그는 자신의 힘을 나라를 지키는 데 사용하지 않고, 오히려 그것을 우루크 사람들에게 자신을 과시하는 수단으로 사용하였다. 그래서 백성들은 "길가메쉬, 소란스러운 길가메쉬! 거만한 길가메쉬!"[1]라고 외쳤다. 아들들은 길가메쉬의 폭력에 희생당하고, 딸들은 그의 성욕을 채우는 수단이 되었다. 심지어 모든 딸은 결혼 전에 이 왕과 첫날밤을 먼저 치러야 했다. 이런 지도자에 대해서 『길가메쉬 서사시』는 다음과 같이 묘사하면서 시작한다.

> 광활한 땅 위에 있는 모든 지혜의 정수精髓를 본 자가 있었다.
> 모든 것을 알고 있었고
> 모든 것을 경험했으므로
> 모든 것에 능통했던 자가 있었다.
> 지혜는 망토처럼 그에게 붙어 다녔기에
> 그의 삶은 지극히 조화로웠다.
> 그는 신들만의 숨겨진 비밀을 알았고
> 그 신비로운 베일을 벗겨 냈으며
> 홍수 이전에 있었던 사연을 일러 주었다.
> 그는 머나먼 여행길을 다녀와 매우 지쳐 있었으나
> 평온이 찾아들었다.[2]

1 김산해, 『최초의 신화 길가메쉬 서사시』 (서울: ㈜휴머니스트출판그룹, 2020), 75. 이하 본문에서 페이지만 표기.

2 김산해, 『최초의 신화 길가메쉬 서사시』, 63.

고대 세계의 영웅 중에 아마 이런 칭송을 받은 자를 찾기란 쉽지 않을 것이다. 하지만 처음부터 길가메쉬가 이런 칭송을 받을 만한 존재는 아니었다. 위의 칭송은 길가메쉬가 많은 절망과 고난을 겪고 난 후에나 받을 수 있는 칭송이다. 『길가메쉬 서사시』는 길가메쉬가 어떤 과정을 거쳐서 위의 칭송을 받을 만한 존재가 되었는지를 보여 주는 작품이라고 말할 수 있다. 현대적 표현으로 이 고대 서사시는 일종의 성장소설로 여겨도 좋을 것이다.

폭군 길가메쉬의 횡포에 대한 우루크 백성들의 탄식 소리를 신들은 듣고 있었다. 천신들은 가장 위대한 신 아누에게 탄원하면서 인간과 길가메쉬를 만들어 낸 아루루에게 길가메쉬에 맞설 수 있는 존재를 만들어 내어 그의 힘을 통제할 것을 요구한다. 이에 아루루는 찰흙으로 엔키두를 창조한다. 그런데 아루루가 창조한 이 존재는 신도 인간도 아닌 문명화 이전의 야생 모습을 하고 있었다. 엔키두는 몸에 털이 수북했고 소의 형상을 띠고 있었다. 그는 야생의 동물들과 함께 지내고 있었다. 그러던 어느 날 사냥꾼이 엔키두의 모습을 보자 기겁하고 아버지에게 이 사실을 전한다. 사냥꾼을 통해 이 괴상한 존재를 알게 된 길가메쉬는 샴하트라는 신전 무녀를 보내 엔키두를 유혹하게 한다. 그리고 그 여자와 7일 동안 성적인 관계를 맺고 나자 엔키두는 더는 야생에서 살 수 없게 되었다. 여성적인 것은 야수성을 길들일 힘이 있는가 보다. 엔키두는 이전보다 힘은 약해졌지만, 이해력은 사람만큼 넓어졌다. 이런 엔키두를 향해 샴하트는 칭찬을 아끼지 않으면서, 야생 세계에서 문명 세계로 갈 것을 제안한다.

당신은 지혜로워졌어요, 엔키두. 이제 당신은 신처럼 되었어요. 왜 야수들과 그렇게 거친 숲속에서 뛰어다니는 거죠? 자, 이리 오세요, 내가 견고한 성벽으로 둘러싸인 우루크로 당신을 모시고 갈게요. 아누와 이쉬타르의 신성한 신전으로, 길가메쉬가 사는 곳으로 모시고 갈게요. 왕은 워낙 강해 야생 황소처럼 젊은이들에게 자기 힘을 과시한답니다.[3]

야생의 존재에서 문명화된 엔키두는 샴하트의 제안에 선뜻 응한다. 그런데 서사시에 따르면 이 제안에 응하면서 엔키두의 심적 상태를 다음과 같이 표현하고 있다. "엔키두는 자신의 현재 심정을 알아줄 수 있는 친구를 찾고 있었다."[4] 여기서 우리는 문명인이란 친구를 필요로 하는 존재라는 등식을 세워 볼 수 있다. 야생의 세계에서는 본능적인 욕구의 충족만이 존재한다. 하지만 문명의 세계에서는 사회적인 욕구, 쉽게 말해서 대화할 수 있는 사람, 생각을 나눌 수 있는 사람, 함께 협력해서 일할 사람을 필요로 한다. 이런 상태는 인간이 동물에 비해서 나약해진 상태에 있음을 말하는 것이 아니라, 오히려 인간의 인간다움을 드러내는 것이라고 할 수 있다. 샴하트는 엔키두에게 인간다움을 배우게 해 주려고 그를 길가메쉬가 다스리는 문명 세계로 인도한다. 그녀는 엔키두가 문명인으로 사는 법을 가르쳐 주고, 인생의 희로애락을 경험하게 해 주고 싶었다.

문명인의 지성을 갖추게 된 엔키두는 샴하트로부터 우르크 성의 폭

3 김산해, 『최초의 신화 길가메쉬 서사시』, 87.
4 김산해, 『최초의 신화 길가메쉬 서사시』, 87.

군에 대한 이야기를 듣게 된다. 그는 어떤 사명감을 얻은 것처럼 다음과 같이 샴하트에게 말한다.

> 자, 갑시다. 샴하트. 나를 신성한 신전으로 데려다주오. 아누와 이쉬타르의 거처로 데려다주오. 길가메쉬가 있는 곳으로 말이오. 그가 그렇게 강해서 야생 황소처럼 젊은이들에게 자기 힘을 과시하는 곳으로. 내가 그와 겨루어 보겠소. 우르크에서 내가 소리치겠소. "내가 제일 강한 자다!" 나를 안내해 주시오. 그러면 그곳에서 현재 벌어지고 있는 질서를 바꾸어 놓겠소. 나는 거친 숲속에서 태어난 제일 강력한 사람이오![5]

하지만 샴하트는 엔키두의 결기를 마냥 기뻐하지 않는다. 왜냐하면 길가메쉬는 너무나 매력적이면서 강한 사람이고, 게다가 태양신 샤마쉬의 사랑을 받는 존재이기 때문이었다. 한편 길가메쉬도 엔키두가 우루크로 오기 전에 두 번에 걸쳐서 꿈을 꾸었다. 한 번은 하늘에서 별이 떨어지고, 다시 한번 도끼가 떨어졌다. 수많은 사람이 별과 도끼 주위로 몰려들고, 길가메쉬 자신이 별과 도끼를 껴안았다. 길가메쉬의 어머니 닌순은 엄청난 힘의 소유자가 올 것이고 그가 길가메쉬의 친구가 될 것이라고 꿈에 대해 해몽을 해 주었다.

길가메쉬의 폭정을 종식해 우르크에 새로운 질서를 세워야 한다는 사명에 불타는 엔키두는 도시에 도착했다. 우루크에 도착하자 사람들

5 김산해, 『최초의 신화 길가메쉬 서사시』, 90.

은 길가메쉬 만큼이나 멋지고 강해 보이는 엔키두의 모습에 탄성을 지른다. 그는 길가메쉬가 가는 길을 가로막고 선다. 둘은 황소처럼 겨루었지만, 싸움은 끝나지 않았다. 오히려 둘의 분노는 줄어들었고 서로 입맞춤을 하고 친구가 되었다. 이 싸움을 통해서 길가메쉬는 왜 엔키두에 호감을 느꼈을까? 전에 꾸었던 꿈 때문에 싸우기 전부터 그는 엔키두가 신이 보낸 친구라고 생각했을지 모른다. 아니면 자신과 겨룰 만한 상대를 드디어 만나게 되었다는 것을 내심 좋아했는지도 모른다. 어쩌면 두 사람은 싸움에서 이겨야 한다는 공통의 목표를 가지고 있었기 때문에 친구가 되었을지 모른다. 친구가 될 수 있는 가장 좋은 조건은 공통의 목표를 향해서 노력할 때이다. 물론 그 목표는 한 사람이 상대방을 제압해야지 성취되기 때문에 양측이 친구가 된다는 것은 모순되는 이야기일 수 있다. 하지만 두 사람의 힘이 대등해서 결말이 나지 않는다면 그들은 경쟁자이면서 동시에 친구가 될 수 있을 것이다.

우정의 깊이 만큼이나 처절한 상실감

경쟁자로서 만난 길가메쉬와 엔키두의 우정은 첫 결투 이후 날이 갈수록 커갔다. 그런데 우정이란 공동의 목표를 위해 함께 매진하면서 더욱 깊어지기 마련인데, 길가메쉬와 엔키두는 새로운 계획인 삼목산 원정 여행을 실행하려고 했다. 사실 길가메쉬는 삼목산의 삼나무를 갖고 싶어 했다. 메소포타미아 지역은 목재가 귀했기 때문에 삼목산의 삼나무를 신전이나 왕궁의 건축 재료로 삼고 싶어 했던 것이다. 하지만 삼목산은 엔릴 신의 종인 훔바바라는 무시무시한 괴물이 지키고 있는 곳이다. 야수들과 생활할 때 엔키두는 삼목산을 본 적이 있었다. 훔바바의 입은 불덩이고 숨소리는 죽음의 소리처럼 들렸다. 무서운 훔바바 앞에서 두려워하는 엔키두를 책망하면서 길가메쉬는 삼목산으로 가려고 한다. 장로들도 길가메쉬가 냉정한 판단을 내리고 있지 못하다고 조언했지만, 길가메쉬는 제 뜻을 굽히지 않는다. 그리고 그는 엔키두에게 다음과 같이 말한다. "이보게, 친구. 자네도 저들과 똑같은 말을 할 건가? '나는 죽음이 두렵다'라고, 응?"[6] 엔키두는 훔바바의 위력을 이미 경험했기 때문인지 솔직히 두려웠던 것이다. 길가메쉬의 태도에서 엔키두는 인간에게는 목숨보다 더 소중한 것이 있음을 배웠을 것이다. 엔키두는 신들에 의해서 길가메쉬의 대항마로 창조되었지만, 오히려 길가메쉬에게서 인간이 된다는 것은 자신의 한계를 넘어서는 것에 있음을 배울 수 있었을 것이다.

하지만 사실, 길가메쉬는 신들에게 대항할 생각을 하는 것이다. 어떤 비평가들은 그가 고대의 휴머니즘 정신을 구현하고 있다고 평가하기도 하지만, 다른 의미에서 그는 바로 그리스인들이 휘브리스hybris, 즉 우주의 질서를 무시하는 교만함을 품고 있다고 말할 수 있다. 친구의 뜻에 따라 엔키두는 길가메쉬와 함께 삼목산을 향해 떠났고, 길가메쉬는 훔바바의 목을 도끼로 내리쳤다.

---

6 김산해, 『최초의 신화 길가메쉬 서사시』, 118.

길가메쉬는 삼목산 원정을 성공적으로 마치고 승리자로서 우루크로 돌아온다. 그런데 왕의 늠름하고 멋진 모습에 반한 여신 이쉬타르는 길가메쉬에게 청혼을 한다. 이 여신이 남자들에게 충실하지 못하다는 소문을 잘 알고 있었기 때문에 길가메쉬는 그녀의 제안을 단칼에 거절한다. 화가 치밀어 오른 이쉬타르는 하늘로 올라가 아버지 아누와 어머니 안투 앞에서 자신이 당한 모욕을 말하면서 길가메쉬에게 앙갚음하기 위해서 아버지에게 하늘의 황소를 달라고 요구한다. 마지못해 딸의 요구를 들어준 아누는 황소를 끄는 밧줄을 그녀에게 준다. 하늘의 황소는 도시를 파괴하고 많은 사람을 죽인다. 이에 엔키두는 황소의 꼬리를 잡고 길가메쉬는 황소의 목덜미와 뿔 사이를 찔러 죽인다. 우르크에는 축제가 열렸고, 사람들은 길가메쉬를 칭송했다.

하지만 승리의 기쁨은 오래가지 않았다. 엔키두가 꿈을 꾸었는데 신들의 회의에서 엔키두의 죽음을 결정한 것이었다. 길가메쉬와 엔키두의 모험은 신들 입장에서는 우주의 질서를 교란하는 행위였다. 꿈은 현실이 되어 엔키두는 시름시름 앓게 된다. 그는 자신을 야생의 삶에서 인간의 세계로 인도한 사냥꾼과 샴하트를 저주했다. 하지만 샤마쉬 신은 그에게 경고한다.

엔키두, 너는 왜 매춘부 샴하트를 저주하는가! 그녀는 신이나 먹을 수 있는 빵을 너에게 먹였고, 왕이나 마실 수 있는 맥주를 너에게 주었고, 화려한 의상을 너에게 입혔고, 멋진 길가메쉬를 너에게 동료로 주었다! 길가메쉬는 현재 네가 사랑하는 친구이자 형제가 아닌가! 그는 너를 호화로운 침상에 눕게 할 것이며, 영예로운 침상에 눕게 할 것이다. 그는 너의 불안한 안식처에 평온한 휴식을 줄 것이다. 세상의 군주들이 네 발등에 입을 맞출 것이며, 그가 우루크 사람들에게 너의 죽음을 슬퍼하고 애도하게 할 것이며, 너의 일로 인해 기쁨으로 가득 찼던 사람들의 마음이 고통 속에 빠질 것이다. 네가 떠난 후에는 그도 역시 거적 같은 더러운 머리 꼴로 개 가죽을 입고 대초원을 헤맬 것이다.[7]

죽을 운명에 대해서 엔키두는 좌절했지만, 샴하트의 말은 그에게 새로운 깨달음을 주었다. 인생은 유한하지만, 유한한 삶에도 누릴 수 있는 것들은 인간에게 커다란 축복이라는 사실을 말이다. 만약 야생에서 계속 살았더라면 인간의 소소한 행복들을 상상도 하지 못했을 것이다. 게다가 유한한 인생이 끝난 다음에도 그를 기억해 줄 수 있는 사람들이 있다는 것도 인간이 가진 큰 특권 중의 하나이다. 죽을 운명에 대해서 통탄하면서도 엔키두는 삶의 기쁨을 다시 한번 생각하게 되었고, 이는 샴하트에 대한 그의 분노를 축복으로 바꾸게 했다. "보라, 샴하트. 내가 너의 운명을 정하겠다. 너를 저주하던 내 입은 이제 너를 축복하노라![8] 새로운 깨달음을 얻었지만, 결국 엔키두는 죽음을 맞이한다.

한편 오만방자하게 제멋대로 살아온 길가메쉬도 엔키두라는 존재를 통해서 다른 사람이 보이기 시작했다. 그와 함께한 모험은 타인과 함께 한다는 것이 얼마나 행복한 것인지를 알게 해 주는 경험이었다. 여기까

7 김산해, 『최초의 신화 길가메쉬 서사시』, 220.
8 김산해, 『최초의 신화 길가메쉬 서사시』, 220.

지는 신들이 계획한 것일지 모른다. 신들은 길가메쉬에게 경쟁자이자 친구를 줌으로써 그가 성숙해지기를 원했을 것이다. 하지만 엔키두와 길가메쉬가 훔바바를 무찌르고 하늘의 황소까지 죽일 줄은 몰랐을 것이다. 그들은 인간과 신 사이의 경계를 넘은 것이다. 신들은 용납할 수 없었고, 가장 가혹한 방법으로 길가메쉬에게 교훈을 주고자 했을 것이다. 그 방법은 바로 인간이 절대로 극복할 수 없는 죽음이라는 형벌이다. 길가메쉬가 엔키두의 죽음을 애도한 부분은 이기적이었던 그가 얼마나 인간적으로 성숙해졌는지를 잘 보여 준다.

> 엔키두. 네 어머니와 아버지처럼 나는 너를 애도하노라…. 들으시오, 오 우루크 장자들이여. 들으시오, 사람들아! 나는 나의 친구 엔키두를 애도하노라! 나는 대곡大哭하는 자들처럼 통곡한다. 내 손에 신뢰를 주는 옆구리에 찬 도끼, 내 앞을 보호하는 허리에 찬 칼, 내 축제 의상, 허리 위의 장식띠…. 한 악마가 나타나 이것들을 내게서 빼앗아 갔다! 나의 친구, 엔키두여, 민첩한 노새, 산에 사는 매우 빠른 야생 나귀, 대초원의 흑표범이여! 우리는 함께 산으로 갔고, 하늘의 황소와 싸워 그를 죽였고, 삼목산에 살고 있던 훔바바를 정복했거늘 이제 너를 잡는 것이 겨우 이런 정도의 잠이란 말인가? 너는 빛을 잃게 되었고, 내 말을 듣지 않는구나![9]

타인의 죽음을 진정으로 슬퍼할 줄 아는 것만큼 인간적인 것은 없다.

---

9 김산해, 『최초의 신화 길가메쉬 서사시』, 229.

왜냐하면 타인의 부재를 진정 슬퍼한다는 것은 그 사람이 가진 것이 아닌, 그 사람 자체를 진정 사랑한 것을 의미하기 때문이다. 이전까지 길가메쉬는 많은 이들에게 고통을 가하고 많은 이들의 생명을 앗아가면서도 한 번도 엔키두에게 느꼈던 감정을 느끼지 못했을 것이다. 그는 진정한 인간이 되어 가고 있었다.

영원불멸을 찾아서

자신의 또 다른 자아와 다름없는 엔키두의 죽음은 길가메쉬로 하여금 전에 심각하게 생각해 보지 않았던 죽음이라는 문제에 대해서 깊이 생각하게 했다. 어울리지 않게 그는 정신적인 방황을 시작한다. 그는 짐승의 가죽을 입고 대초원을 떠돈다. 그러면서 그는 다음과 같이 자신에게 말하고 있다. "나는 죽을 것이다! 나도 엔키두와 다를 바 없겠지?! 너무나 슬픈 생각이 내 몸속을 파고드는구나! 죽음이 두렵다."[10] 타인의 존재는 인간에게 선물이지만, 그 타인이 영원할 수 없다는 사실은 인간에게 가장 비극적인 사실이다. 누구나 다 아는 사실이지만, 실제로 경험해 보지 않으면 우리는 이 문제의 심각성을 느끼지 못하고 살아간다. 길가메쉬는 처음으로 사랑하는 자의 죽음을 경험했고, 이제 자신도 죽을 것이라는 사실을 두려워하기 시작했다.

10 김산해, 『최초의 신화 길가메쉬 서사시』, 259.

길가메쉬의 방황은 성 밖에서 생로병사生老病死의 고통을 보고 나서 출가한 붓다의 방황과 닮았다. 하지만 붓다가 욕망의 불을 끄는 것이 고통에서 벗어나는 길임을 깨달았던 반면, 길가메쉬는 붓다처럼 삶과 죽음의 문제에 대한 깨달음을 얻지 못했다. 그는 이 문제에 대한 답을 듣고자 대홍수 가운데 살아남아 영원한 삶을 신들에게서 선물로 받은 우트나피쉬팀을 찾아가게 된다. 그를 만나기까지 길가메쉬는 많은 고통을 겪어야 했다. 우선, 마쉬라는 산을 지나가야 했다. 위로는 하늘 끝까지 다다르고, 아래는 저승까지 이르는 산으로 그곳에서는 무서운 전갈들이 지키고 있었다. 길가메쉬가 용기를 내어 전갈들에게 다가가자 길가메쉬의 비범한 모습을 보고 전갈은 그의 여행의 목적을 물었다. 길가메쉬는 우트나피쉬팀에게 삶과 죽음의 문제에 대한 해답을 얻고자 한다고 말하자, 산을 통과한 인간은 아직 없다고 말한다. 하지만 길가메쉬는 자신이 가진 궁금증을 풀기 위해서는 어떤 역경도 감수할 준비가 되어 있었다. "설령 참을 수 없는 슬픔이나 고통이 온다 해도, 그 어떤 폭염이 내리고 한파가 불어닥친다 해도… 한숨 속에 울며불며 간다 해도… 나는 계속 갈 것이다! 지금 당장! 문을 열어라!"[11] 결국 그는 신들의 정원에 이르게 된다. 그런데 어디선가 샤마쉬 신의 목소리가 들려왔다. "너는 네가 찾는 영생을 얻지 못할 것이다."[12]

길가메쉬의 좌절감과 슬픔은 더해갔다. 그러다가 그는 바닷가의 여인숙에 이르게 되는데 여기서 씨두리라는 여인숙 주인을 만나게 된다.

11 김산해, 『최초의 신화 길가메쉬 서사시』, 263.
12 김산해, 『최초의 신화 길가메쉬 서사시』, 267.

초췌한 모습의 그가 길가메쉬라고 자신을 소개했지만, 그녀는 그를 믿을 수 없었다. 하지만 길가메쉬가 방황하게 된 자초지종을 듣고서 그녀는 다음과 같은 충고를 해 주었다.

길가메쉬. 자신을 방황으로 몰고 있는 까닭은 무엇 때문인가요? 당신이 찾고 있는 영생은 발견할 수 없어요. 신들은 인간을 창조하면서 인간에게는 필멸의 삶을 배정했고, 자신들은 불멸의 삶을 가져갔지요. 길가메쉬. 배를 채우세요. 매일 밤낮으로 즐기고, 매일 축제를 벌이고, 춤추고 노세요. 밤이건 낮이건 상관없이 말이에요. 옷은 눈부시고 깨끗하게 입고, 머리는 씻고 몸은 닦고, 당신의 손을 잡은 아이들을 돌보고, 당신 부인을 데리고 가서 당신에게서 즐거움을 찾도록 해 주세요. 이것이 인간이 즐길 운명인 거에요. 그렇지만 영생은 인간의 몫이 아니지요.[13]

씨두리의 충고는 길가메쉬가 결국 깨달아야 할 지혜였다. 하지만 길가메쉬는 뜻을 굽히지 않고, 바다 건너 우트나피쉬팀을 꼭 만나려고 했다. 씨두리는 우르샤나비라는 우트나피쉬팀의 뱃사공을 소개해 주었고, 그의 도움으로 결국 우트나피쉬팀을 만나게 된다. 영생을 얻는 방법을 알려고 하는 길가메쉬에게 우트나피쉬팀은 오래전 홍수 이야기를 들려준다. 신들이 인간을 멸망시키기로 했는데 지혜의 신 에아는 우트나피쉬팀에게 그 사실을 알려 주었고 그는 거대한 배를 만들어 가족과

13 김산해, 『최초의 신화 길가메쉬 서사시』, 272.

온갖 생물들이 홍수를 피하게 했다. 그리고 신들은 그에게 영생을 선물로 주었다. 영생을 얻고자 한 길가메쉬의 고집을 꺾지 못하자 우트나피쉬팀은 길가메쉬에게 6일 낮 7일 밤 동안 잠이 들지 말 것을 과제로 준다. 하지만 길가메쉬는 곧 잠이 들고 말았고, 영생을 얻기에는 부적격인 사람으로 여겨졌다. 빈손으로 고향으로 돌아가야 하는 길가메쉬에게 우트나피쉬팀의 부인은 선물을 줄 것을 남편에게 제안한다. 우트나피쉬팀은 다시 젊어지는 특별한 식물을 알려 주고, 그는 그 식물을 필사적으로 구해서 고향으로 향했다. 하지만 도중에 샘을 발견하고 거기서 목욕을 하는 동안 뱀 한 마리가 식물을 가지고 달아났다. 그의 영원불멸에 대한 추구는 실패로 돌아갔다. 아니, 실패로 돌아갈 수밖에 없었다. 왜냐하면 인간은 죽음을 운명으로 받아들여야 하기 때문이다.

우르크로 돌아간 길가메쉬도 결국 죽음을 맞이했다. 그는 영생을 얻지는 못했지만, 왕으로서의 삶은 충실하게 살았고, 우르크는 질서와 안녕을 찾았다고 신들은 평가했다. 실제로 죽기 전에 그는 꿈속에서 자신이 죽어서 슬퍼하는 장면을 보게 되었다. 이에 대해 신은 그에게 다음과 같이 말한다.

오, 길가메쉬! 큰 산이며 신들의 아버지인 엔릴은 왕권을 네 운명으로 주었으나 영생은 주지 않았다. 길가메쉬, 이것이 바로 네 꿈의 의미였다. 그렇다 하여 슬퍼해서도, 절망해서도, 의기소침해서도 안 된다. 너는 이것이 인간이 가진 고난의 길임을 분명히 들었을 것이다. 너는 이것이 너의 탯줄이 잘린 순간부터 품고 있던 일임을 분명히 들었을 것이다. 인간의 가장 어두운 날이 이제 너를 기다린다. 인간의 가장 고독한 장소가 이제 너를 기다린다. 멈추지 않는 밀물의 파도가 이제 너를 기다린다. 피할 수 없는 전투가 이제 너를 기다린다. 그로 인한 작은 접전이 이제 너를 기다린다. 그러나 너는 분노로 얽힌 마음을 갖고 저승에 가서는 안 된다…."[14]

잘 죽는 것이 인간의 길

엔키두의 죽음은 길가메쉬로 하여금 죽음이라는 인간의 가장 근본적인 문제를 성찰하게 했다. 엔키두는 죽음을 받아들이고 죽을 인간의 삶에서 누릴 수 있는 많은 선물의 소중함을 깨닫고 죽음을 맞이했다. 그런 의미에서 엔키두의 죽음은 그 자신에게도 다른 이들에게도 의미 있는 죽음이었다. 하지만 길가메쉬는 잘 죽는 것보다 죽지 않는 것을 간절히 원했다. 그의 욕구는 곧 모든 인간의 욕구이기 때문에 그를 비난할 필요는 없다. 하지만 결국 길가메쉬는 그토록 해결하고자 했던 죽음의 문제를 결국 해결하지 못한 채 자기 삶의 터전으로 돌아갔다. 많은 고통을 겪은 이후에 그에게도 변화가 찾아왔다. 만일 그가 어차피 영생을 얻지 못할 바에야 사는 동안만이라도 온갖 쾌락을 즐기는 것을 삶의 목적으로 삼았더라면, 그의 모험을 담은 서사시는 전해지지 않았을 것

14 김산해, 『최초의 신화 길가메쉬 서사시』, 322.

이다. 그는 죽음의 문제를 해결하지 못했지만, 결국 죽을 것이라는 사실 때문에 자신의 삶을 더욱 진지하게 살려고 했을 것이다. 다시 말해, 죽을 운명을 받아들이되, 씨두리가 말한 대로 그 인간의 조건 안에서 주어진 것들을 즐거워하면서 살아가는 것, 바로 이것이 길가메쉬가 깨달아야 했던 지혜이다. 오늘도 많은 사람이 인생을 비관하고 삶보다는 죽음을 선택한다. 하지만 인간은 죽을 운명을 타고났지 죽을 권리를 타고난 것은 아니다. 결국 죽을 것이기 때문에 인간은 삶을 더 가치 있게 생각해야 한다. 신들이 길가메쉬에게 알려 주고자 한 것도 바로 이것이었는지 모른다. 라이벌로 만난 엔키두와 길가메쉬, 그들은 서로에게 삶의 소중함과 인간에게 죽음이 갖는 의미를 서로에게 깨닫게 해 주었다고 할 수 있다. 그들의 삶은 라이벌에서 시작하여 서로에게 지혜로운 교사가 되는 것으로 마무리되었다고 말할 수 있을 것이다.

15장

'철학'을 놓고 싸운 라이벌
— 이소크라테스와 플라톤

김헌

들어가는 말

역사는 강자의 기록이라고 한다. 패자는 목소리를 낼 기회를 잃고, 오직 승자만이 과거를 기록할 권리를 갖기 때문이다. 이때 승자는 자신의 상황을 정당화하며 패자를 비판한다. 아니 어떤 경우엔 싸움 자체를 숨기며, 패자의 존재를 완전히 지우기도 한다. 철학의 역사도 마찬가지였다. "철학이란 무엇인가?"라는 물음을 놓고 여러 사람이 목소리를 냈지만, 지금 우리가 기억하는 철학은 싸움에서 이긴 철학자가 정의한 것이다. 다른 목소리들은 틀린 것으로 규정되거나, 철학의 영역 바깥으로 밀려나기도 하고 아예 지워져 버린다.

다시 묻자. 철학이란 무엇인가? 현대 철학자 하이데거는 이 질문에 답하려면 고대 그리스로 가야 한다고 했다. '철학'으로 번역된 '필로소피아'가 대략 기원전 5세기 그리스에서 탄생했기 때문이다. 그리스 말로 '필로'는 '사랑한다'는 뜻이고, '소피아'는 '지혜'를 의미하니 철학, 즉 필로소피아는 '지혜를 사랑하는 일'이다. 하이데거는 소크라테스(BC 469-399)를 진정한 최초의 철학자라고 꼽았지만, 아리스토텔레스(BC 384-322)는 그보다 반세기 정도 앞서 활동한 탈레스(BC 624-548)를 최초의 철학자로 내세웠다. 대상이 무엇이든 그 근본적인 원인을 알려는 노력이 철학이라고 규정한 아리스토텔레스의 틀 속에서 만물은 물로 되어 있다고 주장한 탈레스는 단연 첫 번째 자리를 차지한 것이다. 후대의 철학자들은 아리스토텔레스를 따랐고, 그에 따라 서양 철학사의 전통이 세워졌으며, 이 규정에 맞지 않는 사람들은 모두 철학사 안에 들어올 수 없었다. 탈레스를 비롯한 소크라테스 이전의 '자연 철학자들'과 소크라테스, 그리고 플라톤이 아리스토텔레스의 앞에 서 있다.

이렇게 그어진 선에 들어올 수 없었던 '철학자'로 꼽힐 수 있는 사람이 로마의 키케로(BC 106-43)와 그리스의 이소크라테스(BC 436-338)인데, 이 글에서는 후자에 주목하려고 한다. 그는 평생을 철학에 바쳤다고 주장했지만, 현재 그를 철학자로 부르는 사람은 거의 없다. 아니, 그의 이름조차 제대로 알려지지 않아서, 출판사에서조차 '소크라테스'의 오타가 아니냐고 종종 문의가 오는 정도다. 그를 아는 사람들도 철학자가 아니라 수사학자로 알고 있으니, 그는 자신의 의지와 주장과는 상관없이 현재 철학의 영역에서 완전히 배제되어 있다. 그 이유는 바로 그의 최대 라이벌이었던 플라톤 때문이다. 기원전 4세기 그리스 아테네에서 벌어진 지성인들의 싸움에서 승리자가 된 플라톤이 어떻게 이소크라테스를 철학사에서 지워버린 것인지 살펴보도록 하자.

이소크라테스, 새로운 바람을 일으키다

기원전 392년경, 이소크라테스는 「소피스트 반박」을 발표했다. 당시 그리스에는 프로타고라스(BC 490-420)나 고르기아스(BC 483-375)와는 달리 '짝퉁' 소피스트가 너무 많았다. 그들이 설쳐대는 꼴을 이소크라테스는 두고 볼 수만은 없었다. 원래 '소피스트'sophistēs는 '지혜로운sophi- 것을 잘 아는 사람tēs'이라는 뜻으로 '전문 지식인'을 뜻했다. 나름 좋은 말이었는데, 짝퉁들 때문에 소피스트는 '궤변론자'라는 오명을 얻게 된 것이다. 처음 소피스트가 등장했을 때, 그들은 법정이나 의회, 개선식이나 전몰 용사 추모식과 같은 공적인 담론의 현장에서 활약하는 연설가들을 육성하는 수사학 교육자로 이름을 높였고, 아테네를 비롯한 그리스 전역에 교육의 새 바람을 일으킨 혁신의 교사들이었다. 그런데 어느 순간부터 변질된 종자들이 등장해서 사람들을 현혹하고 선동하며 전통과 질서를 어지럽히는 것이었다. 이소크라테스는 이들의 행태를 신랄하게 비판한 것이다.

그가 보기에 짝퉁 소피스트들은 자신들의 교육 프로그램과 성과를 과대 포장 하면서 호객했다. "우리에게 오라. 대중을 설득하는 방법을 쉽게 배울 수 있다"라고 허풍을 떠는 것이었다. 심지어 신들조차도 못하는바, 미래의 일도 훤히 내다볼 수 있는 예지력을 갖게 해 주겠다고 약속하며, 훌륭한 사람들이 갖춰야 하는 덕arete도 손쉽게 가르쳐 주고 행복하게 만들어 주겠다며 호언장담했다. 진리를 추구하는 체하지만, 입을 열자마자 거짓말을 뿜어낸다고 이소크라테스는 신랄하게 비판했다. 이 모든 행태가 학생들을 끌어모아 돈을 벌겠다는 천박한 마음에서 나온 것이니 얼마나 가증스러운가, 이소크라테스는 비판의 날을 세웠다.

소피스트를 반박하는 이소크라테스의 본심에는 진짜 좋은 교육을 해 보고 싶은 진지한 의지가 깃들어 있었다. 그는 곧 학교를 세웠는데, 「소피스트 반박」은 일종의 출사표였다. 다른 소피스트들과는 달리 제대로 된 교육을 실천하겠다고 했지만, 이것 역시 일종의 광고요, 호객 행위였다. 그러나 그의 학교는 금세 유명해졌고 그의 교육은 아테네와 그리스 전역에 큰 반향을 일으켰다. 그의 능력과 진정성을 알아보고 많은 학생이 아테네 안팎에서 그를 찾은 것이다.

그는 '철학'philosophia을 가르치겠다고 선언했다. 그리고 그는 그 약속을 평생 지켰다. 「소피스트 반박」을 발표하고 학교를 세운 뒤, 40년 가까이 학생들을 가르쳐 오던 그는 기원전 354년 82세의 나이에 발표한 「안티도시스」에서 자신은 평생을 한결같은 자세로 줄곧 철학을 가르쳐 왔노라고 자부했다. 그런데 이상한 점이 있다. 스스로 철학자라 자부하고 나름 당대 큰 성공을 거둔 이소크라테스의 이름이 '서양철학사'라는 제목을 단 대부분 책에서 거의 언급되지 않는다는 것이다. 한마디로 서양 사람들은, 적어도 20세기 말까지는 이소크라테스를 철학자로 보지 않았던 것이다. 그 이유는 앞서 말한 대로, 바로 플라톤 때문이다.

플라톤, 소크라테스의 재판에 충격을 받다

기원전 399년, 플라톤의 스승인 소크라테스는 재판을 받기 위해 판정관들 앞에 섰다. 아테네가 전통적으로 섬기는 신들을 믿지 않았다는 불경죄와 아테네 청년들을 타락시킨다는 풍기 문란의 죄로 고소를 당했기 때문이다. 소크라테스는 당당히 변호했지만 유죄의 혐의를 벗지 못했고 사형선고를 받고 말았다. 이 모든 과정을 지켜보던 플라톤은 큰 충격을 받았다. 그가 보기에 자신의 스승 소크라테스는 억울한 누명을 뒤집어쓴 것이다. 누가 소크라테스를 죽음으로 몰고 간 것인가? 플라톤은 교묘한 언변으로 진실과 정의를 왜곡한 고발인들이 미웠고, 그의 말에게 현혹되어 그릇된 판결을 내린 청중의 어리석음이 답답했으며, 재판을 이런 식으로 운영하는 아테네 민주정의 불합리성에 대해 깊은 회의와 불신을 가질 수밖에 없었다. 그리고 이런 분위기를 만들어 낸 이들이 소피스트라고 굳게 믿었다.

잠시 당시 상황을 살펴보자. 기원전 508년부터 클레이스테네스의 주도로 아테네는 민주정을 채택했다. 자유 시민이면 누구나 입법과 사법, 행정에 참여하는 직접민주정이었다. 재판이 열렸을 때, 법률 전문 지식을 갖춘 판사가 따로 없었다. 판사 역할은 일반 시민들의 몫이었다. 피고인을 대변하는 변호사나 그를 고소하여 유죄를 밝히려는 공적인 검사도 따로 없었다. 이해관계에서 문제가 생긴 개인 대 개인이 소송에서 맞부딪히면 소송 당사자가 직접 고소하고 그에 맞서 변호를 해야만 했다. 종종 시민들 가운데 일부는 자신과 직접 관련된 일이 아니면서도,

명분상 공익을 내세우면서 사회에 악영향을 끼치는 사람을 지목해, 마치 자신이 검사나 되는 것처럼 고발하는 예도 있었다. 소크라테스의 재판이 그런 경우였다. 멜레토스를 비롯해 아뉘토스와 뤼콘이 공적인 질서 유지를 명분으로 내세우며 소크라테스를 고발했던 것이다.

법정에 선 소크라테스는 자신을 고발한 사람들이 미사여구로 연설을 멋있게 꾸미고, 말을 가지런히 배치하여 설득력을 높이고는 있지만, 진실은 하나도 말하지 않고 온통 거짓말만 한다고 비판했다. 반면 자신은 두서도 없고 꾸밈도 없지만, 오직 정의와 진실만을 말한다고 자부했다. 그는 이렇게 말했다. "제 말투가 어떤지는 문제 삼지 마시고, 제가 정의로운 말을 하는지만 살펴보고 주의를 기울여 주시기 바랍니다. 바로 그것이 재판관의 덕이고, 연설가의 덕은 진실을 말하는 것이기 때문입니다."[1] 연설가는 특별한 수사학적인 기교 없이도 정의에 따라 진실만을 말하기만 하면 되고, 재판관은 현란한 말솜씨에 휘둘리지 말고 말의 진위와 사건의 적법성이나 위법성만 따지면 된다는 뜻이다. 이런 말을 했다는 것은, 그렇지 않은 경우가 너무 많다는 것을 함축하는 셈이다.

아니나 다를까, 재판관들은 고발인들의 미사여구에 휘둘리지 않고 소크라테스의 말의 진정성만 받아들일 만큼의 냉정한 태도와 올바른 판단력을 가지고 있지 못했다. 플라톤이 보기에, 재판이 최악의 결과를 내게 된 데에는 수사학의 영향력이 가장 컸다. 스승의 죽음 이후, 플라톤은 평생 민주정과 수사학에 대해 강한 반감을 갖고 비판했다. 특히

1 플라톤의 『소크라테스의 변명』 18a.

연설과 설득의 수사학을 가르치는 소피스트가 그의 최대 적이었다.

수사학을 공격한 플라톤

플라톤은 사람이 몸과 마음으로 이루어져 있고, 몸과 마음이 건강하면 행복할 것이라 믿었다. 몸이 튼튼해지려면 운동을 해야 한다. 자칫 몸이 부실해지거나 병이 든다면, 의사의 돌봄이 필요하다. 따라서 사람의 몸을 튼튼하게 만드는 데는 체육과 의학이 꼭 필요하다. 그런데 몸을 체육으로 돌보지 않고 화장으로 혈색을 좋게 보인다면 몸에 유익할까? 몸에 좋은 약을 만들어주는 대신, 입에만 달콤한 음식을 만들어 주는 요리는 몸에 유익할까? 플라톤은 이 비교를 통해, 요리와 화장은 몸에 진짜 좋은 것을 주는 것이 아니라, 좋은 것처럼 보이고 느끼게 해 주는 속임수에 불과하며, 아첨의 기술이라고 생각했다. "요리는 의술의 가면을 쓴 아첨의 기술이다. 마찬가지로 화장은 체육의 탈을 쓴 아첨의 기술이다. 그것은 모양, 색깔, 옷차림으로 사람들의 눈을 속여 외적인 아름다움에는 매력을 느끼고 체육을 통해 얻는 자신의 고유한 아름다움은 무시하게 만든다."[2]

그렇다면 우리의 마음은 어떻게 건강할 수 있을까? 플라톤은 정의와 부정의를 구별할 수 있는 지적 능력에서 그 비결을 찾으려고 했다. 이

---

2 플라톤의 『고르기아스』 465b.

를 정치학이라고 보았다. 플라톤의 정치학은 사람들이 함께 살아가는 '도시국가'polis에서 모두가 잘살 수 있는 법과 제도를 마련하고, 정의로운 질서를 지켜 나가는 '기술'-ikê, 즉 공동체적 삶의 기술이다. 이는 입법과 사법의 기술로 나뉘는데, 통치자에 국한되는 것이 아니라 모든 시민에게 열려 있다.

정의에 관한 지식을 통해 법과 제도로 마련하고 실천한다면, 마치 체력 단련을 통해 몸이 건강하듯, 건강한 정신과 질서가 잡힌 국가를 가질 수 있다. 이런 점에서 입법의 기술은 체육과 통한다. 한편, 마음속에서 일어나는 불의한 욕망과 의지를 솎아 내고, 공동체를 어지럽히는 불의한 요소들을 찾아내어 이를 도려낸다면, 마치 의사가 의술로 환자의 병을 치료하고 건강을 회복시키듯, 타락하고 병든 마음과 공동체를 치유하고 건강을 회복할 수 있을 것이다. 이런 점에서 사법의 기술은 의학과 통한다.

그런데 개인과 공동체의 정신을 건강하게 하는 입법과는 달리, 마치 정의를 추구하는 척하면서 자신의 이익만을 노리고 묘한 궤변을 늘어놓는다면 어떻게 될까? 아마도 개인과 공동체는 힘을 잃고 병들어 갈 것이다. 이런 점에서 플라톤은 소피스트의 기술이 마치 몸을 단련하지는 않고 오직 겉모습만 꾸며 대는 화장의 기술과 같다고 생각했다. 한편, 불의를 도려내어 개인과 공동체의 정신 건강을 유지하는 사법과는 달리, 불의가 정의인 양 변호하고 정의가 불의인 양 공격한다면 어떻게 될까? 이런 점에서 플라톤은 연설의 기술인 수사학을 요리와 같다고 생각했다. 수사학은 마치 요리가 혀에 아첨하듯, 청중의 귀를 달콤하게 현혹하여 정의와 진리를 분간하지 못하게 만들기 때문이다.

이렇게 궤변으로 사회질서를 어지럽히는 소피스트의 기술과 수사학은, 플라톤이 보기에, 부정부패를 방치하고 조장하여 사회를 병들게 하는 위험한 기술이다. 게다가 정의로운 사람을 모함하여 죄인으로 만드는 한편, 죄인을 순결한 사람으로 보이게 만드는 사악한 기술이기도 하다. 연설가가 진실과 정의를 외면하면서 수사학을 잘 이용한다면 매우 위험하다. 예컨대 잘 드는 회칼은 요리사의 손에서는 맛있는 음식을 만들어 내지만, 불량배의 손에서는 강도와 살인의 도구로 전락하여 사람을 해칠 수 있는 것이다. 소크라테스가 무고한 희생양이 된 것은 '잘 드는' 수사학이 못된 연설가의 손에서 청중을 현혹하고 설득하는 도구가 되었기 때문이다.

이와 같은 수사학의 위험성은 연설가가 무지하여서 생긴다. "연설가가 진정 좋은 것과 나쁜 것, 정의로운 것과 불의한 것, 아름다운 것과 추한 것이 무엇인지를 알지도 못하면서, 역시 아무것도 모르는 청중 앞에서 아는 사람보다 더 많이 아는 것처럼 보이도록 그것들에 관해 설득의 계책을 마련해 놓는다면"[3] 어떤 일이 벌어질까? 마치 시각장애인이 시각장애인들의 앞에서 자신은 시각장애인이 아니며 목적지가 어디인지 안다고 믿으면서 무모하게 발걸음을 옮기며 무리를 이끄는 것과 같다. 그의 눈에 이소크라테스도 같은 부류에 속하는 것으로 보였던 모양이다.

---

3 플라톤의 『고르기아스』 459d-e.

이소크라테스와 플라톤의 쟁점

플라톤은 이소크라테스가 학교를 세우고 교육으로 명성을 높이고 있던 때에 '아카데미아'에 학교를 세웠다. 이소크라테스보다 5년이 늦은 기원전 387년께였다. 후발 주자였던 플라톤은 이소크라테스를 넘어서야 했다. 아니, 그의 눈에 이소크라테스는 새로운 교육을 표방하고는 있고 여느 '천박한' 소피스트와는 결이 좀 다르기는 하지만, 결국 소피스트의 하나이며 소피스트와 크게 다를 바 없어 보였다. 플라톤은 교육계에서 살아남기 위해서뿐만 아니라, 올바른 나라와 정의로운 시민들을 육성하기 위해서는 반드시 이소크라테스를 넘어서야 했다. 그를 당대 최대 경쟁자로 여긴 플라톤은 그를 겨냥하며 자신의 철학을 벼려 나갔다.

실제로 두 사람의 '철학'은 여러 가지 측면에서 본질적인 차이가 있었다. 철학, 즉 필로소피아는 '지혜sophia를 사랑하는philo- 것인데, 플라톤과 이소크라테스는 '인간이 추구하고 사랑해야 할 최고의 지혜가 무엇이냐?'라는 문제에서부터 근본적으로 대립하였다.

이소크라테스에게 지혜는 실용적인 의미가 컸다. 그는 도시국가 안에서 시민으로서 살아가는 데에 필요한 능력을 지혜의 요체라고 보았다. 예컨대, 그는 법적인 분쟁이 생겼을 때 서로 조율하고 화해할 수 있는 지혜를, 만약 타협에 실패하여 법정까지 가게 된다면 시시비비를 정확하게 가리고 정의를 바로 세우고 자신의 이익을 지킬 수 있는 지혜를 중요하게 생각했다. 물론 사적인 분쟁은 지혜로운 사람이 되기 위한 첫 걸음일 뿐이다. 더 중요한 것은 시민으로서 다른 사람들과 함께 공공선을 함께 추구하며, 정의롭고 풍요롭고 행복하게 살아갈 수 있는 아름다운 공동체를 이루어야 나가는 것이다. 이런 정치적 활동에 참여하여 도시국가를 잘 운영할 수 있는 지혜가 더 높은 수준의 지혜다. 이소크라테스는 이런 실천적인 지혜, 공동체적인 현명함을 '프로네시스phronēsis'라고 불렀다. 그의 교육은 프로네시스를 갖춘 '현명한 사람pronimos'을 키우는 데에 궁극적인 목적이었다. 그런 사람은 문제가 있는 상황에서 돌파구가 될 만한 시의적절한 의견을 제시할 수 있으며, 그런 기여로 인해 공동체에 참으로 쓸모 있는 사람이 되는 것이다.

그러나 플라톤은 이소크라테스의 노력이 철학이 아니며 철학의 본령에서 근본적으로 벗어난 것으로 생각했다. 그것은 철학이 아니라 '수사학rhêtorikê', 즉 '연설가rhêtôr의 기술-ikê'에 불과하다는 것이다. 이소크라테스가 수사학에 전념하더라도 존재의 참된 본질을 알고 있다면 그 역시 철학자philosophos일 수 있겠지만, 그렇지 않다면 그는 진리에서 벗어나 한갓 여론과 의견doxa이나 만들어 내는 호사꾼philodoxos일 뿐이라고 일갈한다. 이소크라테스가 내세우는 '시의적절kairos한 의견doxa'이란 특정 상황에서는 그럴듯해 보이고 때로는 좋은 결과를 낼 수는 있지만, 그것은 그야말로 한낱 의견일 뿐, 진실도 진리도 참된 지식도 아니라고 말이다. 정말 중요하고 추구해야 하는 것은 언제 어디에서도 통할 수 있는 '진실, 진리alētheia'와 그것을 아는 객관적이고 보편적인 '지식'epistēmē이다. 플라톤은 우리가 사는 이 세상은 시시각각 변화하는 현상의 세계지만, 이 감각적인 세계를 넘어선 곳에 영원불변하는 본질의 세계, 참된 존재의 세계가 있다는 말을 했다. 이데아Idea의 세계가 바로 그것이다. 이소크라테스가 진리를 외면하고 참된 지식을 소홀히 하는 한, 그의 활동을 철학이라 부를 수 없으며, 의견을 존중하고 시의적절한 의견을 통해 시민들을 설득하는 능력에 전력을 쏟는다면, 그의 활동은 철학이 아니라, 한낱 수사학에 불과하다고 믿었다.

하지만 이소크라테스는 플라톤의 반박과 주장에 동의할 수가 없었다. 우리가 사는 이 세상 말고 또 다른 세상이 있다고? 이 세상은 한갓 현상에 불과한, 하릴없는 거짓된 허상에 불과하다고? 참된 진실의 세계는 이 감각적인 세상 너머 다른 곳에 있다고? 이소크라테스는 플라톤이 말하는 이데아의 세계를 받아들일 수가 없었다. 그런 초월적인 세계야말로 영원불변한 진상이 아니라, 인간의 상상력이 만들어 낸 허상에 불과하다고 생각했다. 그런 점에서 그는 플라톤이 세운 철학의 왕국에 들어가길 거부했다. 그는 자신만의 실용적인 현실적인 철학을 했던 것이다. 우리가 사는 이 급변하는 정치적 현실이야말로 가장 생생하고 참되며 중요한 곳이며, 그곳에서 다른 사람들과 더불어 잘 살아 나가는 것이 진정한 행복의 요체며, 이를 위해 현명한 의견을 구상하고 말로 표현하며 사람들과 공감하고 소통하려는 노력이야말로 참된 지혜를 추구하는 철학이라고 믿었다. 그런 노력을 하는 사람이 곧 철학자이고, 나아가 '지혜로운 사람'sophos, '현명한 사람'phronimos이며 '수사적 인간'rhētorikos이라고 했다. 참된 진리와 그에 대한 올바른 지식, 말은 좋지만 이루어질 수 없는 꿈과 같은 것으로 생각했다. 인간에게는 그저 급변하는 현실에서 통할 수 있는 시의적절한 의견을 만들어 내고 시민들을 이해하고 설득하며 그들과 소통하여 아름다운 공동체를 이루어나가는 것이 최선이며, 그것이 진정한 철학이라고 믿었던 것이다.

그러나 서양 철학사는 플라톤의 노선을 따라 계승되었다. '승자가 모든 것을 가져가는Winer takes all' 역사의 생태계에서 플라톤은 철학의 최고봉에 우뚝 선 반면, 그와 대립각을 세웠던 이소크라테스는 아예 철학의 영역에서 배제되었고 철학자가 아닌 수사학자로 불리게 되었다.

이소크라테스의 시의적절한 의견이 통했다

그런데 '그때 거기로' 간다면 철학과 교육의 주류는 이소크라테스였다. 뛰어난 인재들이 그의 학교로 모였고, 사람들은 그에게서 그리스의 위기를 이겨 낼 혜안을 구했다. 기원전 380년 제100회 올림피아 제전이 열렸을 때, 그는 대표 연설자로 초빙되었다. 주지하다시피, 올림피아 제전은 지금 세계인의 축제지만, 원래 고대 그리스인들이 모두 함께 모이는 '범그리스적 축제'Panhellenic festival였다. 제우스를 주신으로 모시는 종교적 제의의 형식과 의미를 취하고 있었고 스포츠 제전이었지만, 여러 가지 부수적인 행사들이 곁들여졌고 그리스 전역에서 수많은 사람이 몰려들었다. 여기에 이소크라테스가 연사로 초대된 것이다. 그는 당대 최고의 연설가 중 하나를 지목하여 자신이 작성한 연설문 「파네귀리코스Panēgurikos」를 발표하게 했다. 거기엔 그리스 역사를 획기적으로 뒤바꿀 거대한 정치적 이념의 청사진이 그려져 있었다.

그즈음, 그리스는 정치 · 외교적 위기에 직면한 상황이었다. 27년 동안 아테네와 스파르타가 그리스를 양분하여 거대한 내전인 펠로폰네소스전쟁(BC 431-404년)을 치렀고, 그 후유증이 심각했다. 패한 아테네는 부흥을 위해 안간힘을 썼지만 여전히 버거웠고, 승리한 스파르타는 그리스 전체를 적절하게 통제하지 못하고 쩔쩔매고 있었다. 큰 전쟁은 끝났지만, 그리스 내부의 갈등은 여전했고 치열했다. 이를 쳐다보던 동방의 페르시아는 다시 군침을 흘렸다. 이곳저곳을 교묘하게 지원하면서 그리스의 내분과 갈등을 조장하던 페르시아는 그리스의 총체적 위기의 근본적인 원인이었다. 그들은 기원전 390, 380년 두 차례 그리스를 침략했으나 참담하게 실패한 후 그리스를 노리며 와신상담하던 터였다.

이 모든 위기 상황을 거시적으로 파악한 이소크라테스는 돌파구가 될 시의적절한 의견을 내놓았다. "그리스인들이여, 왜 우리끼리 불신과 반목에 휩싸여 서로 싸우는가? 우리 한마음 한뜻으로 힘을 모으자. 그리고 그 힘으로 우리를 위협하는 페르시아를 치자." 올림피아에 모인 그리스인들은 열광했다. 그러나 동시에 망설이며 주저했고 의심했다. 이소크라테스의 의견이야 백번 옳지만, 어떻게 실현할 수 있단 말인가? 그리스인들이 한마음 한뜻이 되는 것도 힘든 일인데, 어떻게 거대한 동방의 제국 페르시아로 넘어가 정복 전쟁을 벌인다는 말인가?

이소크라테스는 그리스인들에게 전설적인 과거를 상기시켰다. "우리의 조상도 하지 않았던가. 그리스 전역의 전사들이 모여 함선을 타고 트로이아로 건너가 10년 동안 전쟁을 치렀고 승리를 거두지 않았던가. 선조들을 기억하라. 그 선조들의 후손인 우리도 할 수 있지 않겠는가."

그의 주장은 일회성 연설로 끝나지 않았다. 그 이후에도 중요한 시기마다 그는 그리스 청중 앞에 나서서 이른바 '범그리스주의' Panhellenism를 외쳤다. '모든pan 그리스hellen-인들이 하나로 뭉치자는 이념-ism'이었다. 죽는 순간까지 그는 이 신념을 포기하지 않고 꾸준히 실천했다.

그의 힘은 펜에서 나왔다. 그는 그리스 주요 도시국가의 탁월한 지도자들을 눈여겨보았고, 자신의 이념을 실현해 줄 사람을 물색했다. 적극적으로 편지를 보냈고, 서한을 공개하며 대중의 공감도 끌어내려고 노력했다. 기원전 368년 그는 시라쿠사의 참주 디오뉘시오스 1세에게 편지를 보냈다. 디오뉘시오스 1세는 플라톤도 정치적 희망을 걸고 찾아갔던 주목받는 지도자였다. 플라톤은 그에게서 철학자 왕의 가능성을 보았지만, 참담하게 실패한 터였다. 이소크라테스는 디오뉘시오스 1세에게 탁월한 지도력을 일개 도시국가 안에 제한하지 말고 그리스 전역으로 펼쳐 통합을 이루고, 그 힘으로 페르시아를 향해 원정을 떠나라고 조언했다. 그러나 디오뉘시오스 1세가 이듬해 세상을 떠나면서 이소크라테스의 꿈은 물거품이 되었다.

그러나 이소크라테스는 포기하지 않았다. 그는 아테네인이면서도 스파르타의 왕 아르키다모스에게도 편지를 보냈고, 그밖에도 여러 지도자에게 열정적으로 편지와 연설문을 보냈다. 그리고 마침내 마케도니아의 필립포스 2세가 이소크라테스의 촉구에 귀를 기울였다. 이소크라테스는 그에게 여러 차례에 걸쳐 글을 보냈는데, 현재는 기원전 346년에 필립포스에게 보낸 장문의 연설문과 기원전 342년, 338년에 보낸 두 통의 편지가 남아 있다. 필립포스는 분명 이소크라테스의 정치적 조언에 따라 움직인 것 같다. 이소크라테스가 세상을 떠난 그 이듬해인 337년, 필립포스는 코린토스 동맹을 결성하여 그리스 세력을 규합한 후, 페르시아 원정을 위한 최고사령관에 올랐다. 이제 이소크라테스의 범그리스주의 구상은 실현될 판이었다.

그 이듬해, 필립포스가 뜻밖의 암살을 당했지만, 필립포스의 뒤를 이은 알렉산드로스가 이소크라테스의 꿈을 마침내 이루어 내고 말았다. 20세 약관의 나이에 왕위에 오른 알렉산드로스는 이소크라테스의 청사진에 따라 아버지가 마련한 토대를 위에서 기어이 페르시아 원정을 떠난 것이다. 그리고 놀랍게도 10년 만에 그는 남쪽으로 이집트 왕국을 포함 지중해 동쪽 연안의 대부분을 정복하고, 마침내 페르시아 전체를 그리스로 복속시키는 데 성공하였고, 나아가 인도의 서쪽까지 진군하여 거대한 헬레니즘 제국을 건설하였다. 논쟁의 여지는 없지 않겠지만, 알렉산드로스의 행보는 이소크라테스의 그림에 따른 것이며, 20세기 유럽연합의 성립 배경에도 이소크라테스의 이념이 굵게 깔려 있다. 비록 서양철학사의 영역에서 플라톤에게 밀린 이소크라테스이지만, 그리스에서 현대에 이르기까지 서양사의 흐름 속에서 이소크라테스의 영향력은 플라톤을 넘어서는 것으로 평가될 수 있다.

현대 철학자 화이트헤드Alfred North Whitehead는 "서양 철학사는 플라톤의 철학에 대한 일련의 각주이다"라는 유명한 말을 남겼다. 플라톤 살아생전에는 이소크라테스가 큰 성공을 거두었지만 그의 학교는 명맥을 이어 나가지 못했다. 하지만 플라톤의 학교는 그의 사후에도 지속하였고, 마침내 서양 중세를 지배하는 기독교 교리의 철학적 기반이 되었다. 근대 이후 현대에 이르기까지 플라톤의 영향력은 거의 절대적이다. 이런 점에 비추어 본다면, '철학'이라는 개념을 두고 벌인 이소크라테스와 플라톤의 싸움에서 승자는 분명 플라톤이다. 하지만 이제 우리는 철학사에서 지워진 이소크라테스의 철학을, 그리고 두 사람이 벌인 지적 싸움을 객관적으로 되돌아볼 필요가 있다. 그것이 플라톤이 추구하던 절대적이고 보편적인 진리를 여전히 추구하면서도, 동시에 그것에 대해 깊이 회의하고, 또한 급변하는 현실에서 시의적절한 의견을 구성하고 시민들 사이에 자유롭게 소통하는 것을 정치적 이상으로 생각하는 우리 시대의 요청처럼 보이기 때문이다.

청소년을 위한 고전 매트릭스

경쟁하는 영웅들

1판 1쇄 발행 2022년 11월 15일

지은이 서울대 인문학연구원 고전매트릭스연구단
발행처 도서출판 혜화동
발행인 이상호
편집 이희정
주소 경기도 고양시 일산동구 위시티3로 111, 202-2504
등록 2017년 8월 16일 (제2017-000158호)
전화 070-8728-7484
팩스 031-624-5386
전자우편 hyehwadong79@naver.com

ISBN 979-11-90049-32-0 (44100)
ISBN 979-11-90049-29-0 (세트)

※ 이 책은 2019년 대한민국 교육부와 한국연구재단의 지원을 받아 수행된 연구임
(NRF-2019S1A 5C2A04080968)